ein Ullstein Buch

Ullstein Buch Nr. 3217
im Verlag Ullstein GmbH,
Frankfurt/M — Berlin — Wien
Titel der amerikanischen
Originalausgabe:
Tribute to Freud
Übersetzt von Michael Schröter

Deutsche Erstausgabe

Umschlagentwurf: Kurt Weidemann
Alle Rechte vorbehalten
Copyright © by
Norman Holmes Pearson 1956
Copyright ©
Norman Holmes Pearson 1974
Übersetzung © 1975 by
Verlag Ullstein GmbH,
Frankfurt/M — Berlin — Wien
Einleitung © 1975 by
Verlag Ullstein GmbH,
Frankfurt/M — Berlin — Wien
Printed in Germany 1976
Gesamtherstellung:
Augsburger Druck- und
Verlagshaus GmbH
ISBN 3 548 03217 6

H. D.
(Hilda Doolittle)

Huldigung
an Freud

Rückblick auf eine Analyse

Mit den Briefen von
Sigm. Freud an H. D.

Mit einer Einleitung
von Michael Schröter

ein Ullstein Buch

Inhalt

Michael Schröter: Einleitung

> »Things, get in telling, sometimes
> strangely twisted.«[1]

Hilda Doolittle[2], die ihre Werke zeitlebens nur mit dem Sigel »H. D.« zeichnete, gilt als die »wahrscheinlich größte amerikanische Lyrikerin« des 20. Jahrhunderts.[3]

H. D. war zu Beginn der dreißiger Jahre bei Freud in Analyse. Ihre Analyse — fünfmal wöchentlich eine Stunde — dauerte nicht lange: vielleicht 80 Stunden zwischen dem 1. März und dem 15. Juni 1933; dann noch einmal ca. 25 Stunden von Ende Oktober bis zum 1. Dezember 1934. (Aber damals waren Analysen überhaupt noch kürzer.) 1944 schrieb sie aus dem Gedächtnis ihre Erinnerungen an Freud nieder; vier Jahre später überarbeitete sie ihre Tagebuchaufzeichnungen aus den ersten Wiener Wochen und machte sie druckfertig.[4] So entstand — mit dem amerikanischen Literaturwissenschaftler und Psychoanalytiker Norman N. Holland zu sprechen — »der aufschlußreichste Bericht von einem Analysanden über Freud, seine Technik und die analytische Erfahrung, wie sie von innen erscheint«[5].

Dieser Bericht läßt sich unter mehreren Gesichtspunkten lesen: als ein Prosastück im Stil der Romane von H. D.; als die Auseinandersetzung einer Schriftstellerin mit den Gedanken Freuds; als eine Sammlung von Szenen und Zitaten, die Freud bei der praktischen Arbeit zeigen und damit eine Ergänzung zu seinen, wie man weiß, bewußt spärlichen Äußerungen über die analytische Technik bilden; als eine Beschreibung »des Professors«, seines Behandlungszimmers und der Gegenstände darin; als eine Schilderung dessen, was in einem Patienten auf der Couch vor sich gehen kann; als ein Produkt des unaufgelösten Widerstands gegen die Analyse; als eine kunstvolle Nachbildung des freien Assoziierens in der Form eines inneren Monologs; als ein Stück Autobiographie und damit als eine wertvolle Quelle für eine psychoanalytische Literaturtheorie, die hier exemplarisch jenes lebensgeschichtliche Material vorfindet, das sie sonst nur rekonstruieren kann. — Weil er so unterschiedliche Gesichtspunkte enthält, fällt die Orientierung im Text nicht immer leicht. So mag es nützlich sein, wenn man vorab einige der Fäden herauslöst und gesondert entwickelt.

Herkunft. Kindheit und Jugend. H. D. wurde am 10. September
1886 in Bethlehem, Pennsylvanien, einer Gründung des Grafen
Zinzendorf, geboren.[6] Ihr Vater, Charles Leander Doolittle (1843
bis 1919), war ein berühmter Astronom und Mathematiker.[7] Ihre
Mutter, seine zweite Frau, entstammte einer alten Brüdergemeine-
Familie.[8] Hilda war das mittlere Kind zwischen zwei Brüdern. Sie
hatte außerdem zwei Halbbrüder, Söhne des Vaters aus erster
Ehe[9]; ein dritter leiblicher Bruder, 1894 geboren, spielte für ihre
Entwicklung nur noch eine untergeordnete Rolle. — 1895 zog die
Familie nach Philadelphia.

H. D.'s Kindheit war nicht glücklich. »Sie war ein Mädchen zwischen zwei Jungen; doch ironischerweise war sie schwächlich und
mausgrau, während die Jungen ganz Glanz und Gold waren.«
(S. 128)[10] Vor allem der ältere Bruder war das Objekt ihres heftigen Neides: »Er ist älter und unbestritten der Liebling seiner Mutter.« (S. 58) Und der Vater sagte zwar, »sein eines Mädchen sei so
viel wert wie all seine fünf Jungen zusammengenommen«[11], aber
das half ihr nicht weit; denn tatsächlich lebte er nur seiner unverständlichen Arbeit, bei der er nicht gestört werden durfte, »ein bißchen arg unzugänglich, ein bißchen zu weit entfernt und riesenhaft
in den Ausmaßen, alles in allem ein bißchen eisig« (S. 66). Seine
seltenen Geschenke und Aufmerksamkeiten gewannen für das Kind
eine überragende Bedeutung, aber sie waren zu wenig; lebhafte
Tagträume, die die Grenze zum Halluzinieren bisweilen überschritten, ersetzten ihm, was in der Wirklichkeit fehlte.

Professor Doolittle war »ein großer, hagerer Mann, der selbst bei
Tisch selten etwas ins Auge faßte, das, buchstäblich, näher lag als
der Mond. Mrs. Doolittle, erheblich jünger als er, brachte mit einem
Blick alles zum Schweigen, wenn sie sah, daß sich ihr Mann zu sprechen anschickte. Er machte dann seine Bemerkung, wobei er über
die Köpfe von uns allen, die ihm gegenübersaßen, wegblickte; dann
setzten die Kinder und wir anderen unsere Tischgespräche fort.«[12]
So beschreibt die Familienatmosphäre der Arzt und Lyriker William Carlos Williams. H. D. lernte ihn kennen, als sie 1904 das College bezog. Ein anderer Freund jener Jahre war Ezra Pound, mit
dem sie sich damals verlobte. Die Verlobung stieß auf den Widerstand des Vaters und wurde wieder gelöst.

Williams verdanken wir ein plastisches Bild des etwa zwanzig-
jährigen Mädchens: »Hilda, groß, blond und mit langem Unterkie-
fer, aber lebhaften blauen Augen, war, wie ich glaube, ihrem Vater

sehr ähnlich. Sie hatte das, was man manchmal in wilden Tieren findet, eine atemlose Ungeduld, eine fast verrückte Weigerung, zur Sache zu kommen.«[13] Eine Anekdote illustriert diese »Ungeduld« drastisch. Freunde trafen sich zum Baden am Meer. »Es hatte ein Gewitter gegeben, und die Brandung ging hoch. Aber Hilda war hingerissen. Ohne Überlegung oder Vorsicht ging sie den Wellen entgegen. Drin war sie, und die erste Welle schlug sie zu Boden, die zweite rollte und zog sie ins Meer, und wenn nicht ein kräftiger Freund zur Stelle gewesen wäre, wäre es noch schlimmer gekommen. Sie holten sie bewußtlos heraus.«[14]

1906 mußte H. D. das College wegen eines »leichten Nervenzusammenbruchs«[15] verlassen. Sie setzte ihre schriftstellerischen Versuche aus der Collegezeit fort und widersetzte sich damit den Berufswünschen des Vaters für seine Tochter. Die Kunst, der sie sich zuwandte, stand für die Welt der Mutter. Die Identifizierung mit dem Präraffaeliten William Morris als einem phantasierten »godfather« (Paten), einem Glied nur aus der langen Kette ihrer Vatersubstitute mit Mutterqualitäten, bestärkte sie in ihrem Entschluß. Dieser Paten-Vater »hätte mich vielleicht auf eine Kunstakademie geschickt, aber der Professor für Astronomie und Mathematik bestand darauf, daß ich mich aufs College vorbereitete. Er machte kein Hehl daraus: er wollte einen Mathematiker aus mir machen.«[16] In ihrem 25. Lebensjahr unternahm H. D. mit einer Freundin, Frances Gregg, eine Sommerreise nach Europa, dem Herkunftsland der mütterlichen Ahnen. Sie beschloß, nicht mehr zurückzukehren: seit 1911 kam sie nach Amerika nur noch zu Besuch. Sie ließ sich in London nieder; finanzielle Unterstützung durch den Vater machte es möglich.

Literarische Karriere. Die Krise 1915/19. In London lebte seit 1909 Ezra Pound. H. D. schloß sich ihm an. Er stand damals bereits mitten in seinem Kampf für eine neue englischsprachige Lyrik, die sich mit der modernen französischen sollte messen können. 1912 formierte er einige gleichgesinnte junge Lyriker zu einer Gruppe, die er auf dem literarischen Markt lancierte und für die er den nom de guerre »Des Imagistes« erfand.[17] H. D. war ein prominentes Mitglied; in Literaturgeschichten erscheint sie bis heute als die Autorin, die in ihren Gedichten die Prinzipien der »Bewegung« am reinsten und vollkommensten verwirklicht habe. »Die imagistische Bewegung war H. D. und H. D. die imagistische Bewegung«[18],

schrieb später Richard Aldington, ein anderes Mitglied der Gruppe.
Er war sechs Jahre jünger als H. D.; sie heiratete ihn 1913. — Andere Namen, die in den (weiteren) Umkreis der Bewegung gehören
und sich in ihren Anthologien finden, sind: Williams, James Joyce,
D. H. Lawrence (seit 1915 ein enger Freund der Aldingtons).

Die Prinzipien der angestrebten neuen Lyrik waren: »Direkte
Behandlung des ›Dinges‹, ob subjektiv oder objektiv; strikter Verzicht auf jedes Wort, das nicht zur Darstellung beiträgt; ein Rhythmus, der sich an der Musik des Satzes, nicht am Metronom ausrichtet; Konzentration auf ein ›Bild‹, das einen gedanklichen und affektiven Komplex in einem Moment zusammenfaßt.«[19] Ein berühmtes
H. D.-Gedicht zeigt, wie dieses Programm realisiert wurde.

> Oread
> Whirl up, sea —
> whirl your pointed pines,
> splash your great pines
> on our rocks,
> hurl your green over us,
> cover us with your pools of fir.[20]

»Oread« gehört zu jenen ganz frühen Gedichten von H. D., deren Veröffentlichung Pound in die Wege geleitet hatte. Als dieser
1914 die »Bewegung« verließ, hatte sich H. D. bereits einen Namen
gemacht (von dem eine Zeitlang unbekannt blieb, daß es der Name
einer Dichter*in* war). Sie arbeitete jetzt führend an der Organisation
und Publikationsstrategie der Gruppe mit. 1916 veröffentlichte sie
ihren ersten eigenen Gedichtband. Ein Jahr später erschien die
letzte (dritte) imagistische Anthologie; danach hörte die Gruppe auf
zu existieren.

Die Jahre ihrer wachsenden literarischen Anerkennung waren für
H. D. zugleich Jahre privater Katastrophen, die wohl ihr ganzes
künftiges Leben überschatteten und sie noch Anfang der dreißiger
Jahre zu dem Entschluß bestimmten, sich in Analyse zu begeben
(S. 114, 169 f., u. ö.). 1915 erlebte sie eine Fehlgeburt; ab 1916 mußte
sie für das Leben ihres Mannes fürchten, der seinem Eintritt in die
Armee nicht länger ausweichen konnte (er schrieb 1929 das englische Pendant zu »Im Westen nichts Neues«, den Bestsellerroman »The Death of a Hero«); 1917/18 zerbrach ihre Ehe (geschieden wurde sie erst zwanzig Jahre später); 1918 fiel ihr älterer
Bruder in Frankreich; Anfang März 1919 starb ihr Vater; im ersten

Nachkiegswinter 1918/19 erwartete sie ihr zweites Kind und erkrankte während der Schwangerschaft an der Spanischen Grippe — die Ärzte sagten ihr, daß entweder sie oder das Kind werde sterben müssen. Aber Ende März gebar sie eine Tochter, die sie Frances Perdita nannte; Mutter und Tochter blieben am Leben.

Wie empfindlich H. D. schon auf die ersten Belastungen reagierte, zeigt ein Ereignis von Ende 1916, das der Freund John Cournos — ebenfalls ein »Imagist« — berichtet und das man als ein erstes Symptom werten kann: »Etwas Außergewöhnliches geschah ein oder zwei Tage nach Richard [Aldingtons] Abreise. Wir saßen im Wohnzimmer beim Nachmittagstee, als wir einander plötzlich seltsam ansahen. ›Hast du es auch gehört?‹ fragte sie mich, ›er rief nach dir!‹ ›Ja‹, sagte ich, ›ist es nicht seltsam?‹ Und tatsächlich, beide hatten wir klar und unmißverständlich Richards Stimme gehört, wie sie nach mir rief. Wir schauten draußen nach, sahen aber nichts. Ich habe keine Erklärung dafür.«[21]

Den Höhepunkt ihrer Krise erlebte H. D. im Winter 1918/19, der Zeit ihrer Schwangerschaft und Krankheit. Sie schreibt selbst (S. 68), daß sie diese Wochen nicht überlebt hätte ohne die Hilfe ihrer jüngeren Freundin Winifred Ellermann (geboren September 1897). Diese war die einzige Tochter des Schiffsmagnaten Sir John Ellermann, damals einer der reichsten Männer Englands. Seit 1920 führte sie den Namen einer der Scilly Inseln vor der Küste Cornwalls, Bryher, als Pseudonym; unter diesem Namen wurde sie später als Verfasserin historischer Romane bekannt. Bryher hatte H. D. 1918 kennengelernt und lebte seit 1919 meist in ihrer nächsten Nähe. Sie übernahm auch die Erziehung von Perdita und adoptierte sie schließlich. Ihr Bericht ergänzt den von H. D. »Anfang März zog H. D. von Cornwall nach London, um in der Nähe der Privatklinik zu sein, wo sie ein Zimmer bestellt hatte. Ich hörte ein paar Tage nichts von ihr, dann schrieb sie mir und bat mich, zu kommen und sie zu besuchen. ›Ich bin krank geworden, aber es ist nur eine Erkältung.‹ Ich fand H. D. im Bett, sogar für meine ungeschulten Augen sah sie fiebrig aus. ›Erzähl mir von Griechenland‹, sagte sie, ›das Sprechen fällt einem so schwer, wenn man so erkältet ist wie ich.‹ Ich war durch ihre Erscheinung so alarmiert, daß ich nur stotternd eine Aufzählung von Orten hervorbrachte. Was hatten grüne Eidechsen und Sonnenschein mit diesem eiskalten Zimmer zu tun? ›Wenn ich nach Delphi hinaufgehen könnte‹, flüsterte H. D. mit einer Intensität, die ich noch nie zuvor erlebt hatte,

›dann würde ich wieder gesund.‹ ›Ich werde dich nach Griechenland
mitnehmen, sobald die Krankheit vorüber ist.‹ Der Arzt kam. ›Armes Kind, das wird ihr Ende sein — wo sie auch noch ein Baby
erwartet.‹ Während der Unterredung mit dem Arzt erschien die
Hauswirtin. Sie sah mich mit einem Gesichtsausdruck an, wie ich
ihn bösartiger kaum je in meinem Leben gesehen habe, und sagte:
›Kennen Sie die Frau? Können Sie die Begräbniskosten bezahlen?‹«[22] Bryher sorgte dann für eine Krankenschwester und arrangierte die Überführung in die Klinik.

H. D. genas. Ein Jahr der Rekonvaleszenz folgte (sie verbrachte
es u. a. auf den Scilly Inseln); beschlossen wurde es durch die versprochene Griechenlandreise mit Bryher. Für H. D. erfüllte sich damit ein alter Traum: schon lange hatte sie sich das klassische Griechenland zur imaginären Heimat erwählt; fast alle ihre bis dahin
geschriebenen Gedichte waren durch die antike Mythologie und
Literatur inspiriert; ihr erstes Buch überhaupt enthielt Übersetzungen von Chören aus Euripides (erschienen 1916). In diesem Jahr
der Rekonvaleszenz erlebte H. D. eine Reihe von Halluzinationen,
deren Bearbeitung offenbar im Mittelpunkt ihrer Analyse stand
(s. vor allem S. 72 ff., S. 134 und 147 f., S. 169 ff.).

1923 unternahm H. D. mit Bryher eine Ägyptenreise. Dann siedelte sie sich in der Schweiz an, im Kanton Waadt, wo auch Bryher
seit 1922 lebte. Zahlreiche Reisen, vor allem nach London und Paris, unterbrachen ihren Aufenthalt dort. 1925 erschienen ihre bisherigen vier Gedichtbände gebündelt als »Collected Poems«; vor allem auf diesem Band mit dem abschließenden Titel beruht noch
heute ihr literarischer Ruhm. 1926 veröffentlichte sie ihren ersten
Roman »Palimpsest«; ihm folgte 1928 der Roman »Hedylus«; 1931
ein neuer Gedichtband, »Red Roses for Bronze«; dann mit wenigen
Ausnahmen nichts mehr bis 1944. Aus einem Brief Freuds geht
hervor, daß diese Schreibhemmung — dunkel verbunden mit den
Katastrophen der Kriegsjahre und mit einer durchdringenden Angst
vor einem neuen Krieg — zumindest einer der Gründe war, warum
sich H. D. um eine Analyse bemühte (S. 208).

Die Analyse. Die Jahre bis zum Tod. Diesem Entschluß war die
theoretische Beschäftigung mit psychoanalytischem Gedankengut
lange vorhergegangen; sie kann schon während der Kriegsjahre
eingesetzt haben. H. D. gehörte damals zu einem Kreis, der engen
Kontakt zu neuen psychologischen Richtungen hielt, um Bundes-

genossen im Kampf gegen die Zwänge des Viktorianismus zu finden (s. S. 135). Ihr Freund D. H. Lawrence verkehrte um 1918 mit mehreren prominenten englischen Psychoanalytikern, unter ihnen Ernest Jones[23]; sie selbst lernte 1918 den Sexualwissenschaftler Havelock Ellis kennen, der — bei allen Vorbehalten — mit den Schriften Freuds bestens vertraut war. Daß ihre Beschäftigung mit der Psychoanalyse schon früh zu einer fast schwärmerischen Identifikation mit der Sache Freuds geführt hatte, mag dazu beigetragen haben, daß sie den Kontakt zu Lawrence so abrupt abbrach, als dieser seine Kritik an der Psychoanalyse formulierte (s. S. 151) (der einschlägige Aufsatz von Lawrence, »Fantasia of the Unconscious«, erschien 1922). Aus den frühen zwanziger Jahren stammt auch eine Anekdote, die Robert McAlmon, Schriftsteller und Verleger der um Gertrude Stein zentrierten amerikanischen Kolonie in Paris, der erste Ehemann Bryhers, erzählt: »Als ich gegenüber H. D. die Vermutung äußerte, daß die Psychoanalyse einige Leute ebenso anzusprechen schien wie die Christian Science, nahm sie mich ernst und sagte: ›Ja, es ist eine Religion.‹«[24]

Doch den Weg zur eigenen Analyse scheint wieder vor allem Bryher gebahnt zu haben, die sich — mit Unterbrechungen — von 1928 bis 1932 einer Behandlung bei Hanns Sachs in Berlin unterzog und von dieser Erfahrung als dem »Zentrum meines Lebens«[25] begeistert war. »Ich gehörte zu einer der frühen Gruppen von Analysanden, und es ging damals weniger steif zu als heute. Man vermittelte uns das Gefühl, daß wir zu einer Schar von Forschungsreisenden gehörten, und an den meisten Abenden hetzte man mich in Vorlesungen, nicht nur über Anthropologie und die Theorie der Analyse, sondern auch über die gewöhnlichen Formen der Geisteskrankheiten und ihre Symptome.«[26] Dieselbe Atmosphäre des Neuen und Abenteuerlichen vermitteln auch die Erinnerungen von H. D.

Sie selbst versuchte, nach einem fehlgeschlagenen Versuch bei der Londoner Analytikerin Mary Chadwick, gleichfalls bei Sachs unterzukommen. Da dieser 1932 jedoch bereits im Begriff war, nach Amerika zu emigrieren, empfahl er sie an Freud weiter. (Bryher hatte Freud bereits 1927 kennengelernt, als sie mit ihrem zweiten Mann Kenneth McPherson per Flugzeug eine Stippvisite in Wien machte; sie hatte ein Einführungsschreiben von H. Ellis. »Freud saß hinter seinem Schreibtisch, ich erkannte ihn nach den Photographien, aber was sie und die Berichte über ihn nicht mitteilten, war

seine Fröhlichkeit. Er fragte uns zunächst kurz nach Ellis, dann
aber kam ein erstaunliches Leben in seine Augen, als er uns nach
dem Fliegen ausforschte: warum hatten wir den Luftweg gewählt,
wie fühlt man sich, wie hoch hatte uns der Pilot hinaufgenommen,
wie sah eine Landschaft von oben aus? Wir erzählten ihm von dem
Gewitter, das wir während des Flugs erlebt hatten, und ich wußte,
daß er gern selbst dabeigewesen wäre.«[27])

Freud nahm damals nur noch wenige Analysanden an; H. D. erwähnt, sie seien zu ihrer Zeit vier gewesen (S. 87). Die therapeu-
tische Intention — die für Freud immer nur eine Rolle unter anderen gespielt hatte (vgl. S. 49) — war bei ihm inzwischen ganz
zurückgetreten hinter das Interesse, der Psychoanalyse eine möglichst weite Verbreitung zu sichern, und zwar gerade auch außerhalb der Medizin (unter den drei Mit-Analysanden von H. D. zu
jener Zeit war nur eine Ärztin). Norman N. Holland vermutet, daß
auch H. D. von Freud unter diesem Gesichtspunkt in Analyse genommen wurde[28]; sie selbst erwähnt mehrfach, er habe sie und die
anderen »Studenten« und »Schüler« genannt (S. 48 u. ö.). Freilich
reicht Freuds Beschäftigung mit dem »Geheimnis« der dichterischen
Produktion weit zurück, und er hatte vorher wohl keine Gelegenheit gehabt, mit einem bedeutenden Künstler zu arbeiten; und
H. D. legt in ihren Erinnerungen großes Gewicht darauf, ihre
Gleichrangigkeit mit Freud oder wenigstens mit einem ihrer Mit-
Analysanden zu betonen. Dennoch scheint Hollands Vermutung
auf dem Hintergrund der seit 1926 unausgesetzten Diskussion um
die »Laienanalyse« — für die Freud, wie bekannt, leidenschaftlich
Partei ergriff — plausibel.

H. D. sagt nicht, warum sie die erste Phase ihrer Analyse been-
dete — wohl aber, warum sie nach 15 Monaten noch einmal nach
Wien kam: Sie hatte erfahren, daß jener Mit-Analysand (ein psy-
chischer Nachfahre ihres Bruders) sich mit seinem Flugzeug zu To-
de gestürzt hatte, gleichsam »gefallen« war wie ihr leibhaftiger
Bruder. Mit der Erinnerung an ihn setzt das Buch ziemlich unver-
mittelt ein; die Bedeutung des Wunsches, durch die Analyse dem
älteren Bruder ebenbürtig zu werden, könnte nicht schlagender be-
tont sein. Freud *deutet:* »Sie sind gekommen, um seinen Platz einzunehmen.« (S. 38) H. D. aber scheint es als *Auftrag* zu verstehen
(S. 109).

Nach dem Ende dieser zweiten Behandlungsphase blieben Freud
und H. D. in Briefverbindung. Der Ton von Freuds Briefen ist un-

verkennbar warm, ja herzlich: »Was Sie mir gaben, war nicht Lob, sondern Zuneigung, und ich brauche mich meiner Genugtuung nicht zu schämen. Das Leben in meinem Alter ist nicht leicht, aber der Frühling ist schön und ebenso die Liebe.« (S. 220) Die starken Worte können überraschen — zu deutlich beweisen die Erinnerungen von H. D., daß ihre »Liebe« auch nach der Analyse durch die Übertragung bestimmt blieb, daß sie die Erbin der konflikthaften Beziehung zu Vater und Mutter war und von zerstörerischer Ambivalenz, und daß alle positiven Gefühle H. D. nicht daran hindern konnten, an ihrem Widerstand gegen viele von Freuds Deutungen auch 1944 noch festzuhalten (ohne sie direkt zurückzuweisen). Vielleicht sollte man sich hier an eine Stelle erinnern, wo Freud energisch bestreitet, daß die Übertragungsliebe unecht sei: »Es ist wahr, daß diese Verliebtheit [in der Übertragung] aus Neuauflagen alter Züge entsteht und infantile Reaktionen wiederholt. Aber dies ist der wesentliche Charakter jeder Verliebtheit. Man hat kein Anrecht, der in der analytischen Behandlung zutage tretenden Verliebtheit den Charakter der ›echten‹ Liebe abzusprechen.«[29]

H. D.'s Bericht enthält eine Fülle weiterer Beispiele für die verblüffende »Unorthodoxie«, mit der Freud die Übertragungssituation handhabt. Sie alle widerlegen, in diesem Punkt bestätigt durch die Briefe, das verbreitete Vorurteil von der »Kälte« und »Passivität« des Analytikers im allgemeinen und Freuds im besonderen. Geht man mit solchen Vorstellungen an die Lektüre des Buches, muß es wie ein Schock wirken, wenn Freud in einer Szene auf einmal mit der Faust auf die Couch schlägt und sagt: »Das Schlimme ist — ich bin ein alter Mann —, *Sie halten es nicht für der Mühe wert, mich zu lieben.*« (S. 47)

Einen unmittelbaren Erfolg hatte die Analyse anscheinend nicht. Arbeitsstörung und Kriegsangst jedenfalls bestanden fort und konnten auch durch eine neue Phase der Behandlung bei dem Londoner Analytiker Walter Schmideberg — von der Freud hoffte, sie möge dazu führen, »daß Sie in Ihrem inneren Kampf die bestmöglichen Friedensbedingungen erlangen« (S. 218) — nicht behoben werden. Sie lösten sich paradoxerweise, und zwar schlagartig, erst, als jene Angst überflüssig geworden, weil das Befürchtete eingetreten war: während des Zweiten Weltkriegs (und nach Freuds Tod). Gleich bei Kriegsausbruch verlegte H. D. ihren Wohnsitz aus der Schweiz nach London. Unter der Lebensgefahr des Luftkriegs gegen England wurde sie wieder produktiv. Innerhalb kurzer Zeit, von

1942—1946, entstanden drei Gedichtzyklen (»Trilogy«: »The
Walls Do Not Fall«, »Tribute to the Angels«, »The Flowering of
the Rod«), die »Huldigung an Freud« (in Buchform erstmals 1956
publiziert), ein Shakespeare-Zyklus, »By Avon River«[30], und ein
Entwurf ihres letzten Romans »Bid Me to Live«[31].

Nach dem Krieg ließ sich H. D. wieder in der Schweiz nieder. Als
letztes Werk veröffentlichte sie 1961 »Helen in Egypt«, einen dramatischen Versmonolog mit Zwischentexten in Prosa. 1961 starb
H. D. In ihrem Nachlaß befanden sich zahlreiche ungedruckte
Texte: Gedichte, Erzählungen, Romane. Ein Teil der Gedichte wurde 1972 unter dem Titel »Hermetic Definition« gedruckt; »Advent«, die Fortsetzung von »Huldigung an Freud«, 1974. Die ihr
gewidmete Sondernummer der Zeitschrift »Contemporary Literature«[32] bezeugt die aktuelle Auseinandersetzung unter amerikanischen Literaturhistorikern zwischen denen, die ihr einen Platz in der
amerikanischen Literatur nur wegen »eines halben Dutzend vollkommener Gedichte« einräumen wollen, und jenen, die der Meinung sind, ihr Spätwerk sei noch kaum rezipiert, auf ihm werde
aber schließlich ihr »dauernder Ruhm gründen«[33].

Freuds Deutungen und ihr theoretischer Hintergrund. Einige ana-
lytisch wichtige Themen wurden en passant bereits erwähnt, so das
neiderfüllte Verhältnis zum älteren Bruder Gilbert. In den beiden
Schlüsselszenen (oder »Deckerinnerungen«), in denen im ersten
Drittel des ersten Teils von »Huldigung« die Eltern vorgestellt werden, ist der Bruder jeweils anwesend, ja der Hauptakteur. Die
Schwester versucht, indem sie sich ihm anschließt, an seinem Glanz
teilzuhaben. Die Mutter zieht den Jungen vor: »Wenn ich bei meinem älteren Bruder bleibe, fast ein Teil meines Bruders werde, kann
ich vielleicht näher an sie herankommen.« (S. 62) Mit dem Vater
teilt er ein Geheimnis: »Die gewöhnlichen Worte ihrer Umgangssprache gehen manchmal über meinen Kopf weg. Ich verstehe nicht
einmal immer die Worte, die mein Bruder gebraucht.« (S. 55)
(Die unverständlichen Worte mögen deutsche gewesen sein, die in
der Brüdergemeine-Familie eine große Rolle spielten.[34] Die Faszination durch Worte fremder Sprachen ist auch mitbestimmend für
H. D.'s Griechenlandbegeisterung und ihre Lyrik.)

Das Mädchen flüchtet sich in eine Phantasie. »Jack and Jill went
up the hill«, heißt es in einem Kinderbuch, Hans und Grete gingen
den Hügel hinauf. »›Gil Blas‹ war der Name eines Buches, aber Gil

war ein Mann, und nicht Jack. ›Ich meine, wenn ich die Jill des Bildes bin, so wie wir es als Kinder spielten‹, dachte Hilda, ›dann wäre ich Gil, was die Kurzform für Gilbert ist, aber wir nennen ihn nie Gil, nur manchmal Gib. Alles machte er zuerst. Und wenn ich Jill wäre, wäre ich Gil, wir wären Zwillinge‹«[35], und zwar Zwillings-*brüder*: sie wäre mit dem Bruder verschmolzen, hätte Anteil an seinem Geheimnis, wäre der Mutter nahe.

Diese Sehnsucht nach dem Zwilling prägt auch das spätere Leben von H. D. Sie erfüllt sich, als H. D. mit Bryher zusammentrifft (die in ihrer Autobiographie davon berichtet, wie sie seit frühster Kindheit ein Schiffsjunge hatte werden wollen[36]). Die beiden Frauen finden sich als Zwillingsbrüder. »Immer wenn Bryher mit Hilda oder mir zufrieden war, versicherte sie, daß wir ihr Zwilling oder Bruderaffe seien«, erzählt Robert McAlmon[37]. Die großen Halluzinationen, von denen H. D. in ihrem Buch berichtet, ereignen sich immer in Gegenwart Bryhers, deren Anwesenheit für eine wesentliche Voraussetzung jener Erfahrungen erklärt wird (so S. 75 und S. 147 f.). Man muß wohl folgern, daß die Grenze zwischen Innen- und Außenwelt in eben den Momenten verschwimmt, in denen auch die Grenzen zwischen Ich und Objekt und zwischen männlich und weiblich verschwinden.

Wie eng das Halluzinieren mit der Verleugnung des Geschlechtsunterschieds zusammenhängt, ergibt sich — um nur ein Beispiel anzuführen — aus dem Schlußbild der Bilderfolge, die H. D. auf ihrer Griechenlandreise von 1920 an der Wand eines Hotelzimmers erblickte (und deren Darstellung ebenso das Zentrum des ersten Teils von »Huldigung« bildet, wie ihre Bearbeitung im Zentrum der Analyse stand): eine geflügelte Nike schwebt eine Jakobsleiter empor und geht am Ende in die Sonnenscheibe ein. Da die geflügelte der flügellosen Nike gegenübergestellt wird und Flügel mehrfach als männliches Attribut auftreten, und da andererseits Helios, der Sonnengott, mit Helen (der Name der Mutter von H. D.) identifiziert wird, kann man zumindest so viel verstehen, daß sich hier eine männliche Göttin in die Hut eines weiblichen Gottes begibt und eins wird mit ihm (— »wie zu erwarten, ist die Schluß-Vision die am wenigsten abgewehrte oder verkleidete«, schreibt Holland in seiner Interpretation der Schrift-an-der-Wand[38]).

Es ist bedeutsam, daß sich die beiden Frauen in die Vision dieses Bildes teilen: H. D., völlig erschöpft durch das Erlebnis, bricht ab in dem Moment, als die Nike die Leiter emporsteigt oder -fliegt.

Und hier genau beginnt die Freundin in das Symptom einzutreten und führt die Halluzination zu Ende. In einer Art folie à deux erlauben die zwei Frauen einander den Ausdruck geheimer Phantasien und bestätigen sich in der Verleugnung, die ihnen gemeinsam ist (S. 82 f.).

Manifest taucht das Thema Homosexualität in den Erinnerungen von H. D. kaum auf — wie überhaupt die Details, die erzählt werden, offenbar sorgfältig ausgewählt sind: berichtet wird vor allem Material (Träume, Halluzinationen, Kindheitserinnerungen), das gerade *nicht* als analytisches Material imponiert, sondern opak bleibt und auf das Unbewußte als auf Tieferes, gleichsam Objektives verweist. Das gilt besonders für den ersten Teil des Buches, der sehr stark sekundär (oder literarisch) bearbeitet ist. Im zweiten Teil dagegen scheint, wohl wegen seiner Nähe zum Tagebuch, die Zensur gelockert zu sein, was sich sowohl im Stil als auch in der Themenwahl ausdrückt. Hier heißt es einmal: »Als ich dem Professor sagte, daß ich in Frances vernarrt gewesen sei und vielleicht mit ihr glücklich geworden wäre, sagte er: ›Nein — aus biologischen Gründen, nein.‹« (S. 168)

Wie kann sich die männliche Position so hartnäckig halten, wo sie doch mit der Störung der Fähigkeit, zwischen innen und außen, zwischen Realität und Imagination zu unterscheiden, so hoch bezahlt werden muß? Freuds Antwort in der Analyse läßt sich aus folgender Stelle ableiten: »Der Professor spricht davon, daß die Schicht der Mutterfixierung bei Mädchen und Jungen dieselbe ist, daß jedoch das Mädchen gewöhnlich seine Zuneigung auf den Vater überträgt. Nicht immer. Der Professor redet weiter über die Entwicklung der Psychoanalyse, und wie man am Anfang Fehler gemacht hatte, weil man nicht verstand, daß das Mädchen nicht in jedem Fall seine Gefühle auf den Vater überträgt. Er fragte: ›War Ihr Vater ein wenig kalt, ein wenig steif?‹« (S. 190)

Kurz zuvor hatte Freud seine 23. Vorlesung zur Einführung in die Psychoanalyse über »Die Weiblichkeit« geschrieben.[39] Die eben zitierte Bemerkung gehört in den Zusammenhang des dort Entwickelten. Freud beschreibt die »präödipale Vorgeschichte der Mädchen«, d. h. die Geschichte ihrer infantilen Mutterbeziehung durch alle drei Phasen der Libidoentwicklung, die sich bis einschließlich der phallischen Stufe nicht von der der Jungen unterscheide; er beschreibt, wie dann als »gewöhnliches Schicksal« »die Mutterbindung in Haß ausgeht« und findet das Hauptmotiv für diese Abkehr darin,

»daß das Mädchen die Mutter für seinen Penismangel verantwortlich macht und ihr diese Benachteiligung nicht verzeiht«. Das Mädchen erreicht den positiven Ödipuskomplex durch die passive Wendung zum Vater. »Der Wunsch, mit dem sich das Mädchen an den
Vater wendet, ist wohl ursprünglich der Wunsch nach dem Penis,
den ihr die Mutter versagt hat und den sie nun vom Vater erwartet.
Die weibliche Situation ist aber erst hergestellt, wenn sich der
Wunsch nach dem Penis durch den nach dem Kind ersetzt, das Kind
also nach alter symbolischer Äquivalenz an die Stelle des Penis
tritt.« Erst mit diesem letzten Schritt hat das Mädchen die Objekt-
beziehung zur Mutter aufgegeben. Auf der Stufe davor erwartet es
vom Vater immer noch dasselbe wie von der Mutter, der Vater hat
sich als Objekt noch nicht von der Mutter gelöst, ist noch nicht an
ihre Stelle getreten; die Identifizierung mit ihm steht noch im Dien-
ste der Mutterbeziehung.

An diesem Punkt nun ist — so muß man Freuds Äußerung an
H. D. wohl auffassen — die Entwicklung seiner Patientin stehengeblieben. In ihrem Bericht lassen sich, wenn man die symbolischen
Verkleidungen abstreift, alle Elemente finden, die das Stadium vor
dem Aufbau der positiv ödipalen Einstellung kennzeichnen: der
Neid auf den älteren, klügeren Bruder, der wie Prometheus das
Feuer vom Himmel herunterholt (mit Hilfe eines Vergrößerungs-
glases vom Tisch des Vaters) (S. 55); der Vorwurf gegen die Mutter, zu kurz gekommen zu sein (S. 62); und die Hoffnung, vom
väterlichen Liebesobjekt hochbedeutsame Geschenke zu erhalten
(eine der halluzinierten Kindheitsphantasien handelt davon, wie
eine idealisierte Vaterfigur dem vor Glück zitternden Mädchen vor
seinen Brüdern den Vorzug gibt und ihm eine Lilie schenkt —
S. 138 f.). Die Schuld für die Entwicklungsstockung liegt bei
dem Vater: er ist als Liebesobjekt unerreichbar, zu »kalt«, er er-
laubt dem Mädchen nicht, seine Liebeswünsche voll auf ihn zu
übertragen. Das Mädchen wird statt dessen erneut auf die Überlegenheit der Männer verwiesen und sucht Ersatz in der Phantasie, in
der es sich, nach Freuds Worten, »gleichsam weigert, die unlieb-
same Tatsache [der Kastriertheit] anzuerkennen, in trotziger Auf-
lehnung seine bisherige Männlichkeit noch übertreibt und seine Zu-
flucht zu einer Identifizierung mit dem Vater« (und Bruder)
»nimmt«[40]; von nun an verharrt es in dieser Identifizierung. Wenn
man noch hinzunimmt, daß in der damit einhergehenden Rückwendung auf das Mutterobjekt der alte Haß der Zurückgesetzten na-

türlich nicht verschwunden ist, wenn man die Angst vor der Bestrafung in Rechnung stellt und schließlich bedenkt, daß die Beziehung zur Mutter für ein Mädchen mit den tiefsten Ängsten vor der Regression in die Mutter-Kind-Einheit der oralen oder gar pränatalen Frühzeit verbunden ist (die doch zugleich erwünscht wird), so ist das Bild einer ausweglosen Situation vollständig.

Beide Berichte über die Analyse lassen keine Zweifel daran, daß Freud sowohl die Symptome als auch die Übertragung in der analytischen Situation vor allem auf diesem Hintergrund verstand: als vorwiegend determiniert durch die weiterwirkende unglückliche Liebe zur Mutter und durch den Peniswunsch (ich behandle zunächst nur den ersten Aspekt und verschiebe den zweiten auf die Diskussion des Widerstands). »Der Professor übersetzte die Bilder an der Wand eines Hotelzimmers auf Korfu als das Verlangen nach der Vereinigung mit der Mutter.« (S. 72) »Der Professor sagte, diese Details bestätigten ihn nur in seiner Meinung, daß die Van-Eck-Episode [eine Halluzination auf der Schiffsreise nach Griechenland] sich eigentlich zurück auf meine Mutter bezog.« (S. 198) »Und doch befriedigte mich die Aussage, meine ›Übertragung‹ richte sich auf Freud als Mutter, nicht ganz. Er hatte gesagt: ›Und — ich muß Ihnen sagen (Sie waren offen mit mir, und ich will offen mit Ihnen sein), ich bin *nicht* gern die Mutter in der Übertragung — es überrascht und schockiert mich immer ein wenig. Ich fühle mich so sehr als Mann.‹« (S. 163) »Der Professor hatte ganz am Anfang gesagt, ich sei nach Wien in der Hoffnung gekommen, meine Mutter zu finden.« (S. 47)

Wenn somit H. D. ihre ambivalente Mutterbeziehung auf Freud übertragen hat, müssen sich deren positive wie negative Seite in ihrem Bericht aufweisen lassen. Tatsächlich lassen sie sich unschwer finden. Von unbewußter zerstörerischer Aggression zeugt besonders ihre Angst vor der Gefahr, die Freud von seiten des Nationalsozialismus drohe. Nicht als ob diese Gefahr politisch nicht real gewesen wäre, sie war es nur zu sehr — daß sie jedoch für H. D. mehr und Unmittelbareres bedeutete, nämlich auch ihre eigenen gefährlichen Wünsche verkörperte, beweist das im zweiten Teil von »Huldigung« stets gegenwärtige Entsetzen, das ihr verbietet, diese Ängste auszusprechen (S. 152 u. ö.) (man erinnere sich: im Krieg war ihr Bruder umgekommen, und ihr Vater war gestorben, als er die Nachricht davon hörte). Die Verschmelzungswünsche andererseits setzen sich z. B. am Ende des ersten Teils überwältigend durch, wo

H. D. sich an den Tag erinnert, als Freud in einer überaus eindrucksvollen Geste die Rolle, die ihm H. D. zuweisen wollte, übernahm und das Unrecht, das ihr die Eltern angetan hatten, stellvertretend und symbolisch wiedergutmachte, indem er ihr einen Goldorangenzweig schenkte. Nachdem sie von diesem Höhepunkt ihrer Analyse erzählt hat, schlüpft H. D. in die Rolle von Mignon und zieht in einer Paraphrase des Goethegedichts, mit dem »Geliebten« und »Beschützer« vereint, in südliche Fernen (S. 113 und S. 129 ff.).

Die rauschhafte unio mystica, das Augenblicksgefühl »ozeanischen« Einsseins, ist nicht der einzige Versuch zur Versöhnung. Vielleicht das Hauptthema im ersten Teil des Buches ist die Sorge um Freuds Unsterblichkeit. H. D. fühlt sich berufen, sie in besonderer Weise zu sichern — nicht in der Weise der Schüler, die in der Psychoanalytischen Vereinigung Freuds Werk fortsetzen (s. S. 38), nicht indem sie Teilnahme zeigt, wenn er an seine Enkel denkt (diese Gedanken erschrecken sie vielmehr — S. 88), sondern auf eine hermetische Weise, die sie zugleich über alle Konkurrenten emporheben würde. Sie redet an einer Stelle von Marie Bonaparte, die seit den zwanziger Jahren zu Freuds allerengstem Freundeskreis gehörte. H. D. ist sich ihres Neids auf die »Prinzessin« bewußt. Dann jedoch beginnt sie zu phantasieren: »Könnte es aber nicht sein, daß ich die Existenz einer anderen Welt, einer anderen Prinzessin spürte? Könnte es nicht sein, daß ich, alle denkbaren Hürden und Hindernisse überspringend, nicht nur wünschte, sondern *wußte*, der Professor würde wiedergeboren werden?« (S. 67) Wer würde diesem »Begründer einer neuen Religion« ein neues Leben schenken? Ein Mose-Traum (S. 65 f. und S. 137) deutet es an: *sie* würde ihn wiedergebären. Durch das Buch selbst *vollzieht* sich diese Wiedergeburt. »Die Toten waren lebendig, sofern sie im Gedächtnis lebten oder erinnert wurden im Traum.« (S. 45) Ist es zuviel gesagt, wenn man hinzufügt, daß die Toten erst gestorben sein müssen, ehe dieses neue Leben einsetzen kann? Das Buch wäre dann auch ein Versuch, Geschehenes ungeschehen und Getanes wiedergutzumachen. (Wahrscheinlich könnte man von hier aus eine Erklärung dafür finden, warum die Schreibhemmung sich während des Zweiten Weltkriegs so plötzlich und eruptiv löste.)

Der Widerstand. Im Zusammenhang seiner Vorlesung über die Weiblichkeit schreibt Freud weiter: »Der Wunsch, den ersehnten

Penis doch zu bekommen, kann auch seinen Beitrag zu den Motiven
leisten, die das gereifte Weib in die Analyse drängen, und was sie
verständlicherweise von der Analyse erwarten kann, etwa die Fähigkeit, einen intellektuellen Beruf auszuüben, läßt sich oft als eine
sublimierte Ableitung dieses verdrängten Wunsches erkennen.«[41]
Daß auch hinter der literarischen Produktion von H. D. dieser ver-
drängte Wunsch zu erkennen ist, kann ich hier nur andeuten.[42]
Legt man diese Interpretation zugrunde, so zeigt sich die Schreibhemmung in neuem Licht, und die Tatsache, daß die Therapie ihr
Ziel nicht erreichte, erweist sich als eine erste Manifestation des
fortbestehenden Widerstands.

    Daß Freud in seinen Deutungen seiner Patientin immer wieder
ihren Peniswunsch zu Bewußtsein zu bringen versuchte und daß
er damit eine zentrale Phantasie traf, wird an vielen Stellen evi-
dent. Einer der schönsten Freud-Sätze, die durch H. D.'s Buch in
der Erinnerung weiterleben, fällt in der Szene, als er ihr seine Lieb-
lingsstatuette zeigt, eine bronzene Athene, und dazu bemerkt: »Sie
ist vollkommen, nur hat sie ihren Speer verloren.« (S. 94) (Was
diese und ähnliche Stellen so eindrucksvoll macht, ist die Sensibili-
tät, mit der Freud eine Deutung der Symbolsprache seiner Patientin anpaßt, gleichsam mit ihrem Unbewußten direkt kommunizie-
rend.) Anderswo spricht er von dem Brauch der Herrnhuter Brüdergemeine, allen Kindern zu Weihnachten eine brennende Kerze
zu geben. Er fragt: »Hatten die Mädchen ihre Kerzen genauso wie
die Jungen?« H. D. fährt fort: »Es kam mir komisch vor, daß er
ausgerechnet das fragte. Sigmund Freud erhob sich von seinem·
Stuhl hinter der Couch, trat heran und stand neben mir. Er sagte:
›Wenn durch die Gnade Gottes jedes Kind eine brennende Kerze
zum Geschenk erhielte, dann hätten wir keine Probleme mehr . . .
Das ist der wahre Kern aller Religion.‹« (S. 141)

    Wir müssen H. D. dankbar sein, daß sie auch diese subtile, weit-
reichende Bemerkung vor dem Vergessen bewahrte — ihr selbst
aber waren die Worte wichtiger, mit denen Freud den Weihnachts-
ritus unmittelbar davor charakterisierte: »Eine Atmosphäre . . .«
Nur diese ersten, unabgeschlossenen, ins Unbestimmte weisenden
Worte greift sie leitmotivisch immer wieder auf, die Folgesätze läßt
sie fallen. Man kann hier direkt am Text verfolgen, wie die Deutung des Peniswunsches nicht nur eine zentrale Phantasie, sondern
auch einen zentralen Widerstand mobilisierte, und versteht dann
besser den kritischen Vorbehalt, den H. D. an anderer Stelle so for-

muliert: »Die Erklärungen des Professors waren zu erhellend, schien es manchmal.« (S. 59) Sie wendet sich von der Klarheit der Deutungen ab und verharrt im Halbdunkel unscharfer Wahrnehmung. Nur hier kann die alte Wunschphantasie weiterleben, oder wie sie selbst sagt: »Ich hatte vor langer Zeit gelernt, dem Geheimnis nicht zu sehr auf den Grund zu gehen.« (S. 140)

Bewußt und explizit äußert sich der Widerstand im Vorwurf gegen Freud, seine Deutungen seien zu trivial. »Die höheren transzendentalen Probleme diskutierten wir nie.« Und wenn doch einmal an sie gerührt wurde, »bezogen wir sie auf den vertrauten Familienkomplex« (S. 44 f.). »Der Professor hatte nicht immer recht. Das heißt, doch, er hatte immer recht in seinen Urteilen, aber meine Art des Rechthabens, meine Intuition funktionierte manchmal um den Bruchteil einer Sekunde (auf den in der spirituellen Zeitrechnung alles ankommt) schneller. Seine Sache waren die großen Riesenwurzeln am Baum der Erkenntnis, doch meine zitterten manchmal, mit haarfeinen, fast unsichtbaren Fühlern, ein Warnsignal oder lösten ein Problem.« (S. 121) Und am Ende des zweiten Teils heißt es, ganz anders als am Ende des ersten: »Das Wunder des Märchens ist unbestreitbar; Sigmund Freud würde es verwerten, rationalisieren.« (S. 201)

Frühzeitig hat das kleine Mädchen wohl eine Methode entwickelt, wie es seine Phantasie-Position festhalten konnte: indem es einfach schwieg. Verständigung erwartete es dann vor allem über wortlose Einigkeit. »Er mußte wissen, was ich fühlte.« (S. 47) Und so ist das ganze Buch untergründig auch von diesem Thema beherrscht: dem Analytiker jetzt, im Selbstgespräch, zu sagen, was damals alles nur gedacht blieb und so von seinem Einspruch unbehelligt. Es gibt Dinge in den Dingen, ein kleiner Kaktus kann sich noch zu einem riesigen Baum auswachsen, und aus einer Raupe wird ein Schmetterling; so heißen zwei wichtige Kindheitserinnerungen, schmerzlich verbunden mit dem Erlebnis der Enttäuschung: der Kaktus wuchs nicht, sondern begann zu blühen, und die Raupe verwandelte sich in einen häßlichen Nachtfalter — »es war wirklich nicht fair« (S. 143 und S. 144 f.). Für unseren Zusammenhang ist hervorzuheben, daß diese Erinnerungen nur dem Tagebuch anvertraut, ausdrücklich aber nicht in der Analyse ausgesprochen wurden. Der Kampf um das Tagebuch, hinter welchem sich der Widerstand verschanzt, durchzieht den zweiten Teil von »Huldigung«. Das Buch endlich konserviert den Triumph.

Es macht nicht viel Mühe, noch an vielen Stellen aufzuzeigen, wie sich der Widerstand der Patientin gegen die analytische Kur äußert, wie ihre Abwehr arbeitet. Man kann das Buch, wenn man will, geradezu als ein Kompendium von Ausweichmanövern lesen. Doch sollte man darüber nicht vergessen, daß ein so zäher und zählebiger Widerstand nichts weniger als außergewöhnlich ist. Vielmehr kann man gerade ein besonderes Verdienst von H. D. darin sehen, daß sie dem Leser, absichtlich oder unabsichtlich, einen Einblick in die *regelmäßigen* Reaktionen auf die Anforderungen der analytischen Situation verschafft; sie gibt tatsächlich das seltene Beispiel eines Berichts »über die analytische Erfahrung, wie sie von innen erscheint«. Es gehört wohl unvermeidlich zu einem solchen Bericht, daß er nur unter der Bedingung des unaufgelösten Widerstands entstehen kann, als gleichsam ins Agieren einmündende Abwehr. — Aber es ist beinahe zu verlockend, H. D. hinter die Schliche zu kommen; es fällt schwer, statt dessen von ihr zu lernen. Viele Leser ihres Buches werden sich eines Gefühls von Rivalität nicht erwehren können: Da hatte jemand das unschätzbare Privileg, bei Freud selbst in Analyse zu sein, und wie wenig hat sie daraus gemacht. Wäre ich an ihrer Stelle gewesen . . .

Kunstwerk und Abwehr. Als H. D. einmal einige Tänze, die sie für ihre Freundin in den Tagen der Nike-Vision aufführte, mit »Mysterien« und »Zauberei« in Verbindung bringen wollte, verwarf Freud ihre Andeutung mit dem Hinweis, es habe sich dabei eigentlich um einen ungeschriebenen Gedichtzyklus gehandelt; er sagte: »Sehen Sie, Sie sind schließlich ein Dichter.« (S. 188) Diese Mahnung muß sich auch der Leser dieses Buches zu Herzen nehmen. Verleugnung der Weiblichkeit, Halluzinationen und Widerstand sind eine Sache — wie aber verhalten sie sich zum Kunstwerk?

Als Werk der Schriftstellerin H. D. bietet »Huldigung an Freud« zweierlei: eine Art Theorie der »abnormalen, ungewöhnlichen (über- oder untergewöhnlichen) Geisteszustände« (S. 69), die sich nur scheinbar auf die Psychoanalyse berufen kann, und eine Darstellung, ein Produkt dieser Geisteszustände, das fasziniert.

Die »Theorie« in H. D.'s Spätwerk entwickelt (unter anderem) eine zyklische Geschichtsbetrachtung: Alle Geschichte folgt den immer gleichen Mustern; vor allem die individuellen lebensgeschichtlichen Muster decken sich sowohl mit denen der aktuellen Zeitgeschichte als auch, und insbesondere, mit denen der Vergangenheit, der Mythologie jeder Provenienz. Die höchsten »Geisteszustände« der Vision und Inspiration sind erreicht, wenn eine solche Verbindung zur Vergangenheit hergestellt ist. H. D. ist unablässig damit beschäftigt, Ketten von literarischen, historischen und mythischen Vorläufern zu bilden (Freud z. B. verwandelt sich, systematisch geordnet, im Verlauf des Buches, das die Wiener Monate wiederbelebt, in H. D.'s Vater — Mutter — Großvater — den Arzt der Kindheit — den Leuchtturmwärter aus einem Kinderbuch — den Beschützer und Geliebten Mignons — Shylock — Shakespeare — den Zenturio von Pompeji — Hannibal — Sokrates — Jeremia — Mose — Abraham — Herakles — Janus — Zerberus — Asklepios — Helios — Apoll — Zeus — den Engel des Gerichts — den alten Drachen — Gott — u. a. m.) — die Suche ist prinzipiell endlos, weil sie einem Wiederholungszwang entspringt, der reproduziert, nicht aufgelöst wird. Die »Palimpsest«-Metapher, die den Titel eines ihrer Romane bildet, faßt zugleich H. D.'s Denken zusammen.

Die Suche selbst ist das Ziel (s. S. 162). Kein Wunder, daß H. D. ihre eigene, intuitive »Art des Rechthabens« derjenigen Freuds entgegensetzt: Freud würde durch Deuten der Suche ein Ende setzen, das Geheimnis lüften, »rationalisieren«; H. D. dagegen hält an ihm fest, und die Analyse soll sie darin bestätigen, indem sie die »Kindheit des Individuums« in die »Kindheit der Gattung« zurückprojiziert (s. S. 43).

Einmal haben sich die beiden Geschwister von der Mutter getrennt. »Da sitzen wir und bilden eine kleine Gruppe, ein Muster, ein Standbild am Kreuzweg. Es erscheint verschiedentlich in griechischen Tragödien unter griechischen Namen, und man kann es auch in Grimms Märchen finden; es heißt dort ›Brüderchen und Schwesterchen‹. Manchmal ist eines der Schatten des anderen; oft hat sich eines verirrt, und das eine sucht das andere wie in der ältesten Mär von Zwillingsbruder und -schwester, die aus dem Niltal stammt. Manchmal sind beides Jungen, wie die Sterne Kastor und Pollux, manchmal sind es mehr als zwei« usw. (S. 58). Die hoffnungslose Phantasie von der Verschmelzung mit dem Bruder saugt eine Reihe von Parallelen an, und in diesem Prozeß findet das Denken für einen Augenblick Ruhe, weil er ihm das Eindringen ins Geheimnis vorstellt.

»Es gab Dinge unter den Dingen und Dinge in den Dingen«, lautet epigrammatisch eine Erkenntnis von H. D. (S. 51). Man

kann sie wohl als einen Abkömmling der infantilen Suche nach dem
versteckten Penis deuten und mit jener anderen Suche nach hero-
ischen Vorbildern des eigenen Lebens in Verbindung bringen. Die
erfolglose Suche setzt sich als ewige fort; der zugrundeliegende
Konflikt ist nicht behoben und muß daher immer neue Auswüchse
bilden.

Nicht nur assoziierte Helden- und Göttergestalten ersetzen den
Gegenstand, dem die Suche gilt, sondern auch assoziierte Wörter;
hinter Gleichklängen und Assonanzen muß ein tieferer Sinn stek-
ken. »Noch ein Fragezeichen, ein halbes *S*, auf den Kopf gestellt,
S wie *S*iegel, *S*ymbol, wie *S*chlange schon gar, und *S*ignum, *S*igmund.« (S. 112) Bei der Lektüre solcher Beispiele von Wortmagie
muß man daran denken, wie das kleine Mädchen schweigend seinen Vater im Studierzimmer beobachtete, wenn er unverständliche
Zahlen und Symbole schrieb, oder wie es Vater und Bruder an-
starrte, wenn sie Worte gebrauchten, die ihm zu hoch waren. Die
Manipulation von Worten läßt einen teilhaben am Mysterium
männlicher Überlegenheit, das sie ausdrücken.

Das Motiv der Suche nach den »Dingen in den Dingen« ist gewiß
vielfach determiniert. Unverkennbar steckt auch die Frage nach
dem Geheimnis von Schwangerschaft und Geburt dahinter. H. D.
gibt eine eindrucksvolle Schilderung, wie die Kinder der Nachbarschaft die Köpfe zusammenstecken und flüsternd ihren Stand der
Erkenntnis darüber austauschen, was es mit den kleinen Neuan-
kömmlingen und den Doktoren überhaupt auf sich hat; Angst vor
Körperbeschädigung ist herauszuhören (S. 56). — Es wird von
einigen Interpreten darauf hingewiesen, daß die *Bewegung* der Suche, die nie zu einem anderen als vorübergehenden Stillstand
kommt, für H. D.'s Werk charakteristisch sei.[43] Wenn aber Kinder
Frage auf Frage häufen und sichtlich gar nicht an einer Antwort
interessiert sind, sondern gleichsam am Fragen an sich, so heißt das
nach Auskunft der Psychoanalyse: sie wollen etwas wissen, wonach
sie nicht fragen dürfen (vielleicht wissen sie auch gar nicht mehr,
daß sie es wissen wollen), und dieses »Etwas« ist mit großer Regel-
mäßigkeit: Woher kommen die Kinder? Es scheint, als klänge in
der Art, wie bei H. D. der Gedankengang immer wieder in ein blo-
ßes Fragezeichen oder eine Wortfolge ausläuft, etwas von dieser un-
gestillten, am Denkverbot scheiternden Wißbegierde nach.

So läßt sich also das Denken von H. D. als die bloße Ehrenret-
tung des Mysteriums deuten und noch einmal auf unbewußte Wün-

sche zurückführen. Die Wünsche sind so hoffnungslos wie unzerstörbar — auch die Analyse hat daran nichts geändert. Man kann sich als Leser bisweilen über das dunkle Ergebnis ärgern, man kann auch die Verzweiflung und die Sehnsucht darin spüren.

Das hartnäckige Fragen, das zugleich jede Antwort ebenso hartnäckig als ungenügend abweist, hat aber auch eine eigene Faszination, die Weigerung, sich mit der Wirklichkeit zufriedenzugeben, einen eigenen Heroismus. So etwa in der Geschichte, die John Cournos erzählt. Er traf H. D. eines Tages im Britischen Museum; sie hatte ein Blatt Papier vor sich liegen, auf dem das Wort »freesia« (ein Blumenname) geschrieben stand. »›Ein wunderschönes Wort, nicht wahr?‹ sagte sie und fügte hinzu: ›Die Griechen haben so wunderschöne Worte. Freesia, freesia‹, wiederholte sie zärtlich.« Der Freund freilich stellt sich auf die Seite des Realitätsprinzips: »Unverzüglich ging ich das Wort im Lexikon nachschlagen und entdeckte belustigt, daß es von einem Dr. Freese abgeleitet war. Ich teilte H. D. meine Entdeckung mit. Die Dichterin wurde bleich. ›Bitte erzähl niemand davon‹, sagte sie.«⁴⁴

»Mystik die dunkle Selbstwahrnehmung des Bereichs außerhalb des Ichs, des Es«, heißt eine nachgelassene Notiz von Freud.⁴⁵ Aus diesem Satz kann man beides ableiten: daß H. D.'s Gedanken keine helle Erkenntnis bieten — und daß sie eine Ahnung vermitteln von Bereichen, die dem Bewußtsein anders kaum zugänglich sind. Es ist, als erlaube H. D. das literarische Schreiben einen Kompromiß zwischen Einsicht und Abwehr, eine Art von Als-Ob-Wissen, das gleichzeitig dem Wissen-Wollen wie dem Nicht-wissen-Dürfen gerecht wird. Das Resultat ist verwirrend: immer wieder stößt man auf Stellen, die so plastisch erzählt oder erinnert sind, daß man nicht entscheiden kann, ob es sich noch um deutungsbedürftiges Material oder bereits um die Deutung handelt (ein kleines Beispiel für viele ist die erwähnte Geschichte vom Kaktussetzling).

H. D. hat sich anscheinend nie mit der Tatsache abfinden wollen oder können, daß ihre unbewußten Wünsche nicht zu befriedigen sind — aber Freud selbst nennt die Kindheitswünsche »unzerstörbar« und findet in jedem Traum aufs Neue den Beweis für seine Feststellung. Sie überformen mehr oder weniger die Realitätswahrnehmung aller Menschen, und eben diesen Prozeß dokumentiert H. D. auf ihre Weise. Sie findet das Es draußen und draußen das Es: in ägyptischen Gräbern, im Freund, in der politischen Weltlage, in Blumen, in griechischen Göttern — oder im Studierzimmer

Freuds hinter der Doppeltür: »Manchmal erscheint das Zimmer drüben sehr dunkel, manchmal herrscht dort auch ein Wechselspiel von Licht und Schatten. Und manchmal betritt man gar leibhaftig jenes Zimmer, wie ich eines Tages, als mich der Professor einlud, die Dinge auf seinem Tisch anzusehen.« (S. 53) Sie sieht die infantilen Vorbilder in den Menschen, die ihr begegnen, und stellt diese Überladung der Objektbeziehungen dar, indem sie mythologische Ketten bildet; sie führt damit gewissermaßen die Archäologie-Metapher aus, die Freud so gern gebrauchte, um die Aufdeckung des Unbewußten unter den Schichten von Bewußtsein und Vorbewußtem zu beschreiben. So verstanden hat sie doch recht, wenn sie sagt, daß sie und ihr Analytiker dasselbe meinten, »wenn wir auch manchmal unsere Gedanken in verschiedene Sprachen oder Medien übersetzten« (S. 74). In ihrem Medium kann H. D. zur Sprache bringen, wovon eine begriffliche Deutung — sofern sie nicht innerhalb der Analyse gegeben wird und dort das affektive Erleben treffend in Worte faßt — lediglich ein Schemen ist.

So werden Konflikte nicht gelöst, wohl aber ausgedrückt, so ausgedrückt, daß sie von anderen nachvollzogen, wieder aufgefunden werden können. Es ist ein alter Streit, ob Dichter ihre Produktivität einbüßen, wenn sie sich einer Analyse unterziehen. Man müßte die Frage in H. D.'s Fall vielleicht bejahen — wenn sie nicht verhindert hätte, daß die Therapie so weit voranschritt. Ihre literarische Produktion mag — formal wie inhaltlich — so eng an ein nur halbes Wissen des Unbewußten geknüpft gewesen sein, daß sie die Triebkraft, die es »projizierte«, verloren hätte, wäre das Halbwissen in volles Wissen verwandelt worden. Aber sie hatte vermutlich das Schreiben schon längst so fest in die Mauer ihrer Abwehr eingebaut (und darin auch, was bei einem nur privaten Symptom ausgeschlossen ist, eine Quelle sozialer Anerkennung gefunden), daß sie ihre Mitarbeit verweigerte, sobald die Analyse ihm hätte gefährlich werden können. So kann man zu jener Streitfrage von diesem Fall aus nur sagen: vielleicht verliert ein, wie man sagt, »durchanalysierter« Dichter seine Fähigkeit zu schreiben — vielleicht aber sorgt er auch dafür, durch den »sekundären Krankheitsgewinn« der gesellschaftlichen Anerkennung gerechtfertigt, daß — so oder so — die Analyse nicht bis zu diesem Punkt kommt. Schließlich (und hierüber kann man nur spekulieren): vielleicht hätte H. D., wäre die Analyse weitergetrieben worden, anders geschrieben.

»Sehen Sie, Sie sind schließlich ein Dichter.« H. D.'s Bericht über ihre Analyse ist freilich mehr und weniger als ein Kunstwerk. Es handelt von Tatsächlichem, das seine eigenen Maßstäbe hat; an ihnen wird das Buch nur allzu leicht gemessen. Daß es sich um eine Dichtung handelt, kann darüber in den Hintergrund treten. H. D. streitet gelegentlich mit Freud um die Alternative, ob ihre Halluzinationen »Symptom« oder »Inspiration« gewesen seien (S. 78); weil sie von einer analytischen Kur erzählt, liegt die erste Interpretation einfach zu nahe, und diese Einleitung hat sie folglich über weite Strecken auch entfaltet. Aber man gerät dabei auch in Gefahr, die Eigenart des Buches zu verkennen.

Die Gefahr ist geringer, wenn es sich von vornherein um ein Kunstwerk handelt. Im Gedicht kann H. D. die Konnotationen der Worte und Lebenskonstellationen unmißverständlich darstellen, und der Leser läßt sich von ihr in den Bann seines eigenen Unbewußten schlagen, weil ihm in der Ausnahmesituation der Lektüre die Lizenz dazu erteilt ist. Ein Gedicht soll daher am Ende dieser Einleitung stehen. Es drückt viele der oben entfalteten Themen komprimiert aus: den Schmerz des Kindes über die Trennung von Vater und Mutter, den Schmerz über die Getrenntheit und Differenz der Geschlechter, die Zerstörung und, aus ihr hervorgehend, die Verschmelzung von Vater und Mutter zum Allobjekt, das Aufgehen in ihm — und es drückt aus, wie Trennung und Versöhnung sich vollziehen im Medium der Worte.

> *Now polish the crucible*
> *and in the bowl distill*
>
> *a word most bitter,* marah,
> *a word bitterer still,* mar,
>
> *sea, brine, breaker, seducer,*
> *giver of life, giver of tears;*
>
> *now polish the crucible*
> *and set the jet of flame*
>
> *under, till* marah-mar
> *are melted, fuse and join*
>
> *and change and alter,*
> *mer, mere, mère, mater, Maia, Mary,*
>
> *Star of the Sea,*
> *Mother.*[46]

Anmerkungen

1 »Dinge, verdrehen manchmal sich seltsam beim Erzählen.« — *H. D.:* Palimpsest. Carbondale etc.: Southern Illinois University Press 1968, S. 64.

2 Eine vollständige Bibliographie aller bis zum Erscheinungstermin publizierten Titel von und über H. D. bietet: *Contemporary Literature,* Vol. 10, No. 4 (Aug. 1969). Special Number H. D., S. 632—675. — Das Heft enthält ferner eine Anzahl von Aufsätzen über H. D. und Texte aus dem Nachlaß.

3 *Norman N. Holland:* Poems in Persons. An Introduction to the Psychoanalysis of Literature. N. Y.: W. W. Norton 1973, S. 9. — Das Buch benutzt durchweg H. D. als Paradigma.

4 Dieser 2. Teil (»Advent«) wurde erstmals veröffentlicht in: *H. D.:* Tribute to Freud. Writing on the Wall — Advent. Boston: Godine 1974. — In einer »Notiz zum Text« (ebd., S. XLVI) teilt H. D. mit: »›Schrift an der Wand‹, für Sigmund Freud, Arzt ohne Fehl und Tadel, wurde in London im Herbst 1944 geschrieben, ohne Bezugnahme auf die Wiener Notizbücher vom Frühling 1933. ›Schrift an der Wand‹ erschien in *Life & Letters Today,* London 1945—1946. ›Advent‹, die Fortsetzung von ›Schrift an der Wand‹ oder sein Vorspiel, wurde erst im Dezember 1948 in Lausanne zusammengestellt, geht aber direkt auf die alten Notizbücher von 1933 zurück.«

5 *N. N. Holland:* Poems in Persons (s. Anm. 3), S. 9.

6 Die biographischen Fakten und Daten entnehme ich, soweit nicht anders nachgewiesen, zum größten Teil der »Huldigung an Freud« sowie: *Vincent Quinn:* Hilda Doolittle (H. D.). N. Y.: Twayne 1968. *Norman Holmes Pearson:* Foreword, in: *H. D.:* Tribute to Freud (s. Anm. 4), S. VII—XVI.

7 Biographische Information bietet: *Raymond S. Dugan*: Artikel »Charles Leander Doolittle«, in: *Dictionary of American Biography,* ed. by Allen Johnson / Dumas Malone, Vol. 5. N. Y.: Charles Scribener's Sons 1930, S. 373 f.

8 Der Großvater von Mutterseite war Rev. Charles Wolle. Er machte sich einen Namen als Autor botanischer Werke wie »Die Süßwasseralgen der Vereinigten Staaten« (1887).

9 Der Halbbruder Eric wurde ebenfalls ein bedeutender Astronom. Siehe: *R. S. Dugan:* Artikel »Eric Doolittle«, in: *Dictionary of American Biography* (s. Anm. 7), Vol. 5, S. 374.

10 Eingeklammerte Seitenzahlen beziehen sich auf den Text von »Huldigung« in diesem Band. Gelegentliche Kürzungen in Zitaten sind nicht eigens vermerkt.

11 *Contemporary Literature,* Vol. 10 (s. Anm. 2), S. 618. — Das Zitat stammt aus dem H. D.-Fragment »The Dream«, Teil einer Serie von

autobiographischen Skizzen, die 1941 geschrieben wurden.

12 The Autobiography of *William Carlos Williams*. N. Y.: New Directions 1967, S. 67. Zitat leicht gekürzt.

13 Ebd., S. 67 f. Zitat leicht gekürzt.

14 Ebd., S. 69. Zitat gekürzt.

15 H. D.'s eigene Worte, zitiert in: *N. H. Pearson:* Foreword (s. Anm. 6), S. XII.

16 Zitiert ebd.

17 Die Geschichte der Bewegung, ihre literarischen Ziele und ihre wichtigsten Mitglieder behandeln: *Stanley K. Coffman Jr.:* Imagism — A Chapter For the History of Modern Poetry. Norman: University of Oklahoma Press 1951. *Glenn Hughes:* Imagism and the Imagists. Stanford/Cal.: Stanford University Press 1931.

18 *Richard Aldington:* Life for Life's Sake. London: Cassel 1966, S. 124.

19 So Pound zu F. S. Flint, einem Freund und »Bruderbarden« von H. D. aus der Imagismus-Zeit. Zitiert u. a. in: *Hugh Kenner:* The Pound Era. Berkeley/Los Angeles: University of California Press 1971, S. 178.

20 Wörtlich übersetzt: »Oreade: Wirble auf, Meer — / wirble deine spitzen Fichten, / spritze deine großen Fichten / auf unsere Felsen, / wirf dein Grün über uns, / bedecke uns mit deinen Föhrenteichen.« — Enthalten in: *H. D.:* Selected Poems. N. Y.: Grove 1957, S. 26. — Der Band bietet einen bequem zugänglichen Querschnitt durch die Lyrik von H. D. aus allen Schaffensperioden.

21 *John Cournos:* Autobiography. N. Y.: Putnam's 1935, S. 289. Zitat gekürzt.

22 *Bryher:* The Heart to Artemis — A Writer's Memoirs. London: Collins 1963, S. 191 f. Zitat gekürzt und leicht bearbeitet.

23 Vgl. *Ernest Jones:* Free Associations — Memoirs of a Psychoanalyst. N. Y.: Basic Books 1959, S. 252 f.

24 *Robert McAlmon:* Being Geniusses Together. London: Secker & Wartenburg 1938, S. 254.

25 *Bryher:* a. a. O. (s. Anm. 22), S. 253.

26 Ebd., S. 256.

27 Ebd., S. 245. Zitat gekürzt und leicht bearbeitet.

28 *Norman N. Holland:* Freud and H. D. In: *International Journal of Psychoanalysis,* Vol. 50 (1969), S. 313 f. — Der Aufsatz sammelt und interpretiert vor allem die Stellen aus »Huldigung« (1. Teil), die für Freuds Technik aufschlußreich sind.

29 *S. Freud:* Bemerkungen über die Übertragungsliebe. In: Gesammelte Werke, Bd. X, S. 317.

30 Das einzige Werk, das bisher auf Deutsch vorlag: *H. D.:* Avon. Berlin/Frankfurt a. M.: Suhrkamp 1955 (Übersetzung: Johannes Urzidil).

31 »Bid Me to Live« erschien 1960. Es ist ein autobiographischer Schlüsselroman, der die Krisenjahre 1917/18 zum Thema hat.

32 S. Anm. 2.

33 *Contemporary Literature,* Vol. 10 (s. Anm. 2), S. 433 und S. 587.

34 *N. N. Holland:* Poems in Persons (s. Anm. 3), S. 54.

35 *H. D.:* The Dream (s. Anm. 11), S. 616. Zitat gekürzt. — Die beiden Namen »Jill« und »Gil« klingen im Englischen gleich.

36 *Bryher:* a. a. O. (s. Anm. 22), S. 9 u. ö.

37 *R. McAlmon:* a. a. O. (s. Anm. 24), S. 29.

38 *N. N. Holland:* Poems in Persons (s. Anm. 3), S. 28.

39 *S. Freud:* Neue Folge der Vorlesungen zur Einführung in die Psychoanalyse. Gesammelte Werke, Bd. XV (darin S. 119—145). — Die Vorlesung faßt vor allem die Ergebnisse der großen Aufsätze »Der Untergang des Ödipuskomplexes« (1924; in GW XIII), »Einige psychische Folgen des anatomischen Geschlechtsunterschieds« (1925; in GW XIV) und »Über die weibliche Sexualität« (1931; in GW XIV) zusammen. — Die folgenden Zitate finden sich in GW XV auf den Seiten 129, 133, 137.

40 So beschreibt *Freud,* ebd., S. 139, »die zweite der möglichen Reaktionen nach der Entdeckung der weiblichen Kastration«.

41 Ebd., S. 134.

42 Viele Belege finden sich in der sorgfältigen Analyse von »Huldigung an Freud« (1. Teil), die *Norman N. Holland* durchgeführt hat: H. D. and the »Blameless Physician«. In: *Contemporary Literature,* Vol. 10 (s. Anm. 2), S. 474—506. (Eine etwas kürzere und leicht modifizierte Fassung enthält: ders.: Poems in Persons [s. Anm. 3], S. 5—59.) — Eine Reihe meiner Gedanken sind durch diesen Aufsatz angeregt oder bestätigt worden.

43 So z. B. *Norman Holmes Pearson:* Interview on H. D. In: *Contemporary Literature,* Vol. 10 (s. Anm. 2), S. 439.

44 *J. Cournos:* a. a. O. (s. Anm. 21), S. 273.

45 *S. Freud:* Ergebnisse, Ideen, Probleme. In: Gesammelte Werke, Bd. XVII, S. 152.

46 Wörtlich übersetzt: »Nun poliere den Tiegel / und destilliere in der Schale / ein überaus bitteres Wort, *marah,* / ein noch bittreres Wort, *mar,* / See, Salz, Brecher, Verführer, / Lebensspender, Tränenspender; / nun poliere den Tiegel / und setze die Stichflamme / unter, bis *marah-mar* / zergehen, verschmelzen, sich verbinden / und ändern und wandeln, / mer, mere, mère, Mater, Maja, Maria, / Meerstern, / Mutter.« — In: *H. D.:* Trilogy. N. Y.: New Directions 1973, S. 71. — Die Übersetzung kann nicht zum Ausdruck bringen, daß der Imperativ auch einer der Mehrzahl ist (»poliert« usw.) und daß die Attribute in der dritten Strophe ebenso gut weiblich wie männlich sind (»Verführerin« usw.). Die weniger geläufigen Glieder der Wort-

kette, die das Zentrum des Gedichtes bildet, bedeuten u. a.: »marah, mar«: hebräisch »bitter« (feminine und maskuline Form); »mara«: im Buddhismus »Versucher«; »mere«: englisch (obsolet) »Meer«; »Mutter«; »Maja«: Mutter Buddhas, auch das metaphysische Prinzip, das die vergängliche empirische Vielfalt bedingt.

Herr Professor Gerhard Maetze (Berlin) hat mir für die Einleitung eine Anzahl wichtiger Hinweise gegeben. Herr Professor Norman Holmes Pearson (New Haven), der Nachlaßverwalter von H. D., hat mich bei der Vorbereitung dieser Ausgabe überaus großzügig unterstützt. Beiden danke ich herzlich.

H. D.

Huldigung an Freud

Schrift an der Wand
Advent

Schrift an der Wand

Für Sigmund Freud
ἀμύμων ἰητήρ

Arzt ohne Fehl und Tadel

1

Es war in Wien, 1933—1934. Ich hatte ein Zimmer im Hotel Regina, Freiheitsplatz. Auf meinem Tisch lag ein kleiner Kalender. Ich zählte die Tage und strich sie ab, rechnete die Wochen nach. Meine Sitzungen waren begrenzt, die Zeit verging so schnell. Als ich unten an der Rezeption meinen Schlüssel hinterließ, sagte der Hallenportier: »Wollen Sie mich bei Gelegenheit dem Professor empfehlen?« Ich antwortete, gern, wenn sich ein günstiger Moment ergebe. Er sagte: »— und ah, die Frau Professor! Das ist eine wunderbare Frau.« Ich erwiderte, ich sei der Frau Professor zwar nicht persönlich begegnet, hätte aber gehört, sie sei für ihn die vollkommene Frau, und ein größeres Kompliment konnte man ihr doch gewiß nicht machen. Der Portier sagte: »Sie kennen die Berggasse? Nach dem — nun, später, wenn der Professor nicht mehr unter uns ist, wird man ihr den Namen Freudgasse geben.« Ich ging die Berggasse hinunter und bog in den vertrauten Eingang ein: *Wien IX., Berggasse 19*. Das Haus hatte breite Steinstufen mit einem Geländer. Manchmal traf ich jemand beim Hinaufgehen.

Die Steintreppe war geschwungen. Es gab zwei Türen auf dem Absatz. Die rechte war die Ordinationstür des Professors, die linke die Freudsche Familientür. Sichtlich hatte man die beiden Wohnungen so eingeteilt, daß es möglichst wenig Durcheinander zwischen Familie und Patienten oder Schülern gab; da war der Professor, der uns gehörte, und da war der Professor, der seiner Familie gehörte; es war eine große Familie, mit Verzweigungen, Anverwandten, entfernten Angehörigen, Freunden der Familie. Weiter oben befanden sich noch andere Wohnungen, aber außer dem Analysanden, der seine Stunde vor mir hatte, begegnete ich nicht oft jemand auf der Treppe.

Nach der Einteilung, die man für mich getroffen hatte, lagen meine Stunden oder Sitzungen an vier Tagen in der Woche zwi-

schen Fünf und Sechs und an einem Tag zwischen Zwölf und Eins.
Zumindest war das die Einteilung für die zweite Serie von Sitzungen, die nach meinen Notizen Ende Oktober 1934 begann. Als ich
die Schweiz verließ — es war nach Kriegsausbruch —, ließ ich dort
eine Anzahl Bücher und Briefe zurück; darunter war mein Wiener
Tagebuch von 1933. Wenn mich mein Eindruck nicht täuscht, hatte
der Professor die zweite Serie so gelegt, daß sie mit der ersten über-
einstimmte; denn ich hatte ihm oft gesagt, jene Spätnachmittags-
stunde sei mir von allen Stunden des Tages fast die liebste. Jedenfalls hatte ich damals fünf Wochen. Die letzte Sitzung war am
1. Dezember 1934. Die erste Serie begann im März 1933 und dauerte etwas länger, zwischen drei und vier Monate. Ich hatte nicht
geplant, nach Wien zurückzukommen, doch war zwischen dem
Sommer 1933 und dem Herbst 1934 eine Menge geschehen. Die
Nachrichten über die Dollfuß-Affäre hatten mich persönlich, bei aller Angst, nicht einschneidend berührt. Ich kam nach Wien zurück,
weil ich von dem Mann hörte, der mir manchmal auf der Treppe
begegnet war. Er hatte auf einer Konferenz in Johannesburg einen
Vortrag gehalten. Er flog sein eigenes Flugzeug dorthin. Auf dem
Rückweg stürzte er in Tanganyika ab.

2

Nicht immer traf ich ihn auf der Treppe. Er trödelte manchmal
ein wenig und zog das Gespräch im Studier- oder Sprechzimmer
des Professors in die Länge; dann konnte ich ihn verfehlen, wenn
ich meinen Mantel im Flur aufgehängt hatte. Ich wurde gewöhnlich
direkt ins Wartezimmer gebeten. Oder es konnte geschehen, daß
mein Vorgänger im selben Moment aus dem Allerheiligsten des
Professors auftauchte, in dem ich zur Tür hereinkam. Er griff dann
nach seinem Mantel oder Hut, während ich meinen ablegte. Er war
sehr groß, er sah aus wie ein Engländer — aber ein Engländer mit
einem Haken. Er hatte, wie sich später zeigte, einige Zeit in Oxford
verbracht, bevor oder nachdem er auf dem Kontinent seinen Doktor gemacht hatte — jedenfalls war er kein Deutscher und kein
Amerikaner; doch woher weiß man so etwas? Er war am Ende
genau das, wofür ich ihn hielt: »ein Engländer mit einem Haken«,
nämlich ein Holländer.

Ich erfuhr erst hinterher, daß er J. J. van der Leeuw hieß.*
Einmal sprach er mich wegen eines Stundentauschs an; der Professor hatte ihn dazu aufgefordert. Das war an einem Sommertag, in
dem großen Haus außerhalb der Stadt, in Döbling, wohin die Familie in den heißen Monaten übersiedelte. Es muß Ende Juni oder
Anfang Juli 1933 gewesen sein. Die Regelung unseres Empfangs
war dort formloser, und man hatte nicht ganz dasselbe Gefühl der
Echtheit oder *Wirklichkeit* wie in der richtigen Wohnung des Professors. Jedoch verabschiedete ich mich von Wien nicht in dem
Haus eines Fremden am Stadtrand. Ich kam zurück.

Ich erzählte dem Professor, warum ich zurückgekommen war.
Der Professor war zur Zeit unserer ersten Sitzungen 77. Ich war
47. Dr. van der Leeuw war beträchtlich jünger. Der Professor erzählte mir, daß er unter ihnen als der Fliegende Holländer bekannt
war. Er war ein hervorragender Gelehrter. Offiziell hatte er sein
Studium bei dem Professor begonnen, weil er die Grundsätze der
Psychoanalyse auf die allgemeine Erziehung anwenden wollte, mit
dem weitergehenden praktischen Ziel internationaler Zusammen-
arbeit und Verständigung. Er war wohlhabend, einflußreich und aus
gutem Haus. Er besaß riesige Plantagen in Niederländisch Ost-
indien und hatte zum Zweck okkulter Forschungen Indien bereist.
Dort hatte er mit einem Lehrer oder Jünger Verbindung aufgenommen und war durch die Lehren des Ostens beeinflußt worden, aber
das hatte ihn nicht befriedigt. Er wollte die Gesetze einer geistigen
Existenz auf die akuten Fragen von heute anwenden. Es schien mir,
er war der richtige Mann für die richtige Aufgabe. Der Professor
hatte mir nicht erzählt, daß J. J. van der Leeuw selbst erkannte,
wie seine glänzenden Flugkünste mit einem tief verwurzelten
Wunsch oder einer unbewußten Neigung zusammenhingen. Der
Fliegende Holländer wußte, daß er in der Luft, seinem Element,
jeden Augenblick Gefahr laufen konnte, zu hoch zu fliegen, zu
schnell zu fliegen. »Das war es, was mir wirklich Sorgen machte«,
sagte der Professor. »Jetzt kann ich Ihnen ja erzählen, daß es das
war, was uns beiden wirklich Sorgen machte.« Der Professor fügte

* *Anm. d. Übers.*: J. J. van der Leeuw (1893—1933) war der Verfasser der
Bücher »Gods in Exile«, »The Fire of Creation«, »The Concept of Illusion«,
»The Dramatic History of the Christian Faith«. 1914 hatte er sich der Theo-
sophischen Gesellschaft angeschlossen; 1930/31 war er Generalsekretär ihrer
Niederländischen Sektion. Er gründete eine Praktische Idealistische Vereini-
gung für die Jugend. (Nach: *N. H. Pearson*: Foreword [s. Einleitung, Anm. 4],
S. XV).

hinzu: »Nach seiner letzten Abreise hatte ich das Gefühl, daß ich die Lösung gefunden hatte, ich hatte wirklich die Antwort. Aber es war zu spät.«

Ich sagte dem Professor: »Ich empfand immer eine gewisse Befriedigung, eine gewisse Sicherheit, wenn ich Dr. van der Leeuw auf der Treppe traf oder ihn im Flur sah. Er schien so unabhängig, so ausgewogen — und Sie hatten mir von seiner Arbeit erzählt. Ich hatte die ganze Zeit das Gefühl, daß er berufen sei, die Fackel weiterzutragen — Ihre Ideen weiterzutragen, aber auf neuen Wegen. Ich hatte das Gefühl, Sie und Ihre Arbeit und die Zukunft Ihrer Arbeit seien ihm vorzüglich anvertraut. Oh, ich weiß, es gibt die große Gruppe der Psychoanalytischen Vereinigung, Forscher, Ärzte, ausgebildete Analytiker und so weiter. Aber Dr. van der Leeuw war etwas Besonderes. Ich weiß, daß Sie das sehr tief gefühlt haben. Ich kam nach Wien zurück, um Ihnen zu sagen, wie leid es mir tut.«

Der Professor sagte: »Sie sind gekommen, um seinen Platz einzunehmen.«

3

Ich dachte nicht bewußt über den Fliegenden Holländer nach, noch verknüpfte ich ihn mit meiner eigenen Arbeit, noch wob ich ihn in meine Träumereien ein. Meine eigenen Probleme, mein eigenes angespanntes, dringendes Interesse an der Aufdeckung der unbewußten oder unterbewußten Struktur, schienen ihn nicht miteinzuschließen. Er war so stattlich, so anständig, intellektuell und materiell so sichtlich reich begabt. Ich denke, ich beneidete ihn um seine sichtlich unkomplizierte Persönlichkeit. Er war der Typ eines Intellektuellen, aber nach außen gewandt, der Typ des Diplomaten oder sogar Geschäftsmannes; man konnte sich ihn nicht zerquält oder betrübt vorstellen; er schien nichts von »Sturm und Drang« an sich zu haben. Er machte einen gebildeten Eindruck, ja, aber nicht im Sinne eines in sich gekehrten Stubengelehrten. Man mußte sagen, sein Körper paßte ihm ebenso vollendet und faltenlos wie das graue oder blaue Tuch, das ihn bedeckte. Seine Seele paßte seinem Körper, mußte man sagen, und sein Geist paßte seinem Hirn oder seinem Kopf. Hoch und glatt war seine Stirn; seine Augen hatten einen scharfen Blick, den blauen Blick eines Seemanns; sie spielten ins Blaugraue hinüber oder hinein, man sah die graue

Nordsee in ihnen. Ja — kühl, kalt, scharfblickend, doch ungetrübt, mußte man sagen. Als ich später wieder daran dachte, ja, da war es für mich ausgemacht: er war merkurisch, Merkur.

Ich glaube nicht, daß der Name des geflügelten Boten, Hermes bei den Griechen, Merkur bei den Römern, je in meinen Gesprächen mit dem Professor auftauchte — außer bei einer Gelegenheit, auf Umwegen, als in einer meiner Traumsequenzen unter anderem auch eine Figur des berühmten Raffael-Donner-Brunnens auf dem Marktplatz vorkam. Es ist ein sehr schöner Brunnen mit Figuren: Flußgötter, die sich zurücklehnen, zwei Frauen und zwei Männer. Mein Traum war mit einem jungen Mann aus meinem Londoner Bekanntenkreis verknüpft; er heißt nicht Brooks*, aber sein Name legt wirklich Ströme und Flüsse nahe, also nennen wir ihn Brooks. Ich verknüpfte diesen jungen Mr. Brooks in meiner Traumsequenz mit der Figur des jüngeren männlichen Flußgottes. Da nun sagte ich dem Professor, die zurückgelehnte bronzene Brunnenfigur habe eine gewisse Verwandtschaft mit dem so ausgewogenen Merkur von Bologna. Wir waren uns einig, daß die Raphael-Donner-Figur von den beiden die reizvollere und originellere war, daß jedoch der zurückgelehnte Flußgott, aufgerichtet und auf die Füße gestellt, dem Merkur von ferne ähneln könnte — oder umgekehrt, man setze den Merkur nieder und lasse ihn sich auf den Ellbogen stützen, und er könnte fast den Platz der bronzenen Brunnenfigur einnehmen. Wie auch immer, unser Professor hatte die charmante Eigenart, eine Idee aufzunehmen, ihr Gerechtigkeit geschehen zu lassen, unwichtige Einzelheiten aber nicht überzubetonen. Und das schien damals unwichtig.

Vielleicht ist es auch jetzt nicht sehr wichtig. Es ist jedoch spannend, im Rückblick die Versteckspiele des Geistes zu beobachten. Ich verknüpfte die Raphael-Donner-Figur, und ineins damit den Merkur, mit einem charmanten, aber nicht sehr wichtigen jungen Londoner Bekannten, während das eigentliche, stattliche Urbild hier in Wien existiert und existierte — existiert hatte —, sich jedesmal in genau der Stunde vor meiner eigenen Sitzung auf dieser Couch hier zurücklehnte. Wie gesagt, ich dachte nicht bewußt über Dr. van der Leeuw nach, noch wob ich ihn in meine Träumereien ein. Noch verband ich ihn nach seinem Absturz mit Merkur, dem Götterboten und Totengeleiter.

---

* *Anm. d. Übers.:* »Brook« heißt »Bach«.

Er war ein Fremder. Ich kannte ihn nicht wirklich. Wir hatten einmal miteinander gesprochen, im Haus in Döbling außerhalb von Wien. Auf einen Wink des Professors hin durchquerte er das große, unvertraute Empfangszimmer. Dr. van der Leeuw verbeugte sich, er sprach mich in höflichem, gepflegtem Deutsch an: ob die »gnädige Frau« etwas gegen eine einmalige Umlegung ihrer Stunde, morgen, einzuwenden hätte. Ich antwortete ihm auf Englisch, das sei überhaupt kein Problem, ich würde also um Vier kommen und er um Fünf. Er dankte mir liebenswürdig, in freundlichem Englisch ohne die Spur eines Akzents. Das war das erste und letzte Mal, daß ich mit dem Fliegenden Holländer sprach. Wir hatten »Stunden« getauscht.

4

Der Professor war 77. Sein Geburtstag im Mai war ein bedeutsames Ereignis. Das Sprechzimmer in dem fremden Haus enthielt einige seiner Schätze und seinen berühmten Schreibtisch. Das Zimmer sah aus wie immer, bis auf den Schreibtisch. Statt des Halbkreises kostbarer kleiner objets d'art stand dort eine sorgfältig angeordnete Reihe von Vasen; jede enthielt einen Orchideenzweig oder eine einzelne Blume. Ich hatte nichts für den Professor. Ich sagte: »Es tut mir leid, ich habe Ihnen nichts mitgebracht, weil ich nicht finden konnte, was ich suchte.« Ich sagte: »Jedenfalls wollte ich Ihnen etwas Besonderes schenken.« Meine Bemerkung mochte um eine Spur zu gedankenlos, um eine Spur zu anmaßend geklungen haben — gedankenlos oder anmaßend oder beides zugleich. Ich weiß nicht, wie der Professor sie auslegte. Er winkte mich zur Couch, zufrieden oder unzufrieden mit der offenbaren Gleichgültigkeit, mit der ich seinen Geburtstag behandelte.

Ich hatte nicht gefunden, was ich suchte, also schenkte ich ihm nichts. Bei einem unserer Gespräche in dem alten Zimmer in der Berggasse waren wir wieder einmal auf Reisen gegangen. Manchmal kannte der Professor mein Terrain tatsächlich, manchmal ergab sich eine Verbindung durch eine Statue oder ein Bild wie jenen altmodischen Stahlstich des Tempels von Karnak, der über der Couch hing. Ich hatte diesen bestimmten Tempel besucht, er nicht. Doch diesmal war es Italien; wir waren zusammen in Rom. Die Jahre liefen vorwärts, dann zurück. Das Schiffchen der Zeit zog einen Faden, der mein Muster in das des Professors einwob. »Ah, die Spani-

sche Treppe«, sagte der Professor. »Nein, jene Mandelbaum-
zweige!« sagte ich. »Von all den Blumen und Blumenkörben sind
sie mir am besten in Erinnerung geblieben.« »Aber«, sagte der Professor, »die Gardenien! In Rom konnte sogar *ich* es mir leisten,
eine Gardenie zu tragen.« Es war nicht so, daß er die Vergangenheit heraufrief und die Zukunft beschwor. Es war eine Gegenwart,
die in der Vergangenheit, oder eine Vergangenheit, die in der Zukunft lag.

Sogar ich konnte Wien nach einer einzelnen Gardenie oder einem
Gardenienstock durchfahnden. Aber ich konnte nichts finden. In
einem anderen Jahr schrieb ich von London aus an eine Freundin in
Wien — eine Engländerin, die dort studierte — und trug ihr auf,
sie müsse unbedingt einen Gardenienstock zum Geburtstag des
Professors finden. Sie schrieb zurück: »Ich suchte überall nach den
Gardenien. Aber die Blumenfrauen erzählten mir, daß Professor
Freud Orchideen liebt und daß die Leute zu seinem Geburtstag
immer Orchideen bestellen; sie meinten, Du würdest Dich vielleicht
über die Information freuen. Ich schickte für Dich die Orchideen.«

5

Einige Zeit später erhielt der Professor meine Gardenien dann
doch. Es war kein Geburtstag, es war nicht in Wien. Ich sollte ihn
in London, in neuer Umgebung, besuchen. Er war kurz zuvor angekommen, ein Emigrant. Ich fand ein großes Haus mit einem Garten. Es hatte viele Diskussionen und Ängste um die berühmte
Sammlung griechischer und ägyptischer Antiquitäten und die verschiedenen chinesischen und sonstigen orientalischen Schätze des
Professors gegeben. Die Kisten waren endlich angekommen, wenn
auch die Familie manchen Zweifel äußerte, ob man den ganzen ver-
grabenen Schatz, oder auch nur ein Stück daraus, unversehrt finden
würde oder nicht. Zumindest waren die Kisten eingetroffen, dank
dem Einfluß und der Großzügigkeit von Madame Marie Bonaparte, Prinzessin Georg von Griechenland, der Freundin und Schülerin des Professors; er nannte sie »die Prinzessin« oder »unsere
Prinzessin«. Ich hatte meine Überraschung geäußert, als ich einige
griechische Figuren auf seinem Schreibtisch sah. Es schien derselbe
Schreibtisch zu sein, in einem Zimmer, das an jenes Sommerzimmer
in dem Haus am Stadtrand aus der Zeit meines ersten Besuchs in
Wien, 1933, erinnerte. Doch jetzt hatten wir Herbst 1938. »Wie

schafften Sie es, die hier aus Wien mitzubringen?« fragte ich ihn.
»Ich brachte sie nicht mit«, sagte er. »Die Prinzessin hielt sie in
Paris für mich bereit, ich sollte mich dort zu Hause fühlen.« So gab
es doch auch Treue und Schönheit in einer bösen Welt voller Ver-
rat. Es war eine gehetzte, entsetzliche Reise gewesen. Vor fünf Jahren hatte er mir in Wien erzählt, daß es mit dem Reisen schon damals für ihn vorbei war. Es war ihm von dem ausgezeichneten Spezialisten*, der immer in Rufweite bereitstand, entschieden verboten
worden. (Irre ich mich nicht, so begleitete dieser ergebene Freund
den Professor auf seiner Reise durch den Kontinent.) Wenn man
den vertrauten Schreibtisch, die vertrauten neu-alten Bildwerke auf
dem Schreibtisch dort sah, konnte man sich nur schwer klarmachen,
daß man in London war. Ja, man tat besser daran, wenn man dieses
Haus als eine Art zeitweilige, halbvertraute Wohnung betrachtete,
vergleichbar jenem Sommerhaus in Döbling. Dieser freundliche Bezirk war geographisch gewissermaßen für London, was Döbling für
Wien gewesen war. Doch es gab keine Rückkehr zur Berggasse
mehr, zur Freudgasse vielmehr, wie es nun heißen mußte.

6

Doch konnte ich zumindest in der Phantasie, im Dunst eines
späten Nachmittags, eine Suche, eine Fahndung fortsetzen. Vielleicht gab es irgendwo Gardenien. Ich fand sie in einem Blumen-
laden im West End und kritzelte auf eine Karte: »der Rückkehr der
Götter zum Gruß«. Die Gardenien erreichten den Professor. Ich
habe seinen Brief.

20 Maresfield Gardens
London, N. W. 3
28. Nov. 1938

Liebe H. D.
Ich bekam heute einige Blumen. Ob nun zufällig oder geplant,
es sind meine Lieblingsblumen, jene, die ich am höchsten schätze.
Einige Worte: »der Rückkehr der Götter zum Gruß« (andere
lesen: Güter). Kein Name. Ich habe Sie im Verdacht, für das
Geschenk verantwortlich zu sein. Wenn ich richtig geraten habe,

---

* *Anm. d. Übers.:* Max Schur (vgl. seine Biographie: Sigmund Freud. Leben
und Sterben. Frankfurt/M. 1973).

antworten Sie nicht; nehmen Sie aber meinen herzlichen Dank
für eine so charmante Geste entgegen. In jedem Fall bin ich
Ihr herzlich ergebener
Sigm. Freud.

7

Ich sah den Professor nur noch einmal. Wieder war Sommer.
Glastüren öffneten sich auf ein freundliches Stück Rasen. Die Götter oder Güter waren auf wohlgeordneten Regalen passend aufgestellt. Ich war nicht allein mit dem Professor. Er saß ruhig da, ein
wenig nachdenklich, wie es schien, zurückgezogen. Ich traute mich
nicht (wie ich mich oft nicht getraut hatte) einzudringen, seine Di-
stanziertheit zu durchbrechen, seine Lebenskraft abzugraben. Ich
hatte freilich ohnehin keine Wahl. Es gab noch mehr Anwesende,
und die Konversation zog sich auf eine geordnete, förmliche Weise
dahin. Wie die Götter oder Güter saßen wir in einem freundlichen
Kreis beisammen; es herrschte eine förmliche Gastlichkeit, jedoch
nur an der Oberfläche. Man hatte ein Gefühl von äußerer Sicherheit, zumindest wurde mit keinem Wort an eine verheerend nahe
Vergangenheit erinnert oder einer fraglichen Zukunft nachgefragt.
Ich war in der Schweiz, als kurz nach der Meldung, die Welt sei im
Krieg, das amtliche Londoner Nachrichtenbulletin meldete, daß
Dr. Sigmund Freud, der den Bereich des Unbewußten der Erkennt-
nis erschlossen hatte, der Erneuerer oder Gründer der Wissenschaft
der Psychoanalyse, tot war.

8

Ich hatte ursprünglich geschrieben: »von uns gegangen war«,
doch ich strich es bewußt wieder aus. Ja, er war tot. Ich fühlte mich
nicht betroffen. Der Professor war ein alter Mann. Er war 83. Der
Krieg war über uns hereingebrochen. Ich trauerte nicht um den
Professor, dachte auch nicht an ihn. Ihm blieb so viel erspart. Er
hatte seine Forschungen auf das lebende Gewebe des gesunden wie
des ungesunden Denkens beschränkt, aber nur, so könnte man sagen, des heutigen Denkens. Das soll sagen, er hatte die Vergangenheit in die Gegenwart eingebracht mit seinem *die Kindheit des*
Individuums ist die Kindheit der Gattung — oder geht es andersherum: *die Kindheit der Gattung ist die Kindheit des Individuums*?

In jedem Fall (ob so oder so, der umgekehrte Satz ist nicht weniger wahr) hatte er unter anderem jenen besonderen Bereich des Unbewußten erschlossen, in dem der Beweis lag, daß sowohl die Eigenarten und Neigungen obskurer eingeborener Stämme als auch die Gestalt und Substanz der Rituale untergegangener Kulturen noch heute dem menschlichen Geist innewohnten — oder, wenn man will, der menschlichen Psyche. Doch eine faßbare Existenz fand, ihre Form und Gestalt zeigte die Seele nach seinen Theorien nur am und im Medium des Geistes — und des Körpers, soweit er durch die Verzückungen oder Verwirrungen des Geistes beeinflußt wurde. Die höheren transzendentalen Probleme diskutierten wir nie. Doch tief in den Knochen saß uns ein unausgesprochener Gegensatz. Wir waren zusammengekommen, um etwas zu erhärten. Ich wußte nicht, was. Irgend etwas klopfte beständig in meinem Hirn; ich sage nicht in meinem Herzen — in meinem Hirn. Ich wollte es herauskommen lassen. Ich wollte mich von wiederkehrenden Gedanken und Erlebnissen befreien — meinen eigenen und denen vieler meiner Zeitgenossen. Mir war nicht klar, was genau ich eigentlich wollte, aber ich wußte, daß ich, wie die meisten meiner Bekannten in England, Amerika und auf dem europäischen Kontinent, dahintrieb. Wir trieben dahin. Wohin? Ich wußte es nicht, doch zumindest anerkannte ich die Tatsache, *daß* wir dahintrieben. Das zumindest wußte ich — und ehe der Sog mich geradewegs in die Hauptströmung hineinriß und weiter bis zum Katarakt, wollte ich an den Rand treten, wenn ich konnte (und wenn es nicht bereits zu spät war), und eine Bestandsaufnahme meines Besitzes machen. Man könnte sagen, daß ich — ja, ich hatte etwas, das klar und unverwechselbar mir gehörte. Ich selbst *gehörte* mir. Natürlich nicht wirklich. Ich gehörte meiner Familie, meinen Freunden, meinen Lebensumständen. Aber ich *hatte* etwas. Sagen wir, es war ein schmales Birkenrindenboot. Der große Wald des Unbekannten, des Übergewöhnlichen oder Übernatürlichen, umgab uns ringsum ganz und gar. Jetzt, wo die Strömung kräftiger wurde, konnte ich zumindest auf das seichte Ufer zurudern, ehe es zu spät war, und eine Bestandsaufnahme meines sehr bescheidenen Besitzes an Geist und Körper machen; und ich konnte den alten Einsiedler, der am Rand dieses unermeßlichen Gebietes lebte, bitten, mit mir zu reden, mir, wenn er wollte, zu sagen, wie ich am besten meinen Kurs steuern könnte.

Wohl wahr, wir rührten leicht an einige der dunkleren transzendentalen Probleme, doch wir bezogen sie auf den vertrauten Familienkomplex. Verästelungen des Denkens und der Phantasie wurden jedoch nicht abgeschnitten, wurden nicht einmal zurechtgestutzt. Meine Phantasie wanderte nach Belieben umher; meine Träume waren aufschlußreich, und viele von ihnen zogen klassische oder biblische Symbole heran. Gedanken waren Dinge, zu sammeln, zu sichten, zu analysieren, aufzuheben oder aufzulösen. Bruchstückhafte Einfälle, ohne sichtbaren Zusammenhang, erwiesen sich oft als Teile einer besonderen Schicht oder Lagerung des Denkens und der Erinnerung und daher als zusammengehörig; sie wurden manchmal kunstreich zusammengesetzt, wie die erlesenen griechischen Tränenkrüge und irisierenden Glasschalen und Vasen, die mir aus dem Halbdunkel der Vitrinenfächer entgegenschimmerten, wenn ich mich ausstreckte und geradeaus sah, gestützt auf die Couch in dem Zimmer Wien IX., Berggasse 19. Die Toten waren lebendig, sofern sie im Gedächtnis lebten oder erinnert wurden im Traum.

9

In jedem Fall bin ich Ihr herzlich ergebener ... Ich wußte nicht, was ihn plötzlich in Wut brachte. Ich schnellte herum, weg von der Couch, und setzte die Füße auf den Boden. Ich weiß nicht genau, was ich gesagt hatte. Ich habe ein paar flüchtige Notizen aus der Zeit meines Wiener Aufenthalts, aber ich habe sie seitdem kaum angesehen und nie überarbeitet. Ich will mich nicht auf die strikt historische Abfolge einlassen. Ich will die Eindrücke erinnern, oder vielmehr: ich will, daß die Eindrücke mich erinnern. Die Eindrücke sollen kommen, wie sie wollen, ihre eigene Abfolge bilden. »Es werden eine Menge Erinnerungen an den Professor herauskommen«, sagte mir Walter Schmideberg. »Ich vermute, Sachs und die Prinzessin haben ihre bereits geschrieben.«

Der Analytiker Schmideberg sprach ironisch; er stand im Ersten Weltkrieg als junger österreichischer Offizier an der russischen Front, als »captain of horses«, wie er sich mir gegenüber früher einmal bezeichnete, als sein Englisch noch nicht so ganz gefestigt war. »Captain of horses« sagte mir mehr als »cavalry officer« oder »officer of the guards«, ebenso wie der »needle-tree«, den er eines

Tags erwähnte, verglichen mit »pine« oder sogar »evergreen«.* So
können die Konturen einer Sprache wie auch die Konturen eines
Eindrucks »korrigiert« werden, »stilisiert« werden, ihre Lebendig-
keit verlieren. Man fängt sich leicht wie Schmideberg in der Schlinge der Selbstkritik, man sagt leicht: »Jeder wird Erinnerungen zusammenkritzeln«, aber die Antwort darauf ist: »Ja, gewiß, aber weder die Prinzessin Georg von Griechenland noch Dr. Hanns Sachs,
vormals Wien und Berlin, später Boston, Massachusetts, können
genau *meine* Eindrücke von dem Professor zusammenkritzeln.«
Darüber hinaus glaube ich nicht, daß irgend jemand einen wärme-
ren, humorvolleren Bericht von dem Professor geben könnte als der
einstige junge Rittmeister Schmideberg (ließe er sich von seinen
Eindrücken mitreißen), der sein Meisterstück in puncto Weltklug-
heit lieferte, als er während der finstersten Tage jenes Kriegs Zigar-
ren in die Berggasse schmuggelte, und dem der Professor während
des bitteren Jahres die Treue hielt, als er, ironischerweise nach
Kriegsende, in einem italienischen Lager gefangen saß.

10

So viel zu der Prinzessin, Hanns Sachs und Walter Schmideberg,
dem ehemaligen Rittmeister des 15. Kaiserlich und Königlichen
Husarenregiments, Erzherzog Franz Salvator von Österreich-Un-
garn. Zurück zu mir: ich schnelle also herum, sitze vorschriftswidrig kerzengerade da, die Füße auf dem Boden. Der Professor selbst
benimmt sich vorschriftswidrig genug; er schlägt mit der Hand, mit
der Faust auf das Kopfende des altmodischen Pferdehaar-Sofas,
das mehr Geheimnisse gehört hat als je der Beichtstuhl eines volks-
tümlichen römisch-katholischen Beichtvaters auf dem Gipfel des
Erfolgs. Dies war das schlichte historische Instrument, mit dessen
Hilfe das ursprüngliche System der Psychotherapie entwickelt wurde: die Psychoanalyse, die Wissenschaft von der Entwirrung der
verschlungenen Stränge des unbewußten Denkens und von der Heilung, die in dem Prozeß miteinbegriffen ist. *Bewußt* war ich mir
keiner Äußerung, die den Ausbruch des Professors erklären konnte.
Und noch als ich herumschnellte und ihn ansah, besaß ich Distanz

---

* *Anm. d. Übers.:* »Captain of Horses« (»Hauptmann der Pferde«) ist eine
falsche Übersetzung von »Rittmeister«; richtig wäre (neben den im Text
erwähnten Bezeichnungen) »captain of horse« gewesen. — »Needle-tree« ist
natürlich ein Germanizismus für »Nadelbaum«.

genug, um mich verwundert zu fragen, ob er sich vorstellte, er könne *so* die Produktion von analytischem Material beschleunigen oder den Fluß assoziativer Bilder umlenken. Der Professor sagte: »Das Schlimme ist — ich bin ein alter Mann —, *Sie halten es nicht für der Mühe wert, mich zu lieben.*«

11

Die Wirkung seiner Worte war verheerend — ich fühlte einfach gar nichts. Ich sagte nichts. Was für eine Antwort erwartete er von mir? Es war genauso, als hätte das Höchste Wesen mit der Faust auf die Lehne der Couch gehämmert, auf der ich lag. Wie auch immer — warum tat er das? Er mußte alles wissen, oder er wußte überhaupt nichts. Er mußte wissen, was ich fühlte. Vielleicht wußte er es, vielleicht drehte es sich eben darum. Vielleicht war es auch sowieso nur ein Trick, ein Mittel, um mich zu schockieren, um etwas in mir zu brechen, das mir zum Teil bewußt war — etwas, das nicht gebrochen werden wollte und durfte. Ich war hier, weil ich nicht gebrochen werden durfte. Wenn ich hier gebrochen werden sollte, konnte ich bei dem Professor nicht weitermachen. Glaubte er, es fiel mir leicht, eine freundliche, bequeme Umgebung zu verlassen und in eine fremde Stadt zu kommen, um ihm, ihm selbst, dem Drachen in seiner eigenen Höhle, die Stirn zu bieten? Wien? Venedig? Meine Mutter war in ihren Flitterwochen hierher gekommen, müde, nachdem sie Italien als Braut durchreist und »abgehakt« hatte. Vielleicht barg meine Mutter damals in ihrem Leib bereits das Kind, ein Mädchen, jenes erste Kind, das nur so sehr kurz lebte. Vom Brot erzählte sie, von Wien, und wie sie die verschiedenen Semmeln liebte und ihre Formen und die mit Mohn und, ach — den Kaffee! Warum war ich nach Wien gekommen? Der Professor hatte ganz am Anfang gesagt, ich sei nach Wien in der Hoffnung gekommen, meine Mutter zu finden. Mutter? Mama. Doch meine Mutter war tot. Ich war tot; das heißt, das Kind in mir, das sie Mama genannt hatte, war tot. Wie auch immer, er war ein alter Mann, der einem furchtbar Angst machte, alles in allem zu alt und zu distanziert, um auf diese Art mit der Faust zu schlagen, wie ein Kind, das mit einem Breilöffel auf den Tisch hämmert.

Ich rutschte auf die Couch zurück. Man könnte sagen, ich kroch zurück. Mit gebührender Vorsicht und äußerst behutsam legte ich die Decke wieder ordentlich hin, die auf den Boden gerutscht war.

Die Couch war schlüpfrig, das Kopfende hinter mir hart. Ich war fast zu lang; nur wenige Zentimeter mehr, und ich würde mit den Füßen den altmodischen Kachelofen berühren, der schräg in der Ecke stand. »Der Ofen von Nürnberg« war ein Buch, das meine Mutter gemocht hatte. Ich konnte mich an kein einziges Ereignis aus dem Buch erinnern und wollte nicht meine Zeit damit vertun, in aller Umständlichkeit dem Professor zu erklären, daß ich an ein Buch mit dem Titel »Der Ofen von Nürnberg« dachte. Es war alles sehr offensichtlich: da stand der Ofen, der eine wohltuend spürbare Glut ausstrahlte, da in der Ecke stand ja der Ofen. Ich sah den Kachelofen, und ich dachte an ein Buch mit dem Titel »Der Ofen von Nürnberg« — aber warum sollte ich meine Zeit mit all diesen Kleinigkeiten vertun?

Da stand der Ofen, doch es gab Augenblicke, in denen man ein wenig fröstelte. Ich glättete die Falten der Decke, ich blickte wiederholt auf meine Armbanduhr. Neulich hatte der Professor mich getadelt, weil ich plötzlich meinen Arm ausstreckte und auf meine Uhr sah. Er hatte gesagt: »Ich behalte die Zeit im Auge — ich sage es Ihnen, wenn die Sitzung vorbei ist. Sie brauchen nicht immerzu nach der Zeit zu sehen, als hätten Sie es eilig wegzukommen.« Ich befingerte mein Uhrenarmband, ich steckte meine kalten Hände unter die Decke. Die Decke lag, wenn ich hereinkam, immer sorgfältig zusammengefaltet am Fußende der Couch. Kam das kleine Mädchen Paula vom Flur aus ins Zimmer, um die Decke zusammenzufalten, oder faltete sie der Analysand vor mir zusammen, wie ich es vor dem Weggehen sorgfältig zu tun pflegte? Mein Vorgänger war der Fliegende Holländer; wahrscheinlich ließ er die Decke einfach so liegen — Männer machen das. Sollte ich den Professor fragen, ob alle die Decke beim Weggehen zusammenfalteten oder ob nur ich das zu tun pflegte? Der Professor hatte am Anfang gesagt, er stufe mich in dieselbe Kategorie ein wie den Fliegenden Holländer — wir waren Studenten. Ich war ein Student, der unter der Leitung des größten Geistes dieser und vielleicht noch vieler folgender Generationen arbeitete. Doch der Professor hatte nicht immer recht.

12

Ich diskutierte nicht mit dem Professor. Tatsächlich wußte ich ja, wie gesagt, die Antwort nicht. Wenn er erwartete, ich ließe mich nun zu einer Beteuerung meiner Zuneigung hinreißen, so hatte er sich für diesmal getäuscht — die Wurzel oder die Strömung lag zu tief. Eines Tages sagte er: »*Heute haben wir sehr tief gebohrt.*« Eines Tages sagte er: »Ich stieß auf Öl. Ich war es, der auf das Öl stieß. Aber bisher hat man von den Ölquellen nur Stichproben gemacht. Es ist genug Öl da, genug Material zu erforschen und auszubeuten, es könnte für 50 Jahre, es könnte für 100 Jahre reichen — oder länger.« Er sagte: »Meine Entdeckungen sind nicht in erster Linie ein Allheilmittel. Meine Entdeckungen sind die Basis für eine sehr gewichtige Philosophie. Es gibt sehr wenige, die das verstehen, *es gibt sehr wenige, die fähig sind, das zu verstehen.*« Auf all das hoffe ich später noch zurückzukommen. Im Augenblick liege ich auf der Couch. Ich habe gerade die Decke wieder ordentlich hingelegt, die auf den Boden geglitten war. Ich habe meine Hände unter die Decke gesteckt. Ich frage mich gerade, ob der Professor mich dabei ertappte, wie ich auf meine Armbanduhr sah. Ich bin wirklich etwas niedergeschmettert. Aber kein Rückschlag kommt als Reaktion.

13

Am Fußende der Couch steht der altmodische Kachelofen. Mein Vater hatte einen ähnlichen Ofen in der Arbeitshütte, dem separaten Studierzimmer, das er sich draußen im Garten unseres ersten Hauses hatte bauen lassen. Es gab dort ebenfalls eine Couch und eine zusammengefaltete Decke am Fußende. Sie hatte ebenfalls ein leicht erhöhtes Kopfende. Wie dieses Zimmer stand auch das Studierzimmer meines Vaters ringsum voller Bücher. Es roch nach Leder, Holz knisterte im Ofen, wie hier. Ein einzelnes Bild hing an der Wand, eine Photographie von Rembrandts »Anatomie«, und auf dem höchsten Regal lag obenauf ein Schädel. Es gab eine weiße Eule unter einer Glasglocke. Ich konnte mit einer Puppe oder einer Mappe von Papierpuppen auf dem Boden sitzen, aber ich durfte ihn nicht ansprechen, wenn er an seinem Tisch schrieb. Was er »schrieb«, waren Reihen und Reihen von Zahlen, doch konnte ich damals die Form einer Zahl kaum von einem Buchstaben unterscheiden oder erkennen, was was war. Ich durfte meinen Vater nicht ansprechen, wenn er ausgestreckt auf der Couch lag, weil er nachts arbeitete und daher nicht gestört werden durfte, wenn er sich bei Tag auf die Couch legte und die Augen schloß. Aber jetzt bin ich es, die auf der Couch liegt in dem Zimmer, das ringsum voller

Bücher steht.

Doch nein, es gibt in diesem Zimmer nicht viel Bücher; es ist das andere Zimmer, das ringsum voller Bücher steht. Das Fenster in dem Zimmer hier blickt auf einen Hof, glaube ich, wie auch das in dem anderen Zimmer. Ich bin mir dessen nicht sicher. Jedenfalls ist es hier ruhig. Man hört keine Verkehrsgeräusche von der Straße und keine vertrauten Haushaltsgeräusche, etwa von der Seite des Hauses, wo die Familie Freud wohnt. Wir sind ganz allein hier in diesem Zimmer. Doch in Wirklichkeit sind es zwei Zimmer, wenn auch das Zimmer drüben bei der weit offenstehenden Doppeltür fast ein Teil dieses Zimmers ist. Drüben hinter der offenstehenden Tür, rechts vom Ofen, wie ich hier liege, herrscht Dämmer und Dunkel. Auf der gegenüberliegenden Seite des Zimmers befindet sich die Tür, durch die man von dem kleinen Wartezimmer aus eintritt. Rechtwinklig dazu liegt die andere Tür, die Ausgangstür. Sie führt durch einen ziemlich dunklen Gang oder ein kleines Zimmer, das an eine Vorratskammer oder ein Laboratorium erinnert. Dahinter befindet sich dann der Flur, wo wir unsere Mäntel an Haken aufhängen, die irgendwie an Schule oder College erinnern. Der Fliegende Holländer ist auf und davon. Nicht nur gleichen wir einander in unserem Verhältnis zu dem Professor, als Suchende oder »Studenten«, wie er uns nennt, sondern wir verhalten uns auch ähnlich zu der Couch, auf der ich liege. Als ich mich am Anfang leicht verlegen zeigte, weil ich »fast zu groß« sei, beruhigte mich der Professor mit dem Hinweis, der Analysand, der vor mir komme, sei »sogar noch beträchtlich größer«.

14

Mein Bruder ist beträchtlich größer. Ich bin fünf, und er ist sieben, oder ich bin drei, und er ist fünf. Es ist Sommer. Das Gras ist etwas trocken, ein paar Blätter knistern unter unseren Füßen. Sie sind von einem Birnbaum gefallen, der große, rostbraune Birnen trägt. Die Birnen sind geerntet.* Ihm gegenüber steht ein Baum, der kleine, gelbe Birnen trägt; sie werden früher reif. Der Baum neben unserem Baum ist ein Holzapfelbaum, und unter ihm liegt

---

* *Anm. d. Übers.:* Im Original folgt ein Wortspiel, das auf Deutsch nicht wiederzugeben ist: »The pears have been gathered. *(Pears? Pairs?)*« H. D. spielt hier mit dem Gleichklang von »pear«: »Birne«, und »pair«: »Paar«. »The pairs have been gathered«, würde heißen: »die Paare sind versammelt«.

ein großer Holzklotz. Der Klotz gleicht einem runden Tisch oder einem massiven, dicken Hocker. Wir können ihn nicht verrücken, er ist uns zu schwer, aber Eric, unser Halbbruder (für uns ein Erwachsener), schob ihn mit Leichtigkeit zur Seite. Wir sahen, was unter dem schweren, unverrückbaren Klotz war. Es war eine reichhaltige, unterhaltsame Ausstellung: kleine Dinger, Ameisen gleich, wimmelten hastig durcheinander; sie rasten wild umher, kehrten aber immer wieder zum selben feuchten Erdhäufchen, zum selben winzigen Lehmklumpen zurück. In sauber durchschnittenen Rinnen lagen zusammengerollt einige weiße, flügellose Wesen. Der Boden des Klotzes war das Dach einer Reihe kleiner Höhlen oder sauberer offener Gräber gewesen, ganz ähnlich den aztekischen oder ägyptischen Grabkammern, aber das wußte ich nicht. Diese zusammengerollten, weißen Maden waren noch ungeborene Dinger. Sie waren widerlich genug, wie unaufgestochene Furunkel. Oder vielleicht waren sie im Grunde auch gar nicht widerlich — es konnten kokonlose Larven sein, sie konnten eines Tages »ausschlüpfen«. Doch ich sah sie nur, ich wußte nicht, was sie waren oder worauf sie vorausdeuten konnten. Mein Bruder und ich standen gebannt vor dieser Enthüllung. Eric beobachtete gespannt das rasende Kreisen der Ameisen. Dann setzte er den Klotz zurück, wobei er sorgfältig darauf achtete, möglichst wenige der Tiere zu zerquetschen und das schützende Dach über dem Kopf der weißen Maden möglichst wiederherzustellen.

Es gab Dinge unter den Dingen und Dinge in den Dingen.

15

Doch das war bei einer anderen Gelegenheit. Diesmal bin ich allein mit meinem Bruder, der beträchtlich größer ist. Er hatte mich gerufen. Er hatte einen Streifen Zeitungspapier in der Hand, daneben ein Vergrößerungsglas, das er nur vom Tisch unseres Vaters genommen haben konnte. Er sagte mir, ich solle aufpassen, und ich sah den vergrößerten Druck auf dem Zeitungsfetzen, aber ich wußte, daß das von dem Glas kam. Ich wußte nicht, warum er mir unbedingt diese Zeitung zeigen wollte. Ich las sie nicht. Wenn er mir etwas zeigen wollte, mußte es schon etwas Aufregenderes sein und erst einmal den Aufwand lohnen. »Geh nicht weg«, sagte er, »in einer Minute passiert es.« Die Sonne schien uns heiß auf den Rücken. Der Birnenzweig warf seinen Spätsommer-Schatten zu

dem Holzapfelbaum hinüber. »*Jetzt*«, sagte er. Auf dem Papier
erschien unter dem Glas ein brauner Fleck; im Nu brannte das Zeitungspapier lichterloh.

Es kam, wie es kommen mußte: eine große, bärtige Gestalt erschien in der Tür der Arbeitshütte, die wie eine Arche aussah (sie
ruhte nicht flach auf der Erde, sondern saß auf dem Fundament
einer Reihe quadratischer, säulenartiger Steine). Unser Vater kam
die Treppe herab. Dieses Bild konnte man in einer alten Sammlung
von Bibelillustrationen finden oder unter abgegriffenen, ausran-
gierten Reproduktionen von Gemälden, sagen wir des französischen Malers David aus dem frühen 19. Jahrhundert. Es ist ein Motiv der Zeit, gewiß. Doch kann man sein Urbild auch auf griechisch-
römischen Münzen eingraviert finden oder, abgesetzt gegen einen
roten oder schwarzen Hintergrund, auf den Krügen oder Ampho-
ren der griechischen Klassik. Ich sagte bereits, ich sehe, wenn ich
zurückgelehnt, doch aufgestützt — ein bißchen wie Madame Reca-
mier — auf der Couch liege, die weit offene Doppeltür vor mir. Am
Fußende der Couch steht der Ofen. Neben dem Ofen steht die Vitrine, in der die feineren Glaskrüge und die vielgestaltigen Flaschen
und Ägäischen Vasen aufbewahrt sind. An der Wandfläche auf der
anderen Seite der Doppeltür steht noch ein Schränkchen oder eine
Vitrine voller Raritäten und Antiken; auf diesem Schränkchen stehen Büsten bärtiger Männer — Euripides? Sokrates? bestimmt
Sophokles. Dann kommt die Ecke und, im rechten Winkel zu jener
Vitrine, das Fenster, dann noch ein Schränkchen, das Tonfiguren
und einige weitere griechische Figurenschalen enthält. Dann die Tür
zum Wartezimmer. Wieder im rechten Winkel dazu kommt die Tür,
die durch das laboratoriumsartige Kämmerchen oder Gelaß zum
Flur führt. Diese zwei letzten Türen, ich nenne sie Eingangstür und
Ausgangstür, sind zu. Die Wand mit der Ausgangstür liegt hinter
meinem Kopf, und an jener Wand, eingeklemmt in die Ecke, in die
dreiseitige Nische, die von den zwei Wänden und der Rückseite der
Couch gebildet wird, hat der Professor seinen Platz. Ruhig sitzt er
dort, wie eine alte Eule in einem Baum. Gewöhnlich sagt er entweder gar nichts, oder er lehnt sich vor und redet über etwas, das zu
dem Fortschreiten oder der Entfaltung unseres eigentlichen Traum-
inhalts oder unserer Gedankenassoziationen keinen Bezug zu haben
scheint. Sein Arm schießt vor, manchmal etwas gar zu plötzlich,
wenn er einen Punkt betonen will. Oder er steht auf — er macht
immer ein »Ereignis« daraus — und sagt: »Also — *das* müs-

sen wir feiern«, und schreitet zu dem umständlichen Ritual — Aussuchen, Anzünden —, bis er sich schließlich wieder setzt und aus der Nische der Duft von Weihrauch aufsteigt, der Rauch seiner milden, wohlriechenden Zigarre.

16

Länge, Breite, Dicke, die Gestalt, das Gefühl, der Geruch von Dingen. Die Tatsächlichkeit der Gegenwart, ihre Beziehung zur Vergangenheit, ihrer beider Beziehung zur Zukunft. Vergangenheit, Gegenwart, Zukunft, diese drei — aber da ist noch ein Zeitmoment, volkstümlich die vierte Dimension genannt. Das Zimmer hat vier Seiten. Vier Jahreszeiten bilden ein Jahr. Diese vierte Dimension erscheint zwar in mannigfachen Verkleidungen und unter verschiedenen Untertiteln, die in den Bänden des Professors beschrieben und umständlich aufgelistet werden (noch umständlicher und ausführlicher werden sie in den Kompilationen seiner Anhänger, Schüler, Pseudoschüler und Plagiatoren dargestellt), aber sie ist trotz allem sehr einfach. Sie ist so einfach und in dem Gebäude der Zeitfolge so unentbehrlich wie die vierte Wand für ein Zimmer. Wenn wir unseren Rundgang durch dieses Zimmer hier, in dem ich mich eben noch mit dem Professor unterhalten habe, umkehren und mit der Wand links von mir, an der die Couch steht, beginnen und im Gegenuhrzeigersinn vorgehen, können wir die Wand des Professors mit der Ausgangstür als Nummer 2 bezeichnen, die Wand mit der Eingangstür (und dem Schränkchen voller Tonfiguren und flacher griechischer Schalen) als Nummer 3 und die Wand gegenüber der Couch als Nummer 4. Diese Wand ist eigentlich zum großen Teil eine Nicht-Wand, weil die Fläche dort von der weit offenen Doppeltür freigelassen wird.

Manchmal erscheint das Zimmer drüben sehr dunkel, manchmal herrscht dort auch ein Wechselspiel von Licht und Schatten. Und manchmal betritt man gar leibhaftig jenes Zimmer, wie ich eines Tages, als mich der Professor einlud, die Dinge auf seinem Tisch anzusehen.

17

Auf dem Tisch meines Vaters lagen Federn, Tintenfässer und eine Metallschale für die Federn. Er benutzte verschiedene Federn

für seine verschiedenen Tinten, schwarz und rot. Auf dem Tisch lag
ein Papiermesser von chinesischer oder pseudo-chinesischer Mach-
art; eine gedrungene Figur war der Griff; aus dem Topf oder Krug
auf dem Kopf dieser Mißgeburt wuchs ein Blatt, das die Klinge des
Papiermessers war, wenn auch ein Flachrelief sich kreuzender Blätter und Ranken der Papiermesserklinge eine zusätzliche Dimension
verlieh; das Papiermesser war ein Papiermesser, gleichzeitig war es
ein flacher Baum oder Stab, den zarte Ranken über- oder durchzo-
gen. Auf dem Tisch lagen eine übergroße Papierschere und mehrere
Briefbeschwerer; einer aus Glas zeigte verschiedene Spiegelbilder,
wenn man bei einem bestimmten Licht hineinsah. Es war reines
Glas, es war ein Briefbeschwerer, aber es war ein System prismati-
scher Dreiecke, das auf einem zweiten Dreiecksystem aufsaß. Wenn
man ihn hinlegte, lag er immer auf der Seite; die Spitze, in die das
eine Dreiecksystem auslief, wies nach dem Nordpol oder Südpol
oder hätte dorthin weisen können. Auf dem Tisch liegt das Vergrößerungsglas, das mein Bruder immer noch in der Hand hält.

18

»Aber ihr wißt doch, daß ihr Kinder niemals mit Streichhölzern
spielen sollt.« Es war eine der unverzeihlichen Sünden.* Mein Bruder weiß die Antwort. Die Antwort ist eine mutige, kecke Replik:
»Aber wir spielen doch gar nicht mit Streichhölzern.« Er gibt die
Antwort nicht. Ich stehe neben ihm. Mein Bruder ist sehr groß.
Mein Kopf reicht ihm kaum bis zur Schulter. Ich habe das runde
Glas mit seinem Metallrahmen gesehen; den geraden Griff umklammert eine feuchte, etwas verschmierte Pfote auf dem Rücken
meines Bruders. Ich weiß nicht, und er weiß nicht, daß das nicht nur
das Vergrößerungsglas vom Tisch unseres Vaters ist, sondern auch
ein heiliges Symbol. Es ist ein Kreis, und der Stil des Kreises, der
Stengel oder Ständer dieser Blume, ist der Griff des Glases, den
mein Bruder hinter dem Rücken umklammert. Das ist das heilige
»ankh«, das ägyptische Symbol des Lebens, aber das wissen wir
nicht — unser Vater weiß es vielleicht. Er benutzte genau dieses
Zeichen, den Kreis mit der geraden Standlinie plus einem kleinen

---

* *Anm. d. Übers.:* Im Original folgt ein unübersetzbares Wortspiel:
»*(Matches?)*«, das sich die Homonymie zwischen den englischen Wörtern für
»Streichholz« und »zusammenpassen, ein Paar bilden« zunutze macht.

Querstrich, mit einem Kreuz also, um den Planeten Venus zu bezeichnen. Ich weiß nicht, ob unser Vater weiß, daß das »ankh« das Symbol des Lebens ist und daß das Zeichen, das er so oft am Kopf einer seiner Zahlenkolonnen benutzt, dasselbe Zeichen ist. Er schreibt Kolonnen und Kolonnen von Zahlen, doch über eine Kolonne zeichnet er immer eine Hieroglyphe; sie kann für eines der Häuser oder Zeichen des Tierkreises stehen oder auch einfach einen Planeten darstellen: Jupiter oder Mars oder Venus. Ich wußte das nicht, als ich neben meinem Bruder im Garten stand. Viel später wußte ich es, aber ich verstand es nicht. Erst jetzt, wo ich dies schreibe, sehe ich, daß mein Vater heilige Symbole besaß, daß er, wie der Professor, uralte, heilige Gegenstände auf seinem Schreibtisch liegen hatte. Doch die Gestalt und Form dieser durch die Zeit geheiligten Gegenstände wurden nicht als solche erkannt. Sie waren nichts weiter als ein Briefbeschwerer aus Glas, ein Papiermesser aus Messing oder die simple Lupe, die mein Bruder immer noch in der Hand hält.

Was wird mein Bruder sagen? Er kann nicht sagen: »Ich brachte Feuer vom Himmel.« Er kann nicht Vater Zeus in eleganten Jamben antworten und erklären, wie er, Prometheus, durch seinen Witz und Wagemut, durch seine Liebe für das Unbekannte, durch sein Experimentieren mit finsteren, bisher unerklärlichen Gewalten Feuer aus dem blauen Himmel herabgezogen hat. Es ist eine unbestreitbare Tatsache. Aber mein Bruder hat nie etwas von Prometheus gehört, er kann kein Griechisch. Er hat das Vergrößerungsglas vom Schreibtisch meines Vaters genommen, und das ist eine Sünde, wie es nach dem Spielen mit Streichhölzern wohl keine schlimmere gibt. Mein Vater zertritt den verkohlten Papierfetzen. In der stillen Luft hängen der Geruch von verbranntem Papier und eine schwache Rauchfahne; es ist ein Spätsommernachmittag, vielleicht des Jahres 1889, vielleicht des Jahres 1891.

Ich erinnere mich nicht daran, was mein Bruder zu meinem Vater sagt und was mein Vater seinerseits zu meinem Bruder sagt. »Ihr dürft das nicht wieder tun«, liegt jedenfalls darin. Doch die gewöhnlichen Worte ihrer Umgangssprache gehen manchmal über meinen Kopf hinweg. Ich verstehe nicht einmal immer die Worte, die mein Bruder gebraucht. Er ist ein großer Junge und, wie jeder weiß, schlau und klug für sein Alter. Ich bin ein kleines Mädchen, klein für mein Alter und nicht sehr weit. Ich bin in einem gewissen Sinn immer noch ein Fremdling. Es gibt noch andere Fremdlinge;

von Zeit zu Zeit kommen sie an, in unserem eigenen Haus, im Haus unseres Großvaters (das dieser mit einem Onkel und einer Tante teilt), im Haus über der Straße, in anderen Häusern längs der Church Street. Diese Fremdlinge wissen noch weniger als ich von den Gebräuchen der Menschen ringsum — dieser zivilisierten Menschen oder Barbaren. Es geschehen Dinge, die diese Menschen vor uns zu verbergen suchen; ein kleiner Junge ertrinkt im Fluß, ein Arbeiter im Stahlwerk verliert einen Arm, ein Fremdling oder, wie sie manchmal an der Hintertür sagen, »ein kleiner Gast« ist irgendwo irgendwie vor der Zeit angekommen. Man schnappt, unter dem Küchentisch versteckt, etwas auf, man rät oder reimt sich etwas zusammen, man flüstert mit gleichaltrigen oder manchmal etwas älteren Mit-Flüsterern aus der Church Street, die wie man selbst zwar nichts Genaues wissen, aber ein großes Ahnungsvermögen besitzen; und all den mysteriösen Ereignissen, die doch offenbar nichts miteinander zu tun haben, ist eines gemeinsam: am Rand oder im Mittelpunkt steht deutlich oder undeutlich immer ein Doktor.

19

Ein Doktor hat eine Tasche mit seltsamen Dingen darin, Eisen und Messer und Scheren. Unser Vater ist kein Doktor, aber er hat das Bild eines Arztes oder das Bild von Ärzten in seinem Zimmer hängen. Er ist ruhig und seltsam zärtlich, wenn wir krank sind. Gern erzählt er den Leuten, daß er eine Zeitlang zögerte, bevor er sich für seinen Beruf entschied, und daß Ärzte immer sagen, er sei eigentlich einer von ihnen. Seine Stimme ist ruhig und gleichmäßig und tief. Seine Stimme ist fast monoton, so ruhig. Nie erhebt er seine Stimme. Nie ist er gereizt oder zornig. In meinem ganzen Leben sah ich ihn nie wirklich zornig, mit zwei oder drei Ausnahmen, und das waren denkwürdige Gelegenheiten. Wie ich so auf dieser Couch im Zimmer des Professors liege, habe ich das Gefühl, daß ich eines Tages den Zorn meines Vaters erinnern und (sozusagen) kommentieren muß. Aber dies hier ist keine jener Gelegenheiten. Jetzt ist mein Vater nicht zornig, vielmehr liegt, obwohl die Sonne scheint und das verbrannte Papier zu unseren Füßen verglimmt, ein eisiges Fröseln in der Luft. »Vielleicht«, mag er gesagt haben (denn unser Vater ist ein gerechter Mann), »vielleicht habe ich euch nicht ausdrücklich *verboten,* das Vergrößerungsglas zu nehmen« — denn mein Bruder hat es ihm jetzt zurückgegeben. »Ich weiß, daß ich euch gesagt habe, ihr dürft das Schreibzeug nicht berühren und die Papierschere nicht nehmen und den Leimtopf nicht für eure Pappsoldaten benützen. Ich dachte, es sei klar, daß ihr *überhaupt* nichts auf meinem Tisch durcheinanderbringen dürft.«

Frost liegt in der Luft. Ich rutsche näher an meinen Bruder heran. Ich bin mitgemeint, obwohl mich keinerlei Vorwurf getroffen hat.

20

Bei einer früheren Gelegenheit scheint wieder die Sonne. Aus dem Leinenkleid, das meine Mutter trägt, schließe ich, daß es Frühling sein muß, oder es ist ein Altweibersommertag — auf jeden Fall befinden wir uns zwischen den Jahreszeiten, denn meine Mutter trägt ein Leinenkleid ohne Mantel. Sommer ist es nicht, denn wir gehen so regelmäßig und so unweigerlich zu Sommerkleidern über wie Menschen, die in den Tropen leben. Wir leben in den Subtropen, in einer Stadt in Pennsylvanien, auf einem Breitengrad, der, glaube ich, der Gegend südlich von Rom entspricht. Die Winter sind kalt, die Sommer heiß, daher kennen wir sowohl die Stimmung der Nordländer als auch die der südlichen Völker, verbinden beide in harmonischer Mischung und ändern Tonart oder Schwingung in genauer Übereinstimmung mit dem Rhythmus der Jahreszeiten — oder auch nicht. So oder so, im Gesicht meiner Mutter ist Sommer, denn sie lacht.

Wir sind mit ihr ausgewesen, haben ihr beim Einkauf geholfen oder bei einem ihrer vielen Verwandten oder Freunde vorbeigeschaut. Es gibt in der Stadt so gut wie keinen, mit dem sie nicht verwandt oder befreundet ist — jedenfalls nicht in der »Altstadt«; und hier sind wir in der Altstadt, denn wir sitzen auf einer leichten Erhebung des Gehwegs, auf dem Bordstein, wo er in einer weitgeschwungenen Kurve die Church Street verläßt und unterhalb der Kirche entlang zu den Läden, dem Hotel, den Einkaufszentren der Main Street führt — ich glaube, sie hieß Main Street; wie auch immer, es *war* die Hauptstraße.

Es scheint sonderbar, daß meine Mutter ausgerechnet lacht. Mein Bruder trotzt. Er sitzt steif und fest auf dem Bordstein. Er will nicht heimgehen. Als er das feierlich wiederholt, lacht meine Mutter noch mehr. Leute halten an und fragen, was los ist. Meine Mutter erzählt es ihnen, und sie lachen ebenfalls. Sie stehen rechts und links von meiner Mutter, noch mehr Leute, Freunde und Fremde, und alle lachen. »Aber wir verursachen ja einen Auflauf«, sagt sie, »wir können hier nicht herumstehen und das Trottoir verstopfen.« Sie erhält Unterstützung; Fremde und Fast-Fremde wiederholen ihre Worte, wie ein griechischer Chor den Stichworten des Chorführers folgt.

Es gibt eine kurze, geflüsterte Verschwörung. Die Fremden verflüchtigen sich, und meine Mutter schlendert mit gespielter Gleichgültigkeit davon. Mein Bruder weiß ganz genau, daß sie weich werden wird: sie wird so tun, als ginge sie weg, aber sie wird hinter der Ecke warten und zurückkommen, wenn wir ihr nicht folgen. Er hat ihr gesagt, daß er weggehen und für sich allein leben will, und er hat ihr darüber hinaus gesagt, daß seine Schwester mit ihm kommen will. Seine Schwester wartet ängstlich, aufgeregt, doch bewegungslos neben ihm auf dem Rinnstein. Zusätzlich zu diesem endgültigen Ultimatum meines Bruders durften wir eigentlich nicht auf dem Bordstein sitzen. Aber da sitzen wir, wir »verstopfen« nicht das Trottoir, sondern bilden eine kleine Gruppe, ein Muster, ein Standbild am Kreuzweg. Es erscheint verschiedentlich in griechischen Tragödien unter griechischen Namen, und man kann es in der Originalfassung von Grimms Märchen oder in einer Bearbeitung für Kinder finden; es heißt dort »Brüderchen und Schwesterchen«. Manchmal ist eines der Schatten des anderen; oft hat sich eines verirrt, und das eine sucht das andere wie in der ältesten Mär von Zwillingsbruder und -schwester, die aus dem Niltal stammt. Manchmal sind beides Jungen, wie die Sterne Kastor und Pollux, manchmal sind es mehr als zwei. Im Fall von Kastor und Pollux waren es eigentlich vier, wenn man Helena und Klytaimnestra dazuzählt — die Kinder einer Lady, heißt es, und eines Schwans. Sie bilden eine Gruppe, eine Konstellation, sie bilden ein Klischee oder ein Muster, in das oder auf das sich andere Muster legen lassen, die passen oder, wenn sie nicht passen, durch die Umstände passend zurechtgeschnitten werden. Jedenfalls ist es ein Feld-, Wald- und Wiesenmuster, obwohl es manchmal sein Gegenstück in einer himmlischen Gestalt findet. Und ihre Mutter ist weggegangen. *Er* weiß, daß sie wiederkommen wird, denn er ist älter und unbestritten der Liebling seiner Mutter. Aber *sie* weiß es nicht. Doch obwohl sie vor Angst und Stolz und Schrecken fast die Besinnung verliert, denkt sie nicht im Traum daran, ihr leichtes Gewicht in die Wagschale des konventionellen Verhaltens zu werfen, der Mutter zu folgen und ihren Bruder seinem Schicksal zu überlassen.

21

Diese Bilder sind so klar. Sie sind wie von Kerzen erleuchtete Transparente in einem dunklen Zimmer. Vielleicht habe ich diese Vorfälle vor dem Professor erwähnt, vielleicht auch nicht. Doch sie waren da. Auf den kunstvollen Aufbau von Erinnerungen an die Vergangenheit, über das verwickelte Netzwerk der Haarlinien, die im Puzzlebild ein krummes Steinchen vom anderen trennten, fiel unweigerlich ein Schatten, eine Schrift-an-der-Wand, eine gekrümmte Linie gleich einem umgekehrten, unvollendeten *S*, mit einem Punkt darunter, ein Fragezeichen, der Schatten einer Frage *ist es das?* Das Fragezeichen drohte alle Antworten zu überschatten, auch wenn sie noch so befriedigend schienen. Keine Antwort war endgültig. In der Antwort an sich lag schon etwas von Tod, von Endgültigkeit, von Frucht des Toten Meeres. Die Erklärungen des Professors waren zu erhellend, schien es manchmal; schmerzhaft flatterten dann meine fledermausartigen Gedankenflügel in jenem plötzlichen Scheinwerferlicht. Oder umgekehrt, andere Flügel (Möwen- oder Lerchenflügel), die mich eben aus den Niederungen des Gemeinplatzes emporzuheben schienen, flatterten auf einmal im beschränkten Raum eines Weidenkäfigs oder hingen nutzlos in den Maschen eines Vogelnetzes. Doch nein — er stellte keine Fallen, er warf nicht wirklich Netze aus. Ich selbst war es, die, getrieben von meinem eigenen unterbewußten Wollen oder unbewußten Willen, in sie hineintrat oder -flog. Ich setzte zu starke Akzente oder Gegengewichte; vorsätzlich und mit schmerzhafter Umständlichkeit hielt ich mich bei gewissen Ereignissen in der Vergangenheit auf, über die ich alles andere als glücklich war, damit es ja nicht so aussah, als drücke ich mich vor der Analyse oder als wolle ich den betrügen, der über unsere Taten im Buch des Lebens Bericht erstattet, als wolle ich den Berichtsengel höchstpersönlich täuschen, um dem Tag des Gerichts zu entgehen. Als ich einmal mit schmerzhafter Umständlichkeit einen schmuddeligen, sorglos gewebten Streifen des Teppichs entwirrte, in dem Ursache und Wirkung verknüpft sind, und mich in übersorgfältiger Detailtreue über einige alles andere als glückliche Freundschaften ausließ, wischte er es alles beiseite, nicht gelangweilt, nicht gekränkt oder überrascht,

sondern einfach ein wenig nachdenklich, wie mir schien, als hätten
wir kostbare Zeit, unsere kostbaren Stunden miteinander auf etwas
Belangloses verschwendet. »Aber warum kümmern Sie sich denn
um diese Sachen?« fragte er. »Warum hielten Sie es für nötig, mir
all das zu erzählen? *Jene zwei spielten keine Rolle.* Aber Sie ver-
spürten den Wunsch, es Ihrer Mutter zu erzählen.«

All das schien damals fast zu einfach. Meine Mutter war tot; vor
ihrem Tod waren viele Dinge geschehen, gewöhnliche und unglaub-
liche Dinge, die ich ihr nicht erzählt hatte. In einigen Fällen wollte
ich ihr Kummer und Schmerz ersparen, wie etwa während der
Dauer des Ersten Weltkriegs, als ich in England war und sie in
Amerika. Später mußte dann berücksichtigt werden, wieviel sie
selbst verloren hatte: der Tod meines Vaters folgte unmittelbar auf
die Nachricht, daß mein Bruder in Frankreich gestorben war. Mein
Vater war als siebzehnjähriger Junge mit seinem älteren Bruder in
unserem amerikanischen Bürgerkrieg gewesen, und mein Vater
hatte diesen einzigen Bruder in jenem Krieg verloren; er war ein
Mathematiker, ein Astronom, distanziert und unparteiisch, ein Gelehrter oder »savant«, um das farbigere französische Wort zu ge-
brauchen. Aber auf die Nachricht, daß mein Bruder in Frankreich
gefallen war, traf ihn der Schlag. Mein Vater starb buchstäblich an
dem Schock. Der Professor hatte Schock auf Schock erlebt. Doch
er war nicht gestorben.

Mein Vater war 74 oder 75, als er starb — jedenfalls nicht so alt
wie der Professor jetzt. Meine Mutter hatte ihren 70. Geburtstag
in den frühen zwanziger Jahren gefeiert. Sie wohnte einige Jahre
bei mir in London und im Schweizer Kanton Waadt. Sie ging auf
Besuch nach Amerika zurück. Ich wußte, sie würde dort sterben;
sie wußte es auch. Aber ich wollte einfach nicht daran denken. Ich
wollte dem nicht ins Auge sehen. Man kann auf verschiedenen
Wegen versuchen, dem Unvermeidlichen zu entgehen. Man kann
sich um und um im Kreise drehen, wie die Ameisen unter jenem
Klotz, den Eric für uns in die Höhe stemmte. Oder die Psyche, die
Seele, kann sich zusammenrollen und schlafen, wie jene weißen
Maden.

22

Jene zwei spielten keine Rolle. Zweierkonstellationen gab es in
meinem Leben immer und immer und immer wieder. Da waren die

zwei wirklichen Brüder (wir drei wurden innerhalb von vier Jahren geboren). Da waren die zwei Halbbrüder; da waren die zwei winzigen Gräber der zwei Schwestern (eine von ihnen war eine Halbschwester, aber es gab die zwei oder Zwillings-Gräber). Da waren die zwei Häuser, unseres und das unserer Großeltern, in derselben Straße, mit demselben Garten. Da waren die zwei biblischen Städte in Pennsylvanien, Bethlehem, wo ich geboren wurde, und Philadelphia, wohin wir zogen, als ich acht war. Und zeitweilig gab es in meinem Bewußtsein zwei Väter und zwei Mütter, denn wir hielten »Papalie« und »Mamalie« (die Eltern unserer Mutter) für unsere eigenen »anderen« Eltern, was sie tatsächlich auch waren.

Alle waren zu zweit in jenem ersten Haus in der Church Street — außer mir. Da waren die zwei Brüder, die sich in dasselbe Zimmer teilten; die zwei Halbbrüder konnten jederzeit aufkreuzen, zusammen; da waren die zwei Dienstmädchen, die in dem Zimmer über der Küche schliefen; da waren meine zwei Eltern in ihrem Zimmer. (Später gab es noch einen Zuwachs in dieser Arche Noah, aber mein jüngster Bruder kam zur Welt, als dieses Muster im Bewußtsein schon fixiert war.)

Mein Vater hatte zweimal geheiratet; so gab es da wieder zwei Frauen, wenn auch eine von ihnen tot war.

Später im Leben gab es dann zwei Heimatländer, England und Amerika, die voneinander getrennt waren durch eine weite Kluft im Bewußtsein und eine sehr weite Meeresfläche.

Das Meer schrumpft zusammen, die Kluft im Bewußtsein scheint manchmal gleich Null; und trotzdem gibt es da eine Zweiheit, die englisch-sprechenden Völker sind verwandt, sogar Zwillinge, aber sie sind nicht eins. So wollen auch in mir zwei gesonderte rassische, biologische oder psychologische Einheiten allmählich zusammenwachsen oder gar ineinanderschmelzen, denn die Zeit heilt alte Brüche im Bewußtsein. Die zweite Frau meines Vaters stammte von einer der Gründer-Gruppen jener schwärmerischen protestantischen Gemeinschaft aus dem frühen 18. Jahrhundert ab, die sich Unitas Fratrum, Böhmische oder Mährische Brüder nannte. Der Vater unserer Mutter, ein Pfarrer der Brüdergemeine, war seiner rassischen Herkunft nach zum Teil ein Mitteleuropäer — ich glaube, »Polen« nannte sich das Land damals, als seine Vorväter es verließen, obwohl es später zu Deutschland kam und dann, ähnlich den anderen, verwandten Gebieten, herüber und hinüber wechselte, wie schon früher in den Tagen des Dreißigjährigen Krieges. Livland,

Mähren, Böhmen — Graf Zinzendorf, der Neubegründer der Böhmischen Brüder, war ein Österreicher, dessen Vater wegen seines protestantischen Bekenntnisses nach Sachsen vertrieben wurde oder auswanderte. Der Professor selbst war ein Österreicher, der Geburt nach eigentlich ein Mähre.

23

Mutter? Vater? Den einen haben wir im Garten des Hauses an der Church Street getroffen, die andere haben wir weiter unten auf der Straße gesehen, dort wo der Gehweg unterhalb der Kirche in einer weitgeschwungenen Kurve zu den Kaufläden führt. Doch im Augenblick kaufen wir nicht ein. Wir schauen bei niemand vorbei, Freund oder Fast-Freund, naher oder entfernter Verwandter. Jeder kennt unsere Mutter, daher sind wir nie ganz sicher, wer mit uns verwandt ist und wer nicht — und in einem gewissen Sinn ist jeder mit uns verwandt, denn da gibt es die Kirche, und wir alle gehören auf eine sehr spezielle Art zusammen, weil wir am Heiligabend unseren Kerzengottesdienst haben, den sonst niemand nirgendwo kennt, ausgenommen vielleicht einige Orte in Europa. Europa ist weit weg und ist ein Ort, wohin unsere Eltern in ihren Flitterwochen fuhren. *Sie* ist es, auf die es ankommt, denn sie lacht, nicht so sehr über uns als mit uns und über unseren Köpfen und um uns herum. *Sie* hat gebundene Notenbände und lose Blätter auf unserem Klavier liegen. *Sie* steht außer Frage. Das Dumme ist nur, daß sie so viele Leute kennt, und sie kommen und unterbrechen einen. Und außerdem hat sie meinen Bruder lieber als mich. Wenn ich bei meinem Bruder bleibe, fast ein Teil meines Bruders werde, kann ich vielleicht näher an *sie* herankommen.

Aber man kommt nie nahe genug heran, oder wenn man ihr nahekommt, dann weil man Masern oder Scharlach hat. *Wenn* man ihr immer nahe bleiben könnte, gäbe es keinen Bruch im Bewußtsein — aber ein halber Laib ist besser als gar kein Brot, und es gibt durchaus nennenswerte Dinge zu *seinen* Gunsten zu sagen. Er hat einige geheimnisvolle Gewohnheiten: wie er etwa nachts hinausgeht und tags auf der Couch in seinem Studierzimmer schläft. Aber immerhin, es *gibt* sein Studierzimmer. Vorausgesetzt, man spricht ihn nicht an, wenn er an seinem Tisch sitzt, oder stört ihn nicht, wenn er sich hinlegt, so kann man ungehindert kommen und gehen. Es ist ein ruhiger Ort. Keiner mischt sich ein oder unterbricht einen. Seine

Regale sind mit Büchern gefüllt, das Zimmer steht ringsum voller Bücher. Da ist der Schädel oben auf dem höchsten Bücherschrank und die weiße Eule unter einer Glasglocke. Er hat noch mehr Bücher als unser Großvater, und er hat jenen dreieckigen Briefbeschwerer, in dem man die Dinge im Zimmer noch einmal und in verschiedenen Dimensionen sieht. Ich habe das natürlich damals nicht wirklich in Worte gefaßt, kaum in Gedanken. Aber hier bin ich, auf eine besondere Weise bevorzugt. Seine Tochter ist es, der er später das Papiermesser anvertraut; er überläßt ihr seine unaufgeschnittenen Magazine und Zeitschriften. Sie kennt sich damit aus, wie man das Papiermesser sorgfältig unter der Oberfläche der Doppelseite entlangführt, und das ist besonders wichtig, weil ihr älterer Bruder nie aufgefordert wird, die Seiten aufzuschneiden. Natürlich hat er viele andere Dinge zu tun. Unsere Mutter ist eine Mischung aus frühen Ansiedlern in Pennsylvanien, Einwanderern von dieser Insel hier, von England, und anderen Einwanderern aus Mitteleuropa — er dagegen ist etwas Einheitliches. Er ist Neu-Engländer, obwohl er weder dort lebt noch dort geboren wurde. Er stammt von jenen puritanischen Vätern ab, die in den Thanksgiving-Day-Nummern der Magazine die hohen, spitzen Hüte aufhaben. Sie kämpften mit Indianern und verbrannten Hexen. Ihre Hüte glichen den Hüten, die auf dem einzigen Bild, das in seinem Studierzimmer hing, die Ärzte aufhatten. Das Original war von Rembrandt, wenn ich mich nicht irre. Der halbnackte Mann auf dem Tisch war tot, daher tat es ihm nicht weh, wenn die Ärzte ihm den Arm mit einem Messer oder einer Schere aufschnitten. Heißt das Bild »Anatomie des Dr. Tulp«?

Es spielt keine große Rolle, wie das Bild heißt. Es handelt von Doktoren. Ein Doktor sitzt hinter der Couch, auf der ich liege. Er ist ein sehr berühmter Doktor. Er heißt Sigmund Freud.

24

Wir unternehmen weite Reisen in Gedanken, in der Einbildung oder im Reich der Erinnerung. Vorfälle geschahen, *wie* sie geschahen; natürlich gilt es nicht für alle, doch hier und da ist eine Erinnerung oder das Bruchstück eines Traumbildes wirklich, ist real, gleicht einem Kunstwerk oder ist ein Kunstwerk. Ich habe davon gesprochen, daß die zwei Szenen mit meinem Bruder für sich stehen, wie von Kerzen hell erleuchtete Transparente in einem dunklen Zimmer. Jene Erinnerungen, Visionen, Träume, Träumereien — oder was immer man will — sind etwas Besonderes. Ihre Webstruktur ist etwas Besonderes, ihre Wirkung auf Geist und Körper ist etwas Besonderes. Sie sind heilsam. Sie sind wirklich. Sie sind ebenso wirklich in den Dimensionen von Länge, Breite, Dicke wie nur einer von den Bronze-, Marmor-, Keramik- oder Tongegenständen, die ringsum die Schränkchen an der Wand füllen oder mit eleganter Präzision in einem weiten Bogen auf dem Tisch des Professors im anderen Zimmer aufgestellt sind. Aber wir können nicht beweisen, daß sie wirklich sind. Wir können als Kenner (wie der Professor bei seiner kostbaren Sammlung hier) zwischen falsch und echt unterscheiden; eine gute Kopie eines seltenen Objekts ist nicht ohne Wert, doch dürfen wir nicht eine treue Kopie mit einer läppischen Imitation verwechseln; auch gibt es gewisse Legierungen, die im Lauf der Zeit verrosten und verderben können, und so zerfressene Gegenstände müssen ausrangiert und zum alten Eisen geworfen werden; es gibt kostbare Bruchstücke, die nichts bedeuten, bis wir die anderen Scherben finden, die sie ergänzen.

Es gibt banale, verworrene Träume, und es gibt wirkliche Träume. Der banale Traum steht zum wirklichen in genau demselben Verhältnis wie die Spalte eines Groschen- und Gossenblattes zur Folioseite eines Shakespeare-Stücks. Die Träume sind so verschiedenartig wie die Bücher, die wir lesen, die Bilder, die wir ansehen, oder die Menschen, denen wir begegnen. »*Ach Träume — wir wissen, woher nach euch Freudianern eure Träume kommen!*« *Eure Jünglinge sollen Gesichte sehen, und eure Ältesten sollen Träume haben.* Eine ganze Reihe von ihnen kommt aus derselben Quelle wie das Buch, das Buch der Bücher, die Heilige Schrift oder das Wort Gottes. Und dort lesen wir auch von Joseph, und wie seine Brüder höhnten: *Sehet, der Träumer kommt daher.*

Mit dem Professor besprach ich einige wenige wirkliche Träume, einige Träume des Zwischenbereichs, die wirkliche Bildelemente enthielten oder deren »Hieroglyphen« mit authentischen Bildern verknüpft waren, und einige wunderliche, banale, Spott-Träume, die gleichsam tanzten wie Fastnachtsfiguren und Maiköniginnen um den Maibaum. Doch der Traum mit dem hellsten Inhalt von allen, der mit den klarsten Umrissen, war in meiner Zeit bei dem Professor der Traum von der Prinzessin, wie wir sie nannten.

25

Sie war eine Dame und hatte dunkles Haar. Sie trug ein hellfar-
benes Gewand, gelb oder zart orange. Sie hatte es wie in einem
Stück um sich geschlungen, es glich einem Sari, wie ihn nur eine
vornehme Inderin aus einer hohen Kaste tragen konnte. Aber sie ist
keine Inderin, sie ist eine Ägypterin. Sie erscheint am Kopf einer
langen Treppe; Marmorstufen führen zu einem Fluß herab. Sie
trägt keinen Schmuck, kein Reif oder Szepter zeigt ihren Rang an,
doch jedermann würde sofort erkennen: *das ist eine Prinzessin.*
Stufe um Stufe kommt sie die Treppe herab. Sie dreht sich nicht um,
sie hält nicht an, sie ändert nicht den langsamen Rhythmus ihres
Schritts. Sie hat nichts im Arm, niemand ist bei ihr; kein äußerer
Gegenstand ist weiter bei ihr oder in ihrer Nähe oder in der Nähe
der gehauenen Stufen, der auch nur im geringsten auf ein mithin-
einspielendes symbolisches Detail oder Nebenmotiv verweisen
könnte. Es gibt kein Detail. Die Stufen sind geometrisch, symmetrisch, und sie ist so abstrakt, wie es eine Dame oder Lady nur sein
kann; und dennoch ist sie ein wirkliches Wesen, eine wirkliche Person. Ich, die Träumerin, warte am Fuß der Treppe. Ich habe keine
Ahnung, wer ich bin oder wie ich dorthin kam. Es gibt kein Vorher
oder Nachher, es ist ein vollkommener Augenblick in der Zeit oder
außerhalb der Zeit. Ich mache mir jedoch um etwas Sorgen. Ich
warte unterhalb der untersten Stufe. Dort, im Wasser neben mir,
befindet sich ein flaches Körbchen oder Kästlein oder Kistchen oder
Boot. Natürlich liegt ein Baby darin. Die Prinzessin muß das Baby
finden. Ich weiß, sie wird dieses Kind finden. Ich weiß, sie wird das
Kind beschützen und behüten, alles andere spielt keine Rolle.
Wir alle haben dieses Bild schon einmal gesehen. Als Kind brü-
tete ich über diesem Bild aus unserer illustrierten Doré-Bibel, noch
ehe ich lesen konnte. Doch die schwarz-weiße Doré-Illustration hat
außer dem Thema mit meinem Traum nichts gemein. Der Titel des
Bildes ist »Mose im Schilf«, und natürlich weiß der Professor das.
Wir besprechen das Bild. Der Professor fragt, ob ich, die Träumerin, das Baby in dem Binsenkörbchen bin. Ich glaube nicht. Erinnere ich mich, ob in dem Bild, wie ich es als Kind kannte, noch eine
andere Figur vorkam? Ich kann mich nicht erinnern. Der Professor
meint, daß da noch das Kind Miriam ist, halbverborgen im Schilf;
erinnere ich mich? Ich erinnere mich halb. Bin ich vielleicht das
Kind Miriam? Oder bin ich in meiner Phantasie schließlich doch das

Baby? Wünsche ich mir in den tiefsten unbewußten oder unterbewußten Schichten meines Seins, der Begründer einer neuen Religion
zu sein?

26

Jeder Dilettant, der mit den Theorien der Psychoanalyse herum-
pfuscht, kann schon von dieser bisher schmalen Beweisbasis aus das
Motiv oder Material, den unterdrückten oder verdrängten psychischen Impuls rekonstruieren, der dieses Traumbild projizierte. Da
ist das kleine Mädchen mit ihrer Puppe im Studierzimmer ihres Vaters. Sie ist ins Studierzimmer ihres Vaters gekommen, um allein
oder mit ihm allein zu sein. Die Interessen ihres Bruders sind vita-
ler, mehr nach außen gerichtet, und ihr Bruder läßt sich nicht wider-
standslos in ihre Puppenfamilien-Spiele einbauen. Er ist als Pup-
penvater vorgesehen oder als Puppendoktor, der gelegentlich gerufen wird. Aber das interessiert ihn nicht. Er hat Soldaten und Murmeln und rennt gern herum, draußen und drinnen. Hier im Studierzimmer unseres Vaters müssen wir still sein. Ein kleines Mädchen,
eine Puppe, ein ferner, schweigsamer Vater bilden dieses Dreieck,
diesen Familienroman, diese Dreieinigkeit, die dem bekannten religiösen Muster folgt: der *Vater,* weit weg in der Ferne, der Ernäh-
rer, der Beschützer — aber ein bißchen arg unzugänglich, ein bißchen zu weit entfernt und riesenhaft in den Ausmaßen, alles in allem ein bißchen eisig: die *Mutter,* eine Jungfrau, das heißt *die* Jungfrau, ein unberührtes Kind, ganz Anbetung und Glauben; sie schafft
sich einen Traum, und das Symbol des Traumes ist das dritte Glied
der Dreieinigkeit, das *Kind,* die Puppe in ihrem Arm.

27

Die Puppe ist der Traum oder symbolisiert den Traum dieses besonderen Kindes ebenso, wie die verschiedenen Figuren von Ra,
Nut, Hathor, Isis und Ka, die man verschwommen in ihren Fächern
oder auf dem Tisch des Professors wahrnimmt, den Traum anderer
strebender und anbetender Seelen darstellen oder symbolisieren.
Die Kindheit des Individuums ist die Kindheit der Gattung, hat der
Professor, wie wir notierten, irgendwo geschrieben. Das Kind in mir
gibt es nicht mehr. Das Kind ist verschwunden und ist doch nicht
tot. Dieser Kontakt mit dem Professor verstärkt oder projiziert die-

sen Traum von einer Prinzessin, dem Fluß, den Stufen, dem Kind. Der Fluß ist ein ägyptischer Fluß, der Nil. Die Prinzessin ist eine ägyptische Dame. Ägypten ist hier, wie gesagt, als Wirklichkeit, Schlußfolgerung oder Anspielung gegenwärtig, sowohl in dem altmodischen Druck oder Stich des Tempels von Karnak, der über mir an der Wand hängt, als auch in den verschwommenen Umrissen der eiförmigen Ra-, Nut- oder Ka-Figuren auf dem Tisch des Professors im anderen Zimmer. Eine Königin oder Prinzessin ist offensichtlich ein Muttersymbol; überdies war gelegentlich und beiläufig Mme. Marie Bonaparte erwähnt worden, die die Schriften des Professors ins Französische übersetzte, »die Prinzessin« oder »unsere Prinzessin«, wie der Professor sie nennt.

Vielleicht zeigte sich hier derselbe Wunsch wie beim Geburtstag des Professors im Haus in Döbling: ich wollte etwas Besonderes, oder ich wollte dem Professor etwas Besonderes schenken. Die Prinzessin Georg von Griechenland war in jeder Hinsicht eine verläßliche Hilfe gewesen und benutzte ihren Einfluß zugunsten der allgemeinen Interessen der Psychoanalytischen Vereinigung. Darin war sie »unsere Prinzessin«; als Marie Bonaparte hatte sie das schwierige Deutsch des Professors ins Französische übersetzt, und sie hielt sich jetzt, wo die nazistische Gefahr Wien schon bedrohte, zur Unterstützung bereit. In der Welt war sie »unsere Prinzessin«, ergeben und einflußreich. Könnte es aber nicht sein, daß ich die Existenz einer anderen Welt, einer anderen Prinzessin spürte? Könnte es nicht sein, daß ich, alle denkbaren intellektuellen Hürden und Hindernisse überspringend, nicht nur wünschte, sondern *wußte,* der Professor würde wiedergeboren werden?

28

Denn in meinem Leben waren Dinge geschehen, Bilder, »wirkliche Träume«, tatsächliche okkulte oder übersinnliche Erlebnisse, die, wenigstens oberflächlich betrachtet, außerhalb des Bereichs der etablierten Psychoanalyse lagen. Aber ich arbeite ja mit dem alten Professor selbst; ich möchte seine Meinung über eine Reihe von Vorfällen hören. Ich hatte zwar nie mit jemand diese Erlebnisse offen besprochen, aber ich hatte doch bei einem oder zwei Menschen, die jedenfalls ich für außergewöhnlich weise und begabt hielt, in der Vergangenheit Hilfe gesucht, und sie hatten mir nicht geholfen. Zumindest hatten sie sozusagen den Geist nicht bannen

können. Wenn der Professor das auch nicht konnte, so dachte ich,
konnte es niemand. Es gelang mir nicht, das Erlebnis loszuwerden,
indem ich darüber schrieb. Ich hatte es versucht. Es nützte nichts,
wenn ich die Geschichte sozusagen immer wieder in den freien
Raum hinein erzählte, wie der »Ancient Mariner«*, der mit seiner
dürren Hand den Hochzeitsgast am Gewand zupfte. Meine eigene
dürre Hand würde nun sozusagen die Karten auf den Tisch legen
— hier und jetzt, hier bei dem alten Professor. Er war mehr, als er
in den Augen der Welt darstellte — das wußte ich wohl. Wenn *er*
mir nicht »wahrsagen« konnte, konnte es niemand. Er würde es
nicht »wahrsagen« nennen — Gott behüte! Doch würden wir allmählich zu den okkulten Erscheinungen überleiten, wir würden ihm
zeigen, wie es geschah. Das zumindest konnten wir tun — jedenfalls
zum Teil. Ich konnte sagen und sagte auch, daß ich eine Anzahl
schwerer Schocks erlebt hatte: die Nachricht, daß mein Vater gestorben war, unmittelbar nachdem mein Bruder in Frankreich gefallen war, erhielt ich, als ich allein außerhalb von London lebte,
im Vorfrühling nach jenem bösen Grippewinter von 1919. Ich selbst
erwartete gerade mein zweites Kind — das erste hatte ich 1915 verloren, unter dem schockhaften und nachhallenden Eindruck von
Kriegsnachrichten, die mir ziemlich brutal beigebracht worden waren.

   Aus irgendeinem Grund *mußte* das zweite Kind geboren werden
— ich wußte das. O ja, das Mädchen würde geboren werden, keine
Frage, obwohl es eine anerkannte wissenschaftliche Tatsache war,
daß eine schwangere Mutter, die an einer Lungenentzündung, einer
beidseitigen Lungenentzündung litt, die Geburt nicht überleben
würde. Doch — sie konnte überleben — aber dann das Kind nicht.
Selten, wenn je, überleben sie beide. Aber es gab Gründe, warum
wir beide am Leben bleiben mußten, also blieben wir am Leben.
Freilich um einen gewissen Preis. Die in materieller wie geistiger
Hinsicht beschwerliche Aufgabe, uns aus der Gefahrenzone zu ziehen, fiel einer jungen Frau zu, der ich erst vor kurzem begegnet
war — jeder, der mich kennt, weiß, wer sie ist. Ihr Pseudonym ist
Bryher, und wir alle nennen sie Bryher.** Sobald es mir gut ging,
wollte sie selbst für Pflege und Obhut des Kindes sorgen, und mich
wollte sie in eine neue Welt führen, in ein neues Leben, in das Land,

---

* *Anm. d. Übers.:* »Der alte Seefahrer«, Gedicht von Coleridge.
** *Anm. d. Übers.:* S. Einleitung, S. 9

das meine geistige Heimat und das Reiseziel meiner Träume war. Wir wollten nach Griechenland gehen, es ließ sich einrichten. Es wurde eingerichtet, obwohl wir zwei nach jenem Krieg die ersten nicht-offiziellen Besucher in Athen waren. Das war im Frühling 1920. Dieser Frühling von 1920 bedeutete für mich eine Zeit der ungelösten Schrecken, Bedrohungen, Herzschmerzen und physischen wie geistigen oder intellektuellen Gefahren. Wenn ich ein wenig unausgeglichen oder sogar leicht verwirrt gewesen wäre, es wäre kaum verwunderlich gewesen. Doch aus einer Reihe seltsamer Erlebnisse griff der Professor nur eines heraus als gefährlich oder als das Anzeichen einer Gefahr oder einer gefährlichen Tendenz oder eines Symptoms. Ich sehe noch heute nicht ganz, warum er die Schrift-an-der-Wand als das Gefahrensignal herausgriff und beiseite ließ, was jedenfalls für mich gleich wichtige oder gleich »gefährliche« Tendenzen oder Vorfälle waren. Da jedoch der Professor die Schrift-an-der-Wand als das gefährlichste oder als das einzige wirklich gefährliche »Symptom« herausgriff, wollen wir sie uns hier noch einmal vorführen.

29

Die Reihe der Schatten- oder Lichtbilder, deren Projektion ich Ende April 1920 an der Wand eines Hotelzimmers auf der jonischen Insel Korfu erblickte, gehört, was Qualität und Intensität, Klarheit und Echtheit betrifft, zur selben psychischen Kategorie wie der Traum von der Prinzessin, der Pharaonentochter, die die Treppe herabkommt. — Für meine Person betrachte ich diese Art Traum oder Bildprojektion oder Vision als eine Art Zwischenzustand zwischen dem gewöhnlichen Traum und den Visionen jener, die wir mangels eines treffenderen Begriffs Telepathen oder Hellseher nennen müssen. Auch Erinnerungen wie die zwei, die ich festgehalten habe, an meinen Vater im Garten und an meine Mutter auf der Church Street, sind auf eine Weise Über-Erinnerungen; sie sind gewöhnliche, »normale« Erinnerungen, aber mit so lebhaften Einzelheiten erhalten, daß sie fast zu Ereignissen außerhalb der Zeit werden, wie der Prinzessinnentraum und die Schrift-an-der-Wand. Sie sind Stufen im Mechanismus der abnormalen, ungewöhnlichen (über- oder untergewöhnlichen) Geisteszustände, dessen Aufbau oder Bestandteile bisher nur oberflächlich registriert sind. Stufen? Die Prinzessin kommt die Stufen herab von einem Haus, Palast

oder Saal weit jenseits unserer menschlichen Behausungen. Die Stufen führen zu einem Fluß herab, vermutlich dem Fluß des Lebens,
jenem Fluß, der in Ägypten Nil heißt. Sie ist »unsere Prinzessin«
— das heißt, sie ist auf eine spezifische Weise des Professors und
meine Prinzessin, »unsere« persönliche Wächterin oder Inspiration. Sie ist auf eine eigentümliche Weise »seine« Prinzessin, denn
offenbar wünsche ich mir hier, in einer Projektion in oder auf ein
Bild aus der Geschichte seiner Rasse, seiner Vorfahren, daß der
Professor weiterleben soll. Wir haben von seinem Alter gesprochen; seine 77 symbolisierte für mich eine okkulte Macht, ein Mysterium. Ich sagte ihm das offen, ohne Angst davor zu haben, er
könnte mich abblitzen lassen oder für lächerlich oder abergläubisch
halten. Sie ist wichtig für mich, jene 77, und wenige Monate nach
seinem Geburtstag im Mai habe ich auch eine 7 oder werde
eine erwerben. Ich habe damals eine 47, also liegen 30 Jahre zwischen unseren Altern. Was heißt aber Alter? Rings um uns stehen
die alten Bildwerke oder »Puppen« aus dem prädynastischen Ägypten, und vielleicht war Mose noch nicht geboren, als zu jener kleinen Ra- oder Nut- oder Ka-Figur auf dem Schreibtisch des Professors ein Priesterschmied des Ptah am Ufer des Nils den ersten Ham-
merschlag tat.

30

Ich bin zweifellos beeindruckt von jener begabten Dame, »unserer Prinzessin«, wie der Professor sie nennt, und wahrscheinlich
beneide ich sie nicht wenig. Zweifellos plagt mich unbewußt der
Wunsch nach ihrer Position in der Welt, ihren intellektuellen Talen-
ten, der Sprachmächtigkeit, mit der sie das schwierige, gelehrte,
schöne Deutsch Sigmund Freuds in ein zweifellos gleich ausgezeich-
netes und schönes Französisch übersetzt. Ich kann mit ihr nicht
konkurrieren. Bewußt strebe ich auch nicht danach. Doch unbewußt
wünsche ich mir wahrscheinlich, als gleichwertiger Faktor oder mit
gleicher Mächtigkeit dem Professor zu Diensten zu sein und ihn zu
beschützen. Auch mache ich mir, obwohl ich das nicht offen zugebe,
Sorgen um die Einstellung des Professors zu einem zukünftigen Leben. Eines Tages war ich tief bekümmert, als der Professor das Gespräch auf seine Kinder brachte — was würde aus ihnen werden?
Er fragte mich das, als wäre die Zukunft seiner unmittelbaren Familie die einzige Zukunft, die es zu bedenken galt. Natürlich war da

die völlig gesicherte Zukunft seines eigenen Werks, seiner Bücher. Aber es gab noch eine näherliegende, unmittelbarere Zukunft zu bedenken. Es schmerzte mich zu bemerken, wie er keine Vorstellung — es schien unmöglich —, wie er wirklich keine Vorstellung davon hatte, daß er, hatte er erst die zarte Heuschreckenhaut seiner Jahre abgestreift, »erwachen« würde zu neuem Leben.

31

Ich sagte ihm das nicht. Ich machte mir nicht wirklich klar, wie tief besorgt ich deswegen war. Es war eine *Tatsache*, aber eine Tatsache, die ich persönlich oder konkret nicht bewältigt hatte. Ich hatte die abstrakte Vorstellung der Unsterblichkeit als Teil meines rassischen, meines religiösen Erbes hingenommen, die Vorstellung, daß die persönliche Seele in dieser oder jener Form weiterexistiert, wenn sie den abgetragenen oder ausgewachsenen Körper abgestreift hat. Als ich zur Schule ging. war der »*Chambered Nautilus*«*, von dem neu-engländischen Dichter Oliver Wendell Holmes, eines meiner liebsten Lieblingsgedichte gewesen; damals dachte ich nicht daran, doch jetzt, da ich dies schreibe, klingt sein Rhythmus in meinem Kopfe nach. *Till thou at length art free*, endet die letzte Strophe, *Leaving thine outgrown shell by life's unresting sea*. Und *Build thee more stately mansions, O my soul,* heißt eine weitere Zeile, und bei dem Professor hatte ich wirklich das Gefühl, als sei ich auf dem Höhepunkt des Erreichbaren angelangt; ich will damit sagen, ich empfand die Tatsache, daß ich ihm mit 47 Jahren begegnete und von ihm als Analysand oder Student angenommen wurde, als die Krönung all meiner sonstigen persönlichen Kontakte und Beziehungen, als die Rechtfertigung für all die verschlungenen Zickzackwege, die mein Geist und Körper gegangen waren. Ich war tatsächlich heimgekommen. Und das gibt mir unvermeidlich das Stichwort für ein weiteres Gedicht:

---

* *Anm. d. Übers.:* »Die Kammern des Nautilus«. Der Nautilus ist eine Muschelart, die im Prozeß des Wachstums sich immer neue Kammern, an die alten anschließend, baut und jeweils nur in der vordersten, größten lebt. Der Dichter sieht am Strand eine solche vielkammrige Schale, ohne Tier. — Das Gedicht steht in dem Band »Autocrat of the Breakfast-Table« (1858; deutsch erschienen als »Der Tischdespot«). Die im folgenden zitierten Zeilen bedeuten, wörtlich übersetzt: »Bis endlich du frei bist und deine Schale, der du entwachsen, am ruhelosen Meer des Lebens zurückläßt«; »Bau dir, o meine Seele, stattlichere Häuser«.

On desperate seas long wont to roam,
Thy hyacinth hair, thy classic face,
Thy Naiad airs, have brought me home
To the glory that was Greece
*And the grandeur that was Rome.**

Die Zeilen sind natürlich aus E. A. Poes vielzitierter »Helen«, und der Name meiner Mutter war Helen.

32

Der Professor übersetzte die Bilder an der Wand oder die Bilderschrift an der Wand eines Hotelzimmers auf Korfu, der jonischen, zu Griechenland gehörigen Insel, jene Bilder, deren Projektion ich dort im Frühling 1920 sah, als das Verlangen nach der Vereinigung mit meiner Mutter. Ich war leibhaftig in Griechenland, in Hellas (Helen). Ich war heimgekommen in die Herrlichkeit, die Griechenland war. Vielleicht hätte man meine Reise nach Griechenland in jenem Frühling als eine Flucht aus der Wirklichkeit deuten können. Vielleicht könnte man meine dortigen Erlebnisse auslegen als eine weitere Flucht — vor einer Flucht. Jedenfalls kamen Flügel vor. Ich darf sagen, daß ich niemals zuvor und niemals seither ein derartiges Erlebnis gehabt habe. Ich sah eine halbhelle Gestalt sich an der Wand zwischen dem Fußende des Bettes und dem Waschtisch bilden. Es war später Nachmittag; die Wand war ockerfarben, trübe und stumpf. Zuerst glaubte ich, es seien Lichtflecken, von der Sonne im Spiel mit den schwankenden Schatten gebildet, die die Orangenbäume vor dem Zimmerfenster, im vollen Schmuck ihrer Blätter, Blüten und Früchte, warfen oder durchließen. Doch sofort fiel mir ein, daß unsere Seite des Hauses ja bereits im Schatten lag. Die Bilder an der Wand glichen farblosen Abziehbildern oder »Lithos«, wie wir sie als Kinder anspruchsvoll nannten. Das erste war ein Kopf mit Schultern, Halbprofil, keine ausgeprägten Züge, ein Soldat oder Flieger, wie gestempelt oder gestanzt; doch stand die Figur halbhell vor einem Schattenhintergrund, nicht als Schatten vor Licht. Es war eine aus Licht geschnittene Silhouette, kein Schatten-

---

* *Anm. d. Übers.:* Die mittlere Strophe aus dem frühen Gedicht »To Helen«. Wörtlich übersetzt: »Auf verzweifelten Meeren lange umherzustreifen gewohnt, / haben mich Dein Hyazinthenhaar, Dein klassisches Gesicht, / Deine Najadenzüge heimgeführt / in die Herrlichkeit, die Griechenland, / und die Größe, die Rom war.«

riß, und so unpersönlich, daß sie fast jedermann aus einem beliebi-
gen Land sein konnte. Und doch war ein entschieden vertrauter Zug
um jenen Kopf mit der Schirmmütze; es war sofort *jemand,* den ich
zwar nicht identifizieren konnte, der aber eine Frage aufwarf — to-
ter Bruder? verlorener Freund?

Dann kam der traditionelle Umriß eines Pokals oder Bechers,
der zutiefst an den mystischen Kelch erinnerte, aber es war die vertraute Gestalt eines Pokals, wie wir sie alle kennen, mit rundem
Fuß und Glasstil. Dieser Kelch ist so groß wie der Kopf des Soldaten, oder vielmehr: er nimmt einfach ebenso viel Raum ein, als wären es beides festgeprägte Formen, gestempelt auf Bildkarten oder
gar (jetzt, da ich daran denke) auf Spielkarten. Ich habe gesagt, daß
ich bei dem Professor meine Karten auf den Tisch legen würde.
Dies waren jene Karten — bisher zwei von ihnen. Die dritte folgt
sofort, oder ich nehme sie jetzt wahr. Es ist eine einfache perspekti-
vische Zeichnung, sie hat zumindest etwas Perspektivisches nach
den zwei anderen flachen Formen. Es ist ein Kreis oder zwei Kreise,
der größere der beiden bildet den Fuß; dazu kommen drei Linien,
nicht flach, wie gesagt, sondern perspektivisch, ein einfach zu zeich-
nender Gegenstand, wenn man erst einmal darauf gekommen ist,
wie man die Ebenen kippen muß, um eine Raumvorstellung zu er-
zeugen. Und dieser Gegenstand ist so schlicht und doch so vertraut,
daß ich wieder denke: »Es ist der Schatten von etwas.« Genau besehen konnte er es nicht sein, da dieser Schatten »Licht« war; aber
das exakte Doppel dieser Form stand auf dem oberen Brett des altmodischen Waschtischs, neben Zahnbecher und Seifenschale und all
dem verschiedenen Krimskrams. Es war haargenau das Gestell der
kleinen Spirituslampe, die wir mithatten. (*Spiritus-Lampe?*) Und
ich weiß, wenn diese Gegenstände aus meinem eigenen Kopf nach
außen projiziert werden, so ist das ein sauberer Streich, ein Kurz-
schluß, ein Witz, eine Art Scherz. Denn das dreibeinige Lampenge-
stell aus dem zusammengewürfelten Wirrwarr auf dem Waschtisch
ist nichts anderes als unser alter Freund, der klassische Dreifuß von
Delphi. So wird assoziativ der Dreifuß, dieser Gegenstand der Verehrung im Kult des Sonnengottes, das Symbol von Dichtung und
Weissagung, verknüpft mit diesem ganz gewöhnlichen kleinen Metallrahmen, der dem kleinen Kessel eingepaßt ist und uns als Ständer dafür dient, wenn wir für jene Extratasse Tee zur Stärkung
oben in unserem Zimmer Wasser kochen. Der Dreifuß wird also in
Gedanken mit etwas Freundlichem und Gewöhnlichem verknüpft,

mit dem dritten oder zweiten Einzelteil meiner Reisegarnitur, das
als Fuß für die flache Spirituslampe und als Ständer für das Alumi-
niumgefäß dient. Der Dreifuß wird jetzt um so mehr ein Gegenstand der Verehrung. Wie auch immer, da liegt sie nun auf dem
Tisch, meine dritte Karte.

33

So weit, so gut — oder so weit, so gefährlich, so unnormal und
»symptomatisch«. Wenigstens ist die Schrift in sich konsistent. Sie
wird von *einer* Person gebildet, sie wird von *einer* Hand gezeichnet
oder geschrieben. Ob ich nun selbst jene Hand oder Person bin und
die Bilder als ein Zeichen, ein Warn- oder Wegzeichen, aus meinem
eigenen Unterbewußtsein projiziere oder ob sie von außen projiziert werden — sie sind zumindest klar genug, abstrakt und doch
zur selben Zeit Bildern aus unserem gewöhnlichen Raum und unserer gewöhnlichen Zeit verwandt. Doch an diesem Punkt halte ich
inne, oder die Hand hält inne — es ist, als erhöbe sich eine leise
Frage, was nämlich aus den Symbolen folgert oder wohin sie führen. Ich will sagen, es war, als wäre ein Maler von einer Leinwand
zurückgetreten, um die Bildkomposition besser überblicken zu können, oder als hätte ein Musiker vor dem Notenpult einen Moment
innegehalten, vielleicht im Zweifel, ob er sein Thema weiterspielen
sollte, oder auch mit dem mehr praktischen Problem beschäftigt,
ob er das Blatt auf seinem Pult umwenden konnte, ohne den Fluß
der Musik zu unterbrechen. Das empfinde ich jetzt auch — das
Problem, ob es ungehörig oder auch nur zu riskant ist, wenn ich diese Erfahrung oder dieses Experiment fortsetze. Denn obwohl die
Bilder der meßbaren Zeit nach nicht sehr lange gebraucht haben
können, um sich zu bilden, warnt mich mein Kopf bereits, daß dies
eine ungewöhnliche Dimension, eine ungewöhnliche Art zu *denken*
ist, daß mein Gehirn oder Geist der Gelegenheit nicht gewachsen
sein könnten. Vielleicht hatte in diesem Sinn der Professor recht
(eigentlich hatte er immer recht, wenn wir auch manchmal unsere
Gedanken in verschiedene Sprachen oder Medien übersetzten).
Aber da sitze ich auf dem altmodischen viktorianischen Sofa in dem
Zimmer eines griechischen Inselhotels, und hier lehne ich mich auf
der Couch im Zimmer des Professors zurück und erzähle ihm das
alles, und wiederum zehn Jahre später sitze ich an meinem Schreibtisch in meinem eigenen Zimmer hier in London. Doch es gibt keine

meßbare Zeit, wenn wir auch peinlich bemüht sind, die Zeit jeweils zu fixieren und ein Thema, das keine Schranken der Rasse oder Zeit kennt, dennoch nach allen Regeln der Kunst abzuhandeln. Hier ist diese Hieroglyphe des Unbewußten oder Unterbewußten, wie es der Professor entdeckt und sein Leben lang untersucht hat, hier sehen wir tatsächlich die Hieroglyphe vor unseren eigenen Augen in Tätigkeit. Aber es ist keine leichte Sache, diese Stimmung, dieses »Symptom« oder diese Inspiration aufrechtzuerhalten.

Da saß ich also, und da ist meine Freundin Bryher, die mich nach Griechenland geführt hat. Ich kann mich jetzt an sie wenden, obwohl ich keinen Zentimeter von der Stelle rücke und das hellsichtige Starren an die Wand vor mir nicht lockere. Ich sage zu Bryher: »Da waren Bilder — ich hielt sie zuerst für Schatten, aber sie sind aus Licht, keine Schatten. Es sind ganz einfache Gegenstände — aber es ist natürlich sehr seltsam. Ich kann mich jetzt von ihnen losreißen, wenn ich will — es ist bloß eine Sache der Konzentration — was meinst du? Soll ich aufhören? Soll ich weitermachen?« Bryher sagt, ohne zu zögern: »Mach weiter.«

34

Während ich noch mit Bryher sprach, entsteht plötzlich eine Art optisches Surren — ich will sagen, um die Beine des Dreifußes tauchen plötzlich kleine Lebewesen auf, aber diesmal in Schwarz; sie wimmeln durcheinander, in den Beinen des Dreifußes und um ihn herum, aber sie sind sehr klein; sie sehen aus wie Ameisen oder ganz kleine, halbgeflügelte Insekten, die noch nicht gelernt haben zu fliegen. Fliegen? Es scheint, es sind Fliegen — doch nein, es sind winzige Menschen, alle in Schwarz oder wie in oder aus Schatten geschnitten, im Unterschied zu den Figuren der drei bereits beschriebenen »Karten«. Sie sind kein eigenes Symbol, sie sind einfach eine Art Staub, eine Wolke oder ein Schwarm kleiner Mücken, die durcheinanderschwirren, doch auf einer Ebene — sie laufen mehr, als daß sie fliegen. Sowie ich über diese neue Seite der Schrift nachdenke, fühle ich mich gestört, belästigt — gerade wie man sich fühlt, wenn man plötzlich auf einem Feldweg im Abendlicht von einem Mückenschwarm überfallen wird. Sie sind nicht wichtig, aber es wäre eine Katastrophe, wenn einem eine davon ins Auge ginge. Das war so etwa die Empfindung, die ich hatte; Menschen, Menschen — störten sie mich so? Würden sie mir am Ende vielleicht den Blick vernebeln, oder noch schlimmer, würde mir einer von ihnen »ins Auge gehen«? Es waren Menschen, sie störten mich — ich haßte die Menschen nicht, es gab niemand, der mir besonders zuwider war. Ich hatte so außerordentlich begabte und bezaubernde Menschen gekannt. Sie hatten viel von mir gehalten oder mich ignoriert, und doch waren Lob und Geringschätzung gleich unwichtig im Angesicht der tiefsten Probleme — Leben, Tod. (Ich hatte mein Kind zur Welt gebracht, ich war am Leben.) Und doch wußte ich seltsamerweise, daß ich dieses Erlebnis, diese Schrift-an-der-Wand vor mir, mit ihnen nicht teilen konnte — mit niemand teilen konnte außer dem Mädchen, das da so tapfer neben mir stand. Dieses Mädchen hatte, ohne zu zögern, gesagt: »Mach weiter.« Sie war es, die wirklich die Distanz und Lauterkeit der delphischen Pythia hatte. Aber ich, zerschlagen wie ich war und ohne Verbindung mit meiner Familie in Amerika und meinen englischen Freunden, ich sah diese Bilder, las die Schrift oder wurde der inneren Vision gewürdigt. Oder vielleicht »sahen« wir sie in einem gewissen Sinn zusammen, denn ohne sie hätte ich freilich nicht weitermachen können.

35

Doch obwohl ich jetzt ihrer Unterstützung versichert bin, habe ich irrsinniges Kopfweh, weil ich mich so konzentrieren muß. Ich weiß, daß die Bilder verblassen werden, wenn ich mich gehen lasse, die Intensität meines Starrens lockere und die Augen schließe oder auch nur mit den Augen blinzle, um sie zu schonen. Meine Neugier ist unersättlich. So etwas habe ich noch nie erlebt, vielleicht erlebe ich es nie wieder. Ich analysiere es nicht eigentlich, während ich die Bilder beobachte, doch könnte, wie mir jetzt scheint, durchaus irgendein Zusammenhang oder irgendwie eine Beziehung bestanden haben zwischen dem Mechanismus ihrer Projektion und meinen Gefühlen für das Heiligtum von Delphi. Eigentlich hatten wir beabsichtigt, einen Aufenthalt in Itea einzulegen; wir waren mit dem Schiff von Athen gekommen, hatten den Korinthischen Kanal durchquert und waren den Golf von Korinth hinaufgefahren. Delphi und das Heiligtum des Helios (Hellas, Helen) waren wirklich das Hauptziel meiner Reise gewesen. Athen belegte dicht dahinter den zweiten Platz in meiner Zuneigung; als wir jedoch Athen verlassen hatten und das Schiff in Itea anhielt, teilte man uns mit, es

sei ganz ausgeschlossen, daß zwei Damen allein die damals gefährliche Fahrt über die kurvenreiche Straße nach Delphi machten —
nach Delphi, das ich doch in der Phantasie so klar vor mir sah, wie
es sich in den Hang des Parnass schmiegte. Bryher und ich waren
gezwungen, uns damit zufrieden zu geben, daß wir etwas länger,
als zuerst geplant, auf der schönen Insel Korfu blieben.

Doch der Gedanke an Delphi hatte mich immer sehr tief berührt, und im vergangenen Frühling hatten Bryher und ich im winterlichen London — in jenem Frühling war London noch winterlich
— über den berühmten heiligen Weg geredet. Sie selbst hatte diese
Orte mit ihrem Vater vor dem Krieg von 1914 besucht, und in der
Zeit, als ich mich nach meiner Krankheit von 1919 wieder erholte,
hatte ich ihr einmal gesagt: »Wenn ich nur das Gefühl hätte, ich
könnte noch einmal den heiligen Weg nach Delphi gehen, ich würde sofort gesund werden.« Aber nein — da waren wir Delphi jetzt
so nahe und konnten nicht hinfahren. Wir waren gerade dabei, in
die entgegengesetzte Richtung abzufahren: Brindisi, Rom, Paris,
London. Schon lagen unsere halbgepackten Koffer, die Schreibmaschine und die Bücher verstreut im Zimmer herum; es war offensichtlich, wir *reisten* ab. Und wir reisten nicht von Korfu ab, um
nach Athen zurückzukehren, wovon, als wir in Korfu anlegten, zuerst die Rede war — wir hatten damals gedacht, wir könnten uns
vielleicht in Athen einer Exkursion einer der archäologischen Schu-
len anschließen und so von Athen selbst aus auf dem Landweg doch
noch nach Delphi kommen. Reisen war schwierig, und das Land
selbst in einem Zustand politischer Umwälzung; Zufallsbekannt-
schaften im Hotel äußerten ihre Verwunderung darüber, daß
man damals überhaupt zwei Frauen allein hatte einreisen lassen.
Immer waren wir »zwei Frauen allein« oder »zwei Damen allein«,
doch wir waren nicht allein.

36

Es hatte schon früher Schriften-an-der-Wand gegeben, in der biblischen, in der klassischen Literatur. Zumindest hatte es über alle
Zeiten hinweg eine Tradition von Warnungen oder Botschaften aus
einer anderen Welt oder einem anderen Seinszustand gegeben. Delphi insbesondere war das Heiligtum des Propheten und Musikers,
der Inspiration der Künstler und des Schutzherrn der Ärzte. Galt
nicht der »Arzt ohne Fehl und Tadel«, Asklepios selbst, als der leib-

liche Sohn des Phoebus Apoll? Religion, Kunst und Medizin trennten sich im Lauf der späteren Zeitalter voneinander; die Kluft zwischen ihnen wächst von Tag zu Tag. Wie diese drei zusammenwirkten, um ein neues Medium des Ausdrucks zu formen oder eine neue Form des Denkens oder Lebens zu gestalten, könnte durch den Dreifuß symbolisiert sein, das dritte der Bilder an der Wand vor mir, die dritte der »Karten«, die ich zugunsten des alten Professors sozusagen auf den Tisch warf. Der Dreifuß war, wie wir wissen, das Symbol der Weissagung, der prophetischen Kundgabe okkulten oder geheimen Wissens; die Priesterin oder Pythia von Delphi saß auf dem Dreifuß, wenn sie ihre Zweizeiler verkündete, die berühmten delphischen Aussprüche, die man, so hieß es, auf zwei Weisen lesen konnte.

Wir können meine Schrift, die Tatsache, daß da eine Schrift war, auf zwei Weisen oder auf mehr als zwei Weisen lesen. Wir können sie lesen oder übersetzen als das unterdrückte Verlangen nach verbotenen »Zeichen und Wundern«, das sich Bahn bricht, als das unterdrückte Verlangen, eine Prophetin zu sein, jedenfalls wichtig zu sein, Größenwahn nennen sie das — als das geheime Verlangen, »eine neue Religion zu begründen«, wie es der Professor in dem späteren Mose-Bild aufspürte. Oder diese Schrift-an-der-Wand ist bloß eine Ausweitung des produktiven Geistes der Künstlerin, ein *Bild* oder ein illustriertes Gedicht, herausgeholt aus dem tatsächlichen Traum- oder Tagtrauminhalt und von innen (obwohl dem Anschein nach von außen) projiziert, eigentlich eine *Idee* unter Hochspannung, einfach überbetont, *über-gedacht*, könnte man sagen, das Echo einer Idee, der Reflex einer Reflexion, eine Gedanken»mißgeburt«, die aus der Reihe getanzt, zu weit gegangen ist, ein »gefährliches Symptom«.

37

Doch Symptom oder Inspiration, die Schrift schreibt sich weiter oder wird weitergeschrieben. Freilich ist es eine Bilderschrift, aber ihre Symbole lassen sich in heutige Begriffe übersetzen; ihrem Charakter nach ist sie eher griechisch als ägyptisch. Das Original oder Urbild jedoch ist der ganzen Menschengattung gemeinsam und auf fast jede Zeit anwendbar.

38

Bisher haben sich die Bilder, die Abziehbilder oder »Lithos« an der Wandfläche zwischen dem Fuß des Bettes und dem Waschtisch, auf einer Höhe gehalten. Jetzt steigen sie nach oben oder scheinen im Begriff, es zu tun. Das »Surren« scheint aufgehört zu haben, oder die schwarzen Fliegen sind weggeflogen, oder die Schattenmenschen sind verblaßt. Die ersten drei Bilder oder »Karten auf dem Tisch« waren statisch, sie zeigten sich sofort als ganze; oder wenn sie sich zunächst nur halbhell zeigten, wurden sie doch heller, sowie der Umriß und die Bedeutung erkennbar wurden. Das neue Bild oder Symbol dagegen beginnt sich vor meinen Augen zu zeichnen. *Der Finger bewegt sich und schreibt.* Zwei Lichtpunkte befinden sich oder erscheinen auf der Fläche über der Querstange des Waschtischs, und ein Strich bildet sich, aber so überaus langsam — als zögen die zwei ziemlich schweren Punkte sich von ihren Zentren aus in die Länge, als verblaßten sie in ihrer Strahlkraft, während zwei Striche auftauchen, die sich langsam aufeinander zubewegen. Sie werden sich treffen, das ist offensichtlich, und unser Muster (zwei Punkte auf einer schwarzen Tafel) wird zu einem einzigen Strich werden. Ich weiß nicht, wie lange es dauerte, bis diese zwei zarten Striche sich trafen und dann eins blieben, bekräftigt oder kursiv, sozusagen unterstrichen. Ein Strich? Es kann den Bruchteil einer Sekunde gedauert haben, doch kommt mir jetzt voll zu Bewußtsein, daß diese Konzentration eine schwierige Sache ist. Meine Gesichtsmuskel scheinen steif vor Anstrengung, und ich mag sehr wohl zu Eis erstarren wie jene Feinde der Athene, der Göttin der Weisheit, denen Perseus das Gorgonenhaupt vorhielt. Schaue ich auf das Gorgonenhaupt, eine Verdächtige, eine Feindin, die es unschädlich zu machen gilt? Oder bin ich selbst Perseus, der Held, der für Wahrheit und Weisheit kämpft? Aber Perseus konnte seinen Weg mit Flügelsandalen und dem Mantel der Unsichtbarkeit finden. Außerdem konnte er selbst die widerliche Waffe des abgeschlagenen Gorgonenhauptes wohl führen, denn Athene (oder war es Hermes, Merkur?) hatte ihm gesagt, was er tun mußte. Er selbst sollte seine Waffe, dieses widerliche abgeschlagene Haupt der Feindin von Weisheit und Schönheit, dadurch handhaben, daß er es in dem polierten Metall seines Schildes anschaute. Selbst er, der Halbgott oder Heros, würde zu Stein verwandelt werden, erstarren, wenn er zu nahe und ohne den Schutz des Schildes, der nun zum

Spiegel oder Reflektor geworden war, das widerliche Haupt oder
die Quelle des Übels betrachtete. So überlegte ich, obwohl ich damals diese Parallele nicht zog, hin und her. Aber während ich auch
überlegte, hielt ich doch meinen Blick fest und konzentriert auf die
Wand vor mir gerichtet.

39

Dort ist jetzt ein Strich deutlich gezogen, aber ehe ich mich
eigentlich davon erholt oder Zeit gehabt habe, sozusagen Atem zu
schöpfen, erscheinen zwei weitere Punkte, und ich weiß, daß sich
ein weiterer Strich auf die gleiche Weise bilden wird. Das geschieht
auch, jeder Strich ist ein wenig kürzer als sein Vorgänger, und so
steht sie schließlich da, diese Reihe sich verkürzender Striche, die
eine Leiter bilden oder den Eindruck erwecken, als stünde eine Leiter dort an der Wand über dem Waschtisch. Es ist eine Leiter aus
Licht, aber ich darf mir, wie gesagt, immer noch nicht die Zeit nehmen aufzuatmen. Vielleicht atme ich ganz natürlich, aber ich habe
das Gefühl, als hielte ich unter Wasser den Atem an. Als suchte
ich unter Wasser nach einem kostbaren Schatz, und wenn ich mich
zur Oberfläche auftreiben ließe, wäre die Spur zu seinem Versteck
auf ewig verloren. Obwohl ich also aufrecht dasitze, schwimme ich
in einem gewissen Sinn kopfüber unter Wasser — in einem anderen
Element; und so wenig trennt mich jetzt nach allen Anzeichen davon, die Antwort zu bekommen oder den Schatz zu finden, daß ich
das Gefühl habe, mein ganzes Leben, mein ganzes Wesen würde
auf ewig im Mark vernichtet sein, wenn ich diese Chance verpasse.
Ich darf nicht locker lassen, ich darf das Ende des Bildes nicht ver-
passen und damit die Bedeutung des Ganzen, das ich bisher unter
Schmerzen wahrnahm. Ich muß hier aushalten, oder das Bild wird
zerrinnen und die Sequenz verlorengehen. In einem gewissen Sinn
scheint es, als sei ich am Ertrinken; den gewöhnlichen Dimensionen
von Raum und Zeit bereits halb entglitten, weiß ich, daß ich sozusagen vollständig ertrinken muß, um auf der anderen Seite der
Dinge herauszukommen (wie Alice mit ihrem Spiegel oder Perseus
mit seinem reflektierenden Schild). Ich muß vollständig ertrinken
und auf der anderen Seite herauskommen oder nach dem dritten
Untertauchen zur Oberfläche aufsteigen, nicht diesem Leben erstor-
ben, sondern mit einem neuen Wertesystem, meinem Schatz, den

ich aus der Tiefe geborgen habe. Ich muß wiedergeboren werden
oder ganz und gar zerbrechen.

40

Es scheint so lange zu dauern, bis sich die Striche, einer nach dem
andern, bilden. Vielleicht sind sie symbolische Zeitalter oder Äonen.
Wie auch immer, ich habe es bisher geschafft, mich zu konzentrieren, das Bild festzuhalten. Die Leiter vor mir hat vielleicht sieben
Sprossen, vielleicht fünf; ich zähle sie nicht. Sie sind ohnehin symbolisch, die Leiter selbst ist ein wohlbeglaubigtes Symbol; es ist Jakobs Leiter, wenn man will; es ist ein Symbol, das allen religiösen
Mythen oder Sagen gemeinsam ist.

Doch zum Glück bildet sich jetzt die letzte meiner Figuren, und
zwar schnell; zumindest scheint das Warten jetzt weniger anstren-
gend und angsterregend. Da ist sie, ich nenne sie »sie«; ich nenne
sie Nike, Sieg. Sie steht mit dem Gesicht zur Wand oder läuft wie an
der Wand von der untersten Leitersprosse aufwärts, und sie läuft
oder schwebt ziemlich rasch. Rechts von mir, rechts von ihr auf der
Fläche zwischen der Leiter und dem Spiegelrahmen über dem
Waschtisch befindet sich eine Reihe von Kurvenfragmenten. Sie befinden sich, genauer, über der Leiter und berühren den Engel nicht,
der an ihnen vorbeirauscht. Mir ist klar, daß dieses schmückende
Detail in einer gewissen Weise von den Verschnörkelungen des
Spiegelrahmens abgeleitet ist, aber wie im Fall des Dreifußes (der
ebenfalls von einem natürlichen, schlichten Gegenstand abgeleitet
ist oder mich daran erinnert) kann es nicht einfach ihr Doppel oder
Schatten sein, denn wieder sind die Schnörkel in *Licht* gezeichnet
und würden ohnehin zu keiner Richtung des Lichteinfalls passen,
selbst wenn Licht da wäre, um einen Schatten zu werfen. Die *S*
oder halben *S* sind dem Engel zugewandt; das heißt, die Reihe der
S-Muster öffnet sich in Richtung auf den Engel; sie gleichen Fragezeichen ohne den Punkt darunter. Ich wußte nicht, was diese
Schnörkel anzeigten; damals hielt ich sie bloß für ein wellenförmi-
ges schmückendes Detail. Doch jetzt denke ich, daß diese umgekehrten *S*-Muster vielleicht eine Reihe von Fragezeichen bedeutet
haben, die Fragen, die über alle Zeitalter hinweg gestellt worden
sind, die zukünftige Zeitalter weiter stellen werden.

41

Meine Siegesgöttin oder Nike, wie ich sie damals und dort genau
nannte, geht weiter. Sie ist ein Feld-, Wald- und Wiesenengel, ein
Durchschnittsengel, wie man ihn auf jeder Oster- oder Weihnachts-
karte finden kann. Sie streckt mir den Rücken zu, ihre Umrisse sind
einfach, aber sehr klar, wie die Umrisse der ersten drei Symbole
oder »Karten«. Aber anders als diese ist sie nicht flach oder statisch,
sie steht im Raum, im wandlosen Raum, nicht flach an der Wand,
obwohl sie an ihrer Oberfläche aufwärts läuft. Sie ist ein Lichtspiel
oder Laufbild, und zum Glück läuft sie rasch. Oder genau besehen
doch nicht rasch, es ist vielmehr eine gleichmäßig schwebende Bewegung, die zumindest meinen Geist ziemlich beruhigt, als wäre er
endlich dem Gitter jener Leiter entkommen, nicht länger zum Klet-
tern verdammt oder im Käfig gefangen, sondern frei und beflügelt.
Und weiter geht sie. Über ihrem Kopf, links von ihr auf der leer-
gebliebenen Fläche dieser schwarzen (oder lichten) Tafel oder Leinwand, bildet sich eine Reihe zeltartiger Dreiecke. Ich sage »zeltar-
tige Dreiecke«, denn obwohl es einfache Dreiecke sind, erinnern sie
mich an Zelte. Ich habe das Gefühl, daß die Nike im Begriff ist, in
und durch die Zelte zu ziehen, und genau das tut sie auch. So weit
— so gut. Doch jetzt ist es genug. Ich lasse meinen Kopf auf die
Hände sinken; er tut weh von dieser Anstrengung der Konzentration, aber ich habe das Gefühl, daß ich das Bild gesehen habe. Ich
dachte: »Nike, Sieg«, und mit dem Gedanken hatte ich zugleich
den Eindruck, daß damit nicht ein Sieg in der Gegenwart gemeint
war, sondern ein zukünftiger Sieg; in welchem Fall uns die Zukunft
noch einen Krieg bringen mußte. Wenn jener Krieg, Sprosse um
Sprosse oder Jahr um Jahr, durchlaufen war, würde ich persönlich
(so mein Gefühl) frei sein, würde ich selbst in eine andere, eine Dimension mit Flügeln übergehen. Denn die Zelte, so schien es mir,
waren nicht so sehr die symbolischen Zelte von den Schlachtfeldern
der Vergangenheit, der jüngsten oder fernen Vergangenheit, sondern Zelte oder Unterstände, die man in einem anderen, künftigen
Kampf aufrichten würde. Das Bild schien also etwas mit einem zukünftigen Krieg zu tun zu haben, doch auch an seinem Ende würde
der Sieg stehen. Nike, Sieg, schien der Schlüssel zu sein, schien mein
eigenes, besonderes Zeichen zu sein, ein Teil meiner Hieroglyphe.
Wir hatten nur kurz zuvor in Athen den winzigen Siegestempel besucht, der auf dem Felsen der Akropolis steht, rechterhand, wenn

man sich an den Propyläen umwendet. Ich muß an diesem Wort festhalten. Ich dachte: »Nike, Sieg.« Ich dachte: »Helios, die Sonne...« Und ich »schaltete ab«, schnitt die Sequenz der Bilder vor dem letzten ab, bevor (könnte man sagen) die Explosion stattfand.

Doch obwohl ich mir eingestehe, daß ich jetzt genug habe, vielleicht gerade ein bißchen mehr als genug, fährt Bryher, die neben mir gewartet hat, mit dem »Lesen« an dem Punkt fort, wo ich abgesprungen bin. Hinterher erzählte sie mir, daß sie nichts an der Wand dort gesehen hatte, bis ich meinen Kopf auf die Hände sinken ließ. Sie hatte bei mir ausgeharrt, geduldig, unschlüssig, zweifellos tief besorgt und nicht wenig in Angst um den Ausgang meines Zustands oder meiner Stimmung. Doch als ich mich entspannte, gehenließ, physisch und seelisch vollständig erschöpft, sah sie, was ich nicht sah. Es war der letzte Abschnitt der Reihe oder das letzte, abschließende Symbol — vielleicht jenes »Determinativ«, das in den richtigen Hieroglyphen benutzt wird, das Bild, das die ganze Bilderreihe in sich enthält oder sie klären oder erläutern hilft. Jedenfalls ist es allem Anschein nach ein ziemlich klares Bild oder Symbol. Sie sagte, es war ein Kreis, wie die Sonnenscheibe, und in der Scheibe war eine Figur; ein Mann, so glaubte sie, streckte die Hand aus, um das Bild einer Frau (meiner Nike?) in die Sonne neben sich zu zeichnen.

42

Die Jahre dazwischen schienen eine Periode des Wartens, des Auf-der-Stelle-Tretens. In wachsendem Maße hatte man das Gefühl, daß viele der eigenen Zeitgenossen unverkennbar in Stillstand und Lethargie verharrten. Jene andererseits, die mit Bewußtsein den Gang der politischen Ereignisse verfolgten, waren fast zu klug, zu politisch gesinnt, alles in allem intellektuell für mich zu energisch. Was ich zu spüren und worauf ich zu warten schien, wurde von der ersten Gruppe mit einem Stirnrunzeln bedacht, obwohl ich es sehr früh lernte, meine Gedanken und Ängste nicht in alle Welt hinauszuposaunen; sie waren krankhaft, sie waren alles in allem zu ichbezogen und introspektiv. Was denn — mein Schwager war in den letzten Ferien im Schwarzwald (mit dem So-und-so... — die ganze Geschichte bis aufs I-Tüpfelchen), und es war richtig schön, und das Essen war so gut — alle waren so gastfreundlich und so ausgesprochen nett. Wenn ich andererseits der zweiten Gruppe ge-

genüber eine schüchterne Bemerkung zu machen wagte, erzählte
man mir nicht so sehr die ganzen Geschichten bis aufs I-Tüpfelchen,
sondern überschüttete mich gleich mit umfangreichen und vorver-
dauten Theorien. Mir dreht sich noch jetzt der Kopf, wenn ich an
die Sintflut brillanten Geredes zurückdenke, der ich ausgesetzt war;
was würde geschehen, wenn . . ., und wer würde an die Macht kommen, sobald . . . — doch bei all ihrer abstrakten Scharfsichtigkeit
schien diese zweite Gruppe auf ihre Art ebenso wirr, ebenso lethar-
gisch zu sein wie die erste. Zumindest erschienen mir ihre Theorien
und ihre angehäuften Daten unfundiert, roh. Doch war daran, wie
ich zugebe — ja, wie ich weiß —, zum Teil mein eigenes Gefühl
der Hoffnungslosigkeit angesichts brillanter Statistiker und einglei-
siger Theorien schuld. »*Wie weit wollt ihr damit kommen?*«, hätte
ich am liebsten beiden Parteien zugerufen. Die eine weigerte sich
zuzugeben, daß die Flut sich tatsächlich näherte — die andere
zählte die Nägel und vermaß die Balken, mit endlosen exakten
mathematischen Formeln, schien aber nicht die allerleiseste Idee zu
haben, wie man die Arche zusammensetzte.

43

Schon in Wien wurden die Schatten länger oder stieg die Flut.
Die Vorzeichen schlimmer bevorstehender Ereignisse erschienen
jedoch in einem komischen Gewand. Zum Beispiel ergöß sich gelegentlich ein koketter, konfettiartiger Regen vom Himmel, vergoldete Papierhakenkreuze und schmale bedruckte Papierstreifen, wie
wir sie an Weihnachten aus unseren Knallbonbons zogen, jenen
Festtags-Spielereien, die wir in Amerika als Kinder »caps« nannten, und die englische Kinder »crackers« nennen. Die Party hatte
begonnen, oder das war das Vorspiel zu dem Geburtstag oder der
Hochzeit. Ich bückte mich und kratzte eine Handvoll dieser kon-
fettiartigen Spielmarken zusammen, als ich eines Morgens das Hotel Regina verließ. Sie waren auf jene vertrauten kleinen Rechtecke
aus dünnem Papier gedruckt, wie sie aus dem Papierhütchen her-
ausfielen, wenn man es bei der Party auffaltete; wir nannten sie
»Mottos«. Die Sprüche waren kurz und klar und treffend. Man las
in sauberem Anfänger-Deutsch: »Hitler gibt Brot«, »Hitler gibt Arbeit«, und so weiter. Ich fragte mich, ob ich diese Handvoll einem
Brief an einen meiner Londoner Freunde aus der ersten Gruppe
beilegen sollte — oder an einen aus der zweiten. Ich hatte die bos-

hafte Vorstellung, wie dieser spielerische Regen auf einen Teppich in Kensington oder Knightsbridge fiel oder auf den nackten Fußboden eines Studios in Chelsea oder Bloomsbury. Es wäre ein guter Witz. Das Papier war frisch und fest, das Gold klar wie Danaes sagenhafter Regen, und das ganze roch nach Geburtstagskuchen und -kerzen oder nach frischgekauftem Weihnachtsbaumschmuck. Sehr lange würde jedoch das Gold nicht klar und das Papier nicht fest bleiben, denn die Leute kamen und gingen, quer über den Freiheitsplatz und das Trottoir entlang, und trampelten auf diesem Goldregen herum, ohne davon Notiz zu nehmen. War ich in Wien die einzige, die sich gebückt und eine Handvoll dieser Spielmarken zusammengekratzt hatte? Es schien so. Einer der Hotelportiers tauchte mit einem langstieligen Reisigbesen auf. Als ich sah, wie er methodisch die Papierchen vom Gehweg zu kehren begann, ließ ich meine Handvoll in die Gosse fallen.

44

Es gab noch andere Hakenkreuze. Jetzt waren sie aus Kreide; ich folgte ihnen die Berggasse hinunter, als wären sie speziell mir zuliebe auf das Pflaster gemalt worden. Sie führten zur Tür des Professor — vielleicht gingen sie auch weiter, eine andere Straße hinunter zu einer anderen Tür, aber ich forschte nicht weiter nach. Niemand fegte diese Hakenkreuze weg. Es ist nicht so leicht, mit Kreide gemalte Totenkopfzeichen vom Gehweg zu schrubben. Es ist nicht so leicht, und es ist auffälliger, als wenn man Papierflitter in eine Gosse kehrt. Und das war ein wenig später.

45

Dann gab es Gewehre. Sie waren sauber zusammengestellt. Sie standen in Biwakformation an den Straßenecken. Es muß an einem Wochenende gewesen sein; ich weiß es nicht mehr. Ich könnte das genaue Datum ihres Erscheinens anhand meiner Notizbücher nachprüfen, doch kümmert uns hier der allgemeine Eindruck und nicht so sehr die historische oder politische Abfolge. Es waren keine deutschen Gewehre — oder vielleicht doch; auf jeden Fall aber waren das österreichische Soldaten. Die Gewehrpyramiden gaben den Straßen einen Zug von Sauberkeit, Aufgeräumtheit, wie auf einem Stich von 1860. Sie machten einen altmodischen Eindruck, die Sol-

daten machten einen altmodischen Eindruck; ich wurde zweifellos
an vertraute Bilder aus unserem amerikanischen Bürgerkrieg erinnert. Dies hier war eine Art Bürgerkrieg. Keiner wollte ihn mir erklären. Der Hallenportier, sonst so redselig, war verlegen, als ich
ihn fragte. Nun, ich durfte ihn nicht zu einer Diskussion oder einer
gefährlichen Meinungsäußerung verleiten. Ich ging jedenfalls hinaus. Draußen standen einige Leute herum, und die Soldaten stammten aus einem Stich oder einem Film, der die Periode des Bürgerkriegs rekonstruierte. Sie wirkten nicht sehr schrecklich. Ich hatte
vorgehabt, zur Oper zu gehen — es war Spätnachmittag oder früher
Abend —, also konnte ich ebenso gut zur Oper gehen, wenn es denn
eine Oper gab, und brauchte nicht in meinem Zimmer Trübsal zu
blasen oder im Hotel herumzulungern, die Augen aufgesperrt und
voller Fragen. Als man mich auf einer der Hauptverkehrsstraßen
anrief, sagte ich einfach in meinem unfertigen Deutsch, ich sei in
Wien zu Besuch; sie nannten mich im Hotel die englische Dame,
also sagte ich, ich sei aus England, was ja wirklich stimmte. Was tat
ich auf der Straße? Wohin ging ich? Ich sagte, ich ginge zur Oper,
wenn es ihnen nichts ausmachte und ich ihnen nicht im Wege sei.
Es gab ein kurzes Flüstern und Hin und Her, und ich stellte verlegen fest, daß ich die Aufmerksamkeit der Offiziere auf mich gezogen hatte und daß man mir fast ein Ehrengeleit bis zur Treppe des
Opernhauses gab, wo noch mehr Geschütze waren und Soldaten
auf den Stufen saßen oder in Habachtstellung auf dem Gehweg
standen. Nichts schien jedenfalls die Oper am Spielen hindern zu
können. Ich sah mir einen Teil der Vorstellung von — ich weiß
nicht mehr, was — an und hatte auf dem Rückweg keinen Ärger
mehr.

46

Dann war es ruhig, und die Hotelhalle schien seltsam leer. Sogar
der Portier war verschwunden. Vielleicht war es der folgende Montag; jedenfalls hatte ich meinen Termin in der Berggasse zu meiner
gewohnten Sitzung. Das kleine Mädchen Paula lugte durch den
Türspalt, zögerte, dann bat sie mich verstohlen herein. Sie trug
heute nicht ihre hübsche Haube und Schürze. Offensichtlich erwartete sie mich nicht. »Aber — aber niemand ist heute gekommen;
niemand hat das Haus verlassen.« Gut, sie möge bitte dem Professor, falls er mich nicht sehen wollte, die nötigen Erklärungen ge-

ben. Sie öffnete die Tür zum Wartezimmer. Ich wartete wie gewohnt in dem Zimmer mit dem runden Tisch und dem Krimskrams an alten Zeitungen und Magazinen. Da waren die gewohnten Photographien in ihren Rahmen; unter ihnen grüßten mich Dr. Havelock Ellis und Dr. Hanns Sachs von der Wand. Da war die Ehrendoktorurkunde, die dem Professor in seinen frühen Jahren von jener kleinen Universität in Neu-England verliehen worden war. Da war auch der bizarre Druck oder Holzschnitt von einem greulichen Alptraum, ein »Lebendig begraben«* oder so ähnlich, im Dürerstil, mit allen symbolischen Details. Da waren am Fenster die langen Spitzengardinen, wie aus einem »Zimmer in Wien« in einem Stück oder Film.

Nach einer kurzen Pause öffnete der Professor die innere Tür. Dann saß ich auf der Couch. Der Professor sagte: »Aber warum sind Sie nur gekommen? Niemand ist heute hierhergekommen, niemand! Wie sieht es draußen aus? Warum haben Sie das Hotel verlassen?«

Ich sagte: »Es ist sehr ruhig. Kein Mensch scheint auf den Straßen zu sein. Auch das Hotel scheint ruhig. Aber ansonsten sieht alles nicht viel anders aus als gewohnt.« Er wiederholte: »Warum sind Sie nur gekommen?« Es schien ihm Kopfzerbrechen zu bereiten, er schien nicht zu verstehen, was mich hergebracht hatte.

47

Was für eine Antwort erwartete er? Ich denke nicht, daß ich sie ihm sagte. Sagte es nicht genug, daß ich dort war? *Ich bin hier, weil niemand sonst gekommen ist.* Als müßte ich wieder, symbolisch, etwas Besonderes sein. Wo war der Fliegende Holländer? Oder die amerikanische Ärztin, die ich nie gesehen hatte? Wir waren damals nur zu viert, glaube ich, alles recht ungewöhnliche Leute. Freilich, Mrs. Burlingham, die ergebene Freundin von Frl. Anna Freud und Jüngerin oder Schülerin des Professors, hatte eine Wohnung in einem der oberen Stockwerke. Eines Tages war ich vor meiner Sitzung hier zum Tee zu ihr hinaufgegangen. Der Professor war nicht wirklich allein. Auch die Abgesandten der Prinzessin standen, so hatte man mir mitgeteilt, in verschiedenen Botschaften auf dem Sprung, und sie würden es ihr mitteilen, wenn

* *Anm. d. Übers.:* Nach Auskunft von Hans Lobner (Sigmund Freud-Haus, Wien) höchstwahrscheinlich ein Stich nach dem Gemälde »The Nightmare« (»Der Alptraum«) von J. H. Füssli, der in Freuds Wartezimmer hing.

die persönliche Sicherheit des Professors tatsächlich bedroht wäre.
Doch in einem gewissen Sinn war ich die einzige, die von draußen
gekommen war; die kleine Paula bestätigte das, als sie so ängstlich
durch den Spalt der Eingangstür lugte. Wieder war ich etwas Besonderes. Ich hatte eine einzigartige Geste gemacht, auch wenn ich
eigentlich das Gefühl hatte, daß mein Kommen ein Gebot der simp-
len Höflichkeit war; dies war unsere gewohnte Zeit der Zusammen-
kunft, unsere Sitzung, unsere gemeinsame »Stunde«. Ich wußte
nicht, was der Professor jetzt dachte. Er konnte jedenfalls nicht
denken: »Ich bin ein alter Mann — *Sie halten es nicht für der Mühe
wert, mich zu lieben.*« Oder wenn er sich erinnerte, daß er es gesagt
hatte, so war das sicherlich die Antwort darauf.

48

Es mag an jenem Tag gewesen sein oder an einem anderen, daß
der Professor von seinen Enkeln sprach. Wann immer es war, ich
fühlte jedenfalls einen plötzlichen Riß, eine Spaltung, einen Bruch
oder eine Kluft im Bewußtsein, die ich vor ihm zu verbergen suchte.
Er war auf einmal so sehr Stammvater, so konventionell mosaisch.
Als er ihre Namen und die Namen ihrer Eltern durchging, fühlte
man die alte Ungeduld, eine Art intellektuellen Augenbrennens, die
alte Langeweile, mit der man historische Stellen, Geschlechts-
register in einer kleingedruckten Schul- oder Sonntagsschulbibel
nachlas. Es war im 1. Buch Moses, aber nicht ganz am Anfang.
Nicht die aufregenden Verse über die Vögel und das Gewürm, die
Bäume, die Sonne und den Mond, jenes »große Licht« und »kleine
Licht«. Er machte sich Sorgen um sie (und das war gewiß kein
Wunder), aber ich machte mir um etwas anderes Sorgen. Den
Grund für meine Angst erkannte ich damals nicht. Ich wußte, der
Professor würde in nicht allzu langer Zeit wegziehen an einen anderen Ort, doch anscheinend lag das ewige Leben, das er sich vorstellte, auf der Linie der alten jüdischen Tradition. Er wollte wie Abraham, Isaak und Jakob in seinen Kindeskindern weiterleben, die sich
wie Sand am Meer vermehren sollten. In diese Richtung schienen
mir seine Gedanken zu gehen, und in diese Richtung mußten sie
auch jetzt gehen, angesichts der weißen Wand der Gefahr, der drohenden physischen Vernichtung.

Zumindest stand da die Frage zwischen uns: »Was wird aus meinen Enkeln werden?« Er schaute nach vorn, doch seine Sorge um

die Unsterblichkeit war in die Frage nach den Enkeln übersetzt. In ihnen würde er weiterleben; natürlich würde er in seinen Büchern weiterleben; vielleicht habe ich etwas gemurmelt, das ungefähr darauf hinauslief, daß künftige Generationen nie aufhören würden, für sein geschriebenes Wort dankbar zu sein; vielleicht habe ich das erwähnt — sicher bin ich, daß ich es irgendwann einmal tat, bei dieser oder einer anderen Gelegenheit. Aber jene Worte waren, wenn auch als aufrichtige Huldigung gemeint, in einem gewissen Sinn doch, oberflächlich. Man würde sehen: sie gingen irgendwie ins Leere. Es lag so klar auf der Hand, daß sein Werk über ihn hinaus weiterleben würde. Wollte man das angemessen ausdrücken, mußte man zu tief schürfen, sich auf technische Einzelheiten einlassen, und gleichzeitig hätte ich dann meine Bewunderung für das, wofür er stand, was er eigentlich *war*, in Begriffe übersetzen müssen, die ein bißchen zu förmlich waren, zu steif und gestochen, zu konventionell, zu trivial, zu *höflich*.

Ich wollte keine konventionellen Worte murmeln; eine Menge Leute hatten das getan. Wenn ich nicht genau das sagen konnte, was ich sagen wollte, sagte ich lieber gar nichts, genau wie ich an seinem 77. Geburtstag, wenn ich nicht finden konnte, was ich ihm schenken wollte, lieber gar nichts schenkte. Etwas später fand ich doch noch, was ich suchte, jenen Stock Gardenien; im Herbst 1938 überreichte ich sie ihm schließlich. Und auch diese Worte, die Worte, die ich damals nicht aussprechen konnte, kommen etwas später, im Herbst 1944. Die Blumen und die Worte haben dies gemeinsam, sie sind das, was ich suche, was ich nach einigem Warten für den Professor fand, »der Rückkehr der Götter zum Gruß«. Freilich, »andere lesen: Güter«. Eine ganze Menge hatten »Güter« gelesen und würden es weiter tun. Doch der Professor wußte, er muß gewußt haben, daß er selbst, stillschweigend, mit zur Zahl jener Götter gerechnet wurde. Er gehörte bereits zu den Unsterblichen.

49

Ich wußte nicht genau, *wer* er war, und doch scheint es heute so offensichtlich. Vor langer Zeit in Amerika hatte ich einen eigentümlichen Traum oder auch bloß eine blitzartige Vision. Diese Dinge waren bei mir unüblich, wenn ich auch als Kind, gleich vielen anderen Kindern, ein oder zwei visionäre oder übergewöhnliche Erlebnisse hatte. Diesmal muß ich 18 oder 19 gewesen sein. Das Bild (oder der Bildausschnitt) beeindruckte mich so sehr, daß ich es zu bestimmen suchte. Es war kein sehr sensationelles Erlebnis. Die Vision oder das Bild bestand einfach aus folgendem: vor dem Einschlafen oder im Moment des Aufwachens stand vor meinen Augen eine massive Form, kein leuchtendes Wolkenbild, keine undeutliche Phantasie, sondern ein altarförmiger Steinblock; er war durch eine grobe Markierung im Stein in zwei Abschnitte unterteilt; es war wohl keine eingemeißelte Linie, aber es war entschieden eine Unterteilung der groben Steinoberfläche in zwei Hälften. Auf der einen Hälfte, dem einen Abschnitt, befand sich eine Schlange, grob gemeißelt; sie war, in traditioneller Haltung, zusammengerollt und streckte den Kopf in die Höhe; auf der anderen Seite befand sich eine grob eingekerbte Distel, von naturalistischer, doch traditioneller Zeichnung. Warum das?

Es ist seltsam, wenn man sich heute, da das alles weit zurückliegt, überlegt, daß es Ezra Pound war, der mir dieses Bild deuten half. Ezra war ein Jahr älter; ich hatte ihn gekannt, seit ich 15 war. Ich glaube nicht, daß ich außer Ezra und einem Mädchen, Frances Josepha, mit der ich später meine erste Reise nach Europa unternahm, mit irgend jemand darüber sprach. Ezra verbrachte zu jener Zeit gerade die Sommermonate bei seinen Eltern, in einem Haus außerhalb von Philadelphia. Dort war es, daß Ezra eines Nachmittags sagte: »Ich habe eine Idee zu deiner Schlange am Fels«, wie er sie nannte. Wir gingen in das Studier- oder Bibliothekszimmer — es war ein möbliertes Haus, von Freunden übernommen —, und Ezra begann, verschiedene Nachschlagewerke und Konkordanzen hervorzuzerren. Er schien schließlich damit zufrieden zu sein, daß es eine Rückblende in der Zeit oder die visionäre Vorwegnahme eines zukünftigen Ereignisses war, welches etwas zu tun hatte mit dem menschlichen oder halb-menschlichen, halb-göttlichen Kind des Phöbus Apoll, mit Äskulap oder Asklepios, der von Zeus' Donnerkeil oder Blitzstrahl erschlagen, später aber unter die Sterne versetzt wurde. Die Schlange ist gewiß seit alters das Zeichen oder Totem der Heilung und jener endgültigen Heilung, wenn wir zum letztenmal die beschwerliche Hülle unserer Haut oder unseres Fleisches abschütteln. Die Schlange ist das Symbol des Todes, wie wir wissen, aber auch der Auferstehung.

Es gab kein Bild davon. Ezra sagte leichthin: »Die Distel gehört einfach dazu.« Ich glaube nicht, daß er die Distel im Zusammenhang mit der Schlange wirklich bestimmte, doch auf jeden Fall war er es, der mich als erster auf die Idee brachte, daß Asklepios, der »Arzt ohne Fehl und Tadel«, in diesem Zusammenhang eine Rolle spielt. Später fand ich das Motiv, aber nur ein einziges Mal und nur an einer einzigen Stelle. Ich machte mit Frances Josepha und ihrer Mutter meine erste Reise »ins Ausland«. Das war im Sommer 1911. Wir fuhren von New York nach Havre, dann mit dem Schiff die Seine hinauf nach Paris. »Hier ist es«, sagte ich bei einem unserer ersten Besuche in den Galerien des Louvre, »schnell!« — als könnte es verschwinden wie der ursprüngliche »Fels«. Es war ein kleiner Siegelring in einer Vitrine mit griechisch-römischen oder hellenistischen Siegeln und Gemmen. Unter dem Glas, in einer Reihe mit anderen Ringen, lag ein winziges Oval aus grauem Achat. Es war ein kleiner Ring, mit einer ziemlich zerbrechlichen Fassung, soweit man das beurteilen konnte, aber das Motiv war nicht zu verkennen. Auf der rechten Seite befand sich, wie im Original, die zusammengerollte Schlange mit dem emporgereckten Kopf; links ein sorgsam ziselierter Stengel mit dem dornigen Doppelblatt und dem Blütenkorb, unsere Distel. Nirgendwo sonst habe ich dieses Motiv gefunden; es gibt Schlangen genug und heraldische Disteln, aber ich habe die zwei nie mehr kombiniert gefunden, obwohl ich von Zeit zu Zeit, unsystematisch, Nachschlagewerke durchgeblättert oder »für alle Fälle« klassische Münz-Motive oder Talismane überflogen habe. Nie fand ich meine Schlange und Distel unter den Abbildungen eines Bandes über griechische oder ptolemäische Motive oder in irgendeiner versteckten Ecke eines leibhaftigen griechischen Tonkrugs oder einer etruskischen Vase, aber wenn ich in all den folgenden Jahren auf meinen Reisen durch den Kontinent in Paris Station machte, ging ich zurück, um mich zu vergewissern, daß ich jedenfalls den Siegelring nicht »geträumt« hatte. Da lag er; er lag immer an derselben Stelle, unter dem Glas, mit dem kleinen, verblichenen Zettel, auf dem ein Buchstabe oder eine Buchstabengruppe und eine Zahl standen. Einmal ging ich sogar so weit, den Spezialkatalog zu kaufen, der diese Abteilung behandelte, in der Hoffnung auf einige Einzelheiten, aber »mein« Ring war darin nur denkbar kurz erwähnt; ich las: »Intaglio oder Siegelring mit griechisch-römischem oder hellenistischem Motiv« und ein entsprechendes ungefähres Datum. Das war alles.

50*

»Signet«: Siegel — von »sign«: Zeichen; eine Marke, ein An-
denken, ein Beweis; »signet«: Siegel — ein Stempelzeichen als Ver-
schluß, das Geheimsiegel; »signet-ring«: Siegelring — ein Ring mit
einem Siegel, d. h. einem privaten Kennzeichen; »sign-manual«:
Signatur — besonders das königliche Handzeichen, besteht gewöhnlich nur aus den Initialen des Herrschernamens. (Ich habe durchweg
meine Initialen H. D. als Siegel oder Signatur für meine schriftstel-
lerische Arbeit benutzt, obwohl mir erst jetzt, in diesem Moment,
da ich das Wort »signet« in meinem Chamber's English Dictionary
nachschlage, klar wird, daß meine Signatur als Schriftstellerin entfernt an etwas Herrscherliches oder den Gestus eines Königs erinnert.) Noch einmal »sign«: Zeichen — ein Wort, eine Geste, ein
Symbol oder Mal, das etwas anderes bezeichnen soll. Noch einmal
»sign«: Zeichen — (medizinisch) ein Symptom, (astronomisch)
einer der zwölf Sektoren des Tierkreises. Noch einmal »sign«; jetzt
als Verb: unterzeichnen — mit einer Signatur versehen;
»sign-post«: Wegweiser — ein Verkehrszeichen, das die Richtung
angibt; englisch »sign« von französisch »signe« und lateinisch »signum«. Und indem ich jenes letzte Wort schreibe, blitzt in meinem
Gedächtnis das assoziierte *in hoc signum* auf, oder vielmehr muß es
heißen *in hoc signo* und *vinces*.

51

Es gab in einem der Schränkchen des Professors in einer Ecke
eine Handvoll alter Ringe, und ich dachte an meinen Siegelring in
den Galerien des Louvre in Paris, aber weder damals noch später
sprach ich mit dem Professor darüber, und obwohl ich mich zu der
Zeit für Ringe interessierte, machte ich ihm nicht den Vorschlag, er
solle doch die Tür des Schränkchens öffnen und sie mir zeigen. Er
hatte eine der Figuren von seinem Schreibtisch hochgehoben. Er
hielt sie jetzt in der Hand und schaute mich an. Das, mutmaßte ich,
war also das Bildwerk, von dem er glaubte, es würde mich am meisten reizen. In der Mitte war eine indische Figur aus Elfenbein,
das Drumherum war symmetrisch angeordnet, und ich fragte mich,

---

* *Anm. d. Übers.*: Dieses Kapitel zitiert im wesentlichen einen Wörterbuch-
Artikel; das ist in der Übersetzung nur unvollkommen wiederzugeben.

ob der sitzende Wischnu (es war einer, glaube ich) seinen Platz in
der Mitte wohl aufgrund eines Vorrechts oder einer Vorliebe oder
wegen seiner Form hatte. Obwohl ich die wunderbare Qualität und
Gestaltung des Elfenbeins erkannte, sah ich die Plastik ziemlich
abstrakt; das Motiv selbst zog mich nicht sonderlich an. Schlangenköpfe erhoben sich wie Blütenblätter und bildeten eine Kuppel
oder ein Zelt über dem Kopf der sitzenden Figur; möglicherweise
saß sie auf einer Blume oder einem Blatt; das ganze machte den
Eindruck einer der Länge nach aufgeschnittenen Halb-Blume, und
die Figur befand sich an der Stelle oder machte den Eindruck eines
Bündels von Staubgefäßen oder einer ovalen Samenhülse in der
Mitte. Nur wenn man nahe herankam, sah man die kleine Gestalt
und den symmetrischen, kuppelartigen Hintergrund von Schlangen-
köpfen. Gewiß, die Schlangenköpfe erinnerten jeder an ein halbes
S und hätten also das Schnörkelmuster des umgekehrten *S* oder unvollständigen Fragezeichens aus der Bilderreihe an der Wand des
Zimmers auf der griechischen Insel Korfu aus jenem Frühling von
1920 ins Gedächtnis zurückrufen können. Doch zog ich weder damals noch später dem Professor gegenüber diesen Vergleich, und
ich fühlte mich ein wenig unwohl vor der außerordentlichen Schönheit dieser geschnitzten indischen Elfenbeinplastik, die mich gleichzeitig in ihren Bann schlug und zurückstieß.

Ich wußte nicht immer, ob ich die Ausflüge des Professors mit
mir in das andere Zimmer als Ablenkungen, als ernstgemeinte soziale
Veranstaltungen oder als Teil eines Plans auffassen sollte. Wollte
er herausfinden, wie ich auf bestimmte Ideen reagieren würde, die
in den kleinen Statuen verkörpert waren, oder wie tief ich die le-
bendige *Idee* fühlte, die ihnen immer noch innewohnte, mochten
auch Jahrhunderte oder Äonen über viele von ihnen hinweggegan-
gen sein? Oder ließ er damit einfach durchblicken, daß er seine
Schätze mit mir teilen wollte, jene handgreiflichen Gestalten vor
uns, die doch auf die bei weitem faszinierenderen Schätze seines
Geistes verwiesen? Welche Idee er auch verfolgte, ich wollte ihm
damals wie bei anderen Gelegenheiten auf halbem Weg entgegen-
kommen; ich wollte ihm so unaufdringlich wie möglich die Höflichkeit, die er mir auf so subtile Weise entgegenbrachte, erwidern.
Wenn es ein *Spiel* war, eine Art Umweg, um etwas herauszufinden,
das mein unbewußter Wächter oder Zensor ängstlich vor ihm hütete, nun, so würde ich nach Kräften mitspielen bei diesem Spiel,
bei diesem Rätselraten — oder was immer es war. Die Elfenbein-

plastik hatte einmal meine Aufmerksamkeit geweckt, und vielleicht
(ich wußte es nicht) wurde sie von ihm besonders geschätzt, nahm
sie doch den Mittelplatz ein auf seinem imposanten Schreibtisch
(der dort, der Gedanke kommt mir jetzt, fast wie ein Hochaltar im
Allerheiligsten zu stehen schien) — also sagte ich, im Bewußtsein
meiner leichten Abneigung gegen dieses exquisite Kunstwerk: »Jene Elfenbeinplastik — was stellt sie dar? Sie ist offensichtlich in-
disch. Sie ist sehr schön.«

Er sagte, wobei er den hübschen Gegenstand kaum anblickte:
»Sie wurde mir von einer Gruppe meiner indischen Schüler geschickt.« Er fügte hinzu: »Im großen ganzen, glaube ich, ist die Reaktion meiner indischen Schüler auf meine Lehren am wenigsten
zufriedenstellend.« So viel zu Indien, so viel zu seinen indischen
Schülern. Das war nicht sein Lieblingsstück, diese orientalische, lei-
denschaftliche, aber kalte Abstraktion. Er hatte etwas anderes her-
ausgesucht. Es war ein ziemlich kleiner Gegenstand, zu urteilen
nach der Lücke in meinem Ende des Halbkreises, den die symmetrisch angeordneten Götter (oder Güter) auf seinem Tisch bildeten.
»*Das* ist mein Lieblingsstück.« Er hielt mir den Gegenstand entgegen. Es war eine kleine Bronzestatue, behelmt, bis zum Fuß in ein
gemeißeltes Gewand gekleidet, über dem sie den eingekerbten Chi-
ton oder das Peplum trug. Eine Hand war ausgestreckt, als hielte
sie einen Stab oder Stecken. »Sie ist vollkommen«, sagte er, »*nur
hat sie ihren Speer verloren*«. Ich sagte nichts. Er wußte, daß ich
Griechenland liebte. Er wußte, daß ich Hellas liebte. Ich stand da
und schaute Pallas Athene an, sie, deren geflügeltes Attribut Nike,
der Sieg, war oder die flügellos, Nike A-pteros in den alten Tagen,
in dem kleinen Tempel auf der rechten Seite stand, wenn man die
Stufen zu den Propyläen auf der Akropolis in Athen hinaufsteigt.
Auch er war einmal jene Stufen hinaufgestiegen, hattè er mir erzählt, um mit einem Blick die Herrlichkeit, die Griechenland war,
zu überschauen. Nike A-pteros hieß sie, der Flügellose Sieg, denn
niemals konnte, niemals würde der Sieg wegfliegen aus Athen.

52

Sie hat ihren Speer verloren. Er hätte griechisch sprechen können.
Seine wunderbar klangvolle Stimme hatte eine Art, eine englische
Wendung oder einen Satz aus dem Kontext herauszunehmen (aus
dem Assoziationskontext, der ganzen Sprache, könnte man sagen),

daß er, obwohl er Englisch ohne jede wahrnehmbare Spur eines Akzents sprach, doch eine fremde Sprache sprach. Der Klang seiner Stimme, die Gesangsqualität, die das Gewebe des gesprochenen Worts so subtil durchdrang, ließ das gesprochene Wort in einer anderen Dimension leben oder eine andere Farbe annehmen, als habe er das graue Geflecht des konventionell gewirkten Gedankens, und damit des konventionell *gesprochenen* Gedankens, in einen Bottich eigenen Gebräus eingetaucht — oder einen Streifen jenes Gedankens von dem eintönigen, verblichenen und abgetragenen Gewebe der Sprache selbst abgerissen und in den brodelnden Kessel seines eigenen Denkens gehalten, um ihn blau oder scharlachrot gefärbt wieder hervorzuziehen, so daß das alte, graue Netzwerk in neuem Glanz erstrahlte und ein Gedankenfetzen, sogar ein weggeworfener Lumpen, nach dieser Behandlung zum Banner, zum Feldzeichen (noch einmal »Zeichen«) wurde, das eine Richtung wies oder im Wind an einer Stange flatternd eine Armee anführte.

Und als er andererseits sagte, *sie ist vollkommen,* meinte er nicht nur, daß die kleine Bronzestatue ein vollkommenes Symbol war, geschaffen nach des Menschen Bild (in diesem Fall nach dem einer »Menschin«), verehrungswürdig als die Projektion eines abstrakten Gedankens, Pallas Athene, die ohne eine menschliche und sogar göttliche Mutter geboren worden und in voller Rüstung dem Kopf ihres Vaters entsprungen war, Unseres Vaters im Himmel, Zeus, Theos oder Gott; er meinte auch: Dieses kleine Stück Metall, das Sie in Ihrer Hand halten (sehen Sie es an) ist wirklich kostbar, es ist *vollkommen,* ein Siegespreis, ein Fund aus der besten Periode der griechischen Kunst, der klassischen Periode, wo sie sich am konkretesten ausdrückte und noch nicht kopflastig geworden war durch äußerlichen Putz und schmückende Details. Dies ist ein vollkommenes Beispiel griechischer Kunst, hervorgebracht in dem Augenblick, als die archaische Abstraktheit vermenschlicht wurde, aber noch mit Maßen.

»Sie ist vollkommen«, sagte er, und er meinte, daß das Bildwerk aus der anerkannt klassischen Zeit stammte, der Zeit des Perikles oder kurz davor; er meinte, daß es keinen Kratzer oder Sprung hatte, keine Beule in der Oberfläche, keinen Fleck auf dem Metall, daß keine Falte des Peplum abgewetzt oder zerfressen war. Er sprach als ein feuriger Liebhaber der Kunst und als ein Kunstsammler. Freilich, er sprach doppeldeutig, aber er sprach vom Wert, von dem tatsächlichen spezifischen Wert des Stücks; er ta-

xierte es wie ein Jude; das Blut Abrahams, Isaaks und Jakobs floß
in seinen Adern. Er kannte sein ganz konkretes Pfund, sein Pfund
von der Rippe, wenn man will, aber dieses Pfund Fleisch war zwischen
uns ein *Pfund Geist,* etwas Greifbares, das gemessen und gewogen
werden konnte, in der Waage gewogen und — Gott gebe es —
nicht zu leicht gefunden.

53

Er hatte gesagt, er hatte zu sagen gewagt, daß der Traum, übersetzte man ihn nur, etwas Wertvolles und Kostbares war, nicht bloß
der Traum eines Pharao oder eines Mundschenks des Pharao, nicht
bloß der Traum des Lieblingskindes Israels, nicht bloß Josephs
Traum oder Jakobs Traum von einer symbolischen Leiter, nicht
bloß der Traum der cumäischen Sibylle in Italien oder der delphischen Priesterin im alten Griechenland, sondern der Traum von jedermann, überall. Er hatte zu sagen gewagt, daß der Traum aus
einer unerforschten Tiefe im Bewußtsein des Menschen kam und
daß diese unerforschte Tiefe wie ein großer Strom oder Ozean un-
terirdisch dahinfloß, und die unermeßliche Tiefe jenes Ozeans war
dieselbe unermeßliche Tiefe, die heute wie zu Josephs Zeiten, wenn
sie das kleine menschliche Bewußtsein überflutete, Inspiration,
Wahnsinn, die schöpferische Idee oder die Hefe der trübseligsten
Symptome seelischer Unruhe und Krankheit hervorbrachte. Er
hatte zu sagen gewagt, daß dieser Ozean des universellen Bewußtseins überall derselbe war, und selbst wenn er nicht so viele Worte
machte, hatte er doch anzudeuten gewagt, daß dieses Bewußtsein
die Einheit aller Menschen proklamierte; alle Nationen und Rassen
trafen sich in der universellen Welt des Traumes; und er hatte zu
sagen gewagt, daß das Traumsymbol gedeutet werden konnte; seine
Sprache, seine Bilderwelt waren der ganzen Gattung gemeinsam,
nicht nur den Lebenden, sondern auch denen, die 10 000 Jahre tot
waren. Die Bilderschrift, die Hieroglyphe des Traums war das Ge-
meingut der ganzen Gattung; im Traum sprach der Mensch wie am
Anfang der Zeit eine universelle Sprache, und der Mensch, der sich
mit dem Menschen im universellen Verstehen des Unbewußten
oder Unterbewußten traf, würde die Schranken von Zeit und Raum
hinter sich lassen, und der Mensch, der den Menschen verstand,
würde die Menschheit retten.

54

Mit dem scharfen jüdischen Instinkt für das Besondere im Allgemeinen, für das Persönliche im Unpersönlichen oder Universellen,
für das Stoffliche im Abstrakten, hatte er es gewagt, in die unerforschte Tiefe zu tauchen, zuerst seines eigenen unbewußten oder
unterbewußten Seins. Von dort zog er seine eigenen Träume als
Belegstücke für seine Theorien an Land, führte sie dann als ernst-
zunehmende Entdeckungen vor, als Tatsachen, mit Ursache und
Wirkung, Anfang und Ende, und zeigte oft noch an der banalsten
Traumsequenz den gewaltigen Stoß, der sie projiziert hatte. Er
nahm die Ereignisse des Tages, der der Nacht des Traums vorher-
ging, des Traumtages, wie er ihn nannte; er entwirrte die vermisch-
ten Bedingungen und Verbindungen des Alltagslebens, bis er den
besonderen Faden fand, der sich fortspann durch die Substanz der
Seele, der *begrabenen* Seele, der schlafenden, der unbewußten oder
unterbewußten Seele. Der Faden, den man so begierig als Teil des
Musters bestimmte, als Teil irgendeines Gemeinplatzes oder einer
verwickelten oder delikaten Angelegenheit des Wachlebens, konnte
gerade in dem Moment, wo er bestimmt war und seine schimmern-
de oder graue Traumsubstanz zeigte, ebenso gut gewonnen wie verloren sein. Die schlafende Seele war keine Einheit, sie schlief nicht
gleichmäßig; ein Teil der unbewußten Seele konnte in einem Moment, wo man es am wenigsten erwartete, bewußt werden; diesen
Teil der Seele, der Fallen stellte oder den Beobachter überlistete oder
Türen zuknallte auf der Bühne, auf welcher sich der Teppich der
Traumsequenz entwirrte, nannte er den »Zensor«; er war der Türhüter an den Toren der Unterwelt, wie der Hund Zerberus an denen der Hölle.

55

Im Traumstoff waren Himmel und Hölle, und er schonte weder
sich noch seine nach dem Neuen gierenden, leise schockierten ersten
Leser. Er schonte sich so wenig wie sein später wachsendes Publikum,
aber er schonte andere. Er konnte die spannendste Traumerzählung
abbrechen und erklären, daß privater Stoff, der *nicht ihn* betraf,
eingedrungen sei. *Erkenne dich selbst,* sagte das ironische Orakel
von Delphi, und die weise Frau oder Priesterin, die die Äußerungen
entwarf, wußte, daß im vollen Sinn des Wortes sich selbst erkennen

hieß, jedermann erkennen. *Erkenne dich selbst,* sagte der Professor, und indem er wieder und wieder in die Tiefe tauchte, häufte er jenen Vorrat intimer Enthüllungen an, wie er in seinen eindrucksvollen Bänden enthalten ist. Aber das *Erkenne dich selbst* und die Offenbarung der Erkenntnis lenkten nicht nur einen Sturm der Beschimpfung von seiten hochgestellter Ärzte, Psychologen, Wissenschaftler und anderer akkreditierter Intellektueller in der ganzen Welt auf ihn, sondern machten auch seinen bloßen Namen fast schon zum Inbegriff für primitive Wortspiele, unpassende Scherze und allgemeinen Spott.

56

Vielleicht lachte er über die Scherze, ich weiß es nicht. Sein schöner Mund schien immer leise zu lächeln, obwohl seine Augen, tief und leicht asymmetrisch eingesetzt unter der gewölbten Stirn (mit jenen Furchen, die der Meißel eines Meisters schnitt), nichts zu erkennen gaben. Seine Augen waren für mich nicht sprechend. Ich kann nicht einmal sagen, daß es traurige Augen waren. Wenn in einem Augenblick der Niedergeschlagenheit — wie als ich zu ihm ging an jenem Tag, an dem alle Türen in Wien geschlossen und die Straßen leer waren — jene Pause aufkam, die sich manchmal zwischen uns legte, und er eine fast unerträgliche Angst und Spannung in mir spürte, pflegte er diesen Bann zu brechen, indem er mit der liebenswürdigen Verbindlichkeit der Alten Welt eine Frage stellte: Was hatte ich gelesen? Fand ich die von mir gewünschten Bücher in der Bibliothek, die mir die Schwester seiner Frau empfohlen hatte? Natürlich konnte ich, wenn ich wollte, jedes seiner Bücher jederzeit . . . Hatte ich etwas Neues von Bryher, von meiner Tochter gehört? Hatte ich in der letzten Zeit etwas aus Amerika gehört?

Ich hätte das Stundenglas in die Hand nehmen und andersherum hinstellen mögen, so daß die Sandkörner seines Lebens ebenso viele Jahre vor sich gehabt hätten, wie jetzt hinter ihm lagen. Oder ich hätte durch eine Geheimtür schlüpfen — nur ich hatte dazu das Recht — und ein freundliches Wesen anflehen mögen. (Nur ich konnte das tun, denn mein Geschenk mußte etwas Besonderes sein.) Ich wollte meine Jahre gegen seine eintauschen; es wäre keine so großartige Zahl, wie ich sie für ihn hätte wünschen mögen, aber es wäre immerhin etwas. Vielleicht waren noch 20 Jahre oder 30 Jahre in meinem Stundenglas übrig. »Schau«, wollte ich zu diesem

freundlichen Wesen sagen, »jene zwei auf deinem Regal dort —
stell doch einfach die beiden Stundengläser ein ganz klein bißchen
um. Setze H. D. an die Stelle von Sigmund Freud (ich werde immer
noch ein paar Jahre übrig haben, in denen ich meine nicht sehr
wichtigen Angelegenheiten regeln kann). Es ist nicht zu viel von
dir verlangt. Und es ist zu machen. In einem Stück hat es schon
einmal jemand gemacht oder angeboten. Es war ein griechisches
Stück, nicht wahr? Eine Frau, ich kann mich nicht an ihren Namen
erinnern, bot — irgend jemandem ihre Jahre zum Tausch an gegen
— irgend etwas. Was war es? Herkules oder Herakles und ein
Kampf mit dem Tod kamen darin vor. Hieß das Stück ›Alkestis‹?
Ich weiß es nicht genau. Und natürlich muß es einer von jenen drei-
en geschrieben haben — dort stehen sie auf dem Schrank des Professors, rechts neben der weit geöffneten Doppeltür, die in sein
Allerheiligstes führt. Äschylus? Sophokles? Euripides? Wer
schrieb die ›Alkestis‹? Aber es kommt nicht wirklich darauf an,
wer es schrieb, denn das Stück läuft gerade — jedenfalls spielen wir
es, der alte Professor und ich. Der alte Professor hat eine Doppel-
rolle. Er ist Herkules, der mit dem Tod kämpft, und er ist der Geliebte, der sterben muß. Überdies hat er selbst, in eigener Person,
die Toten lebendig gemacht, hat eine Schar von toten oder sterben-
den Kindern aus der lebendigen Gruft hervorgerufen.«

57

Als ich ihm eines Tages sagte, daß die Zeit zu schnell verging
(hatte er dieses Gefühl auch?), nahm er eine halbkomische Haltung
an, er warf seinen Arm nach vorn, als wende er sich ironisch an eine
unsichtbar im Raum stehende Erscheinung oder an ein imaginäres
Publikum. »*Die Zeit*«, sagte er. Das Wort wurde auf seine unnach-
ahmliche, zweischneidige Art ausgesprochen; er schien der Kreatur,
der Abstraktion zu trotzen; in jenes eine Wort schien er eine Fülle
widersprüchlicher Emotionen zu packen; es lagen darin Ironie, Fle-
hen und Trotz, zusammen mit einem vagen, zarten Pathos. Es war,
als sei das Wort überladen, ein Sprengstoff, der jede Minute explo-
dieren konnte. (Viele seiner Worte explodierten wirklich in einem
gewissen Sinn, zersprengten Gefängnisse, nutzlose Dämme und
Deiche, verursachten zwar Erdrutsche, legten aber auch verborgene
Goldminen bloß.) »*Die Zeit*«, sagte er noch einmal, ruhiger, und
dann: »*Die Zeit galoppiert.*«

»Die Zeit galoppiert.« Ich frage mich, ob er wußte, daß er Shakespeare zitierte. Auch wenn die genaue Anwendung von Rosalindes ausgearbeitetem Wortspiel über die Zeit hier kaum zu passen scheint. »Mit wem galoppiert sie?« fragt Orlando. Und Rosalinde antwortet: »Mit dem Diebe zum Galgen; denn ginge er auch noch so sehr Schritt vor Schritt, so denkt er doch, daß er zu früh kommt.« Doch ein Dieb war er gewiß; in einer bedeutenderen dramatischen Tradition hatte er, wie Prometheus, Feuer vom Himmel gestohlen.

58

Haltet den Dieb! Aber nichts konnte ihn halten, hatte er erst einmal begonnen, vergrabene Schätze ans Licht zu bringen (er nannte es: auf Öl stoßen). Und gehörte es nicht ohnehin ihm? Aber *Haltet den Dieb!* schrien sie, oder Schlimmeres. Unbekümmert schloß er Gewölbe und Höhlen auf, riß die Schranken nieder, die Generationen sorgsam aufgebaut hatten gegen ihre verborgenen Motive, ihre heimlichen Begierden, ihre unterdrückten Wünsche. *Haltet den Dieb!* Und gebt es doch zu: was er als Gold ausgab, diese Offenbarung, die er zu schätzen schien, war elendes Zeug, wirklich Schund, Ideen, die ein Lumpensammler voll Verachtung liegen ließe, alter Plunder, den man im Speicher verstaut hat, weggeschmissen, vergessen, nicht einmal die Mühe wert, ihn zu Feuerholz zu zerhacken, zudem lästig, schwer beweglich, und wenn man diese lästigen, sperrigen Ideen zu bewegen versuchte, konnte zu allem Übermaß noch die ganze Ladung Plunder ins Rutschen kommen; er hatte so lange dagelegen, er war im Haus des Lebens fast ein Teil der Mauer und der Speicherdecke geworden. *Haltet den Dieb!* Aber warum sollte man ihn eigentlich halten? Seine sogenannten Entdeckungen waren, das sah ja jeder, einfach lächerlich. Die Zeit galoppiert ... mit dem Dieb zum Galgen. Und gib einem Mann einen Strick — so haben wir es irgendwo gehört —, und er wird sich aufhängen!

59

Er war ein wenig überrascht von dem Ausbruch. Er hatte nicht erwartet, daß sich distanzierte und hoch erhabene Praktiker und Männer der Wissenschaft so über etwas ärgern konnten, was schließlich bis aufs I-Tüpfelchen ein Beitrag zu einem Zweig des abstrakten Denkens war, angewandt auf die medizinische Wissenschaft. Er hatte bei dem berühmten Dr. Charcot in Paris gearbeitet. Noch andere Namen figurieren in dem historischen Bericht, den uns Professor Freud selbst in seiner kurzen »Selbstdarstellung« gab. Da gibt es die Namen von Ärzten, berühmten Spezialisten, die Freud auf eine Idee brachten; da gibt es Freud selbst, wie er unparteiisch das Verdienst aufteilt zwischen Breuer (oder wer immer es gerade ist) und Freud. Da gibt es Freud selbst, wie er Freud den — Koller zugesprochenen — Ruhm für die Entdeckung der Kokainanästhesie zuerkennt. Doch als ich den Analytiker Walter Schmideberg fragte, wann und wie der Professor auf die Idee gestoßen sei, die ihn dazu führte, neurotische Zustände von Größenwahn und Selbsterweiterung in gewissen Fällen mit jugendlichen und Kindheitsphantasien zu verbinden, antwortete er mir nur korrekt und konventionell: er sagte, Freud sei nie auf Ideen »gestoßen«. Ich bezweifelte das? Und ich sagte, daß ich das bezweifelte. Doch Mr. Schmideberg wiederholte, was ich natürlich wissen mußte, daß nämlich das ganze Theoriegebäude, das er in seinen Arbeiten aufgerichtet habe, auf wissenschaftliche Beobachtung gegründet sei, auf eine Anhäufung von exakten Daten. *Danach* hatte ich nicht gefragt. Ich wollte wissen, in genau welchem Moment und auf welche Weise jener Blitz der Erleuchtung kam, wann und wie es im Innern von Freuds Geist, Herz oder Seele plötzlich klingelte, plötzlich klang und rief: *Das ist es.*

Aber so passieren die Dinge nicht. Oder doch? Zumindest haben wir die Freiheit, zu zweifeln. Wir haben für uns selbst die Freiheit, jene Personen vor ihrem genauen szenischen Hintergrund, dem Paris jener Epoche, dem Paris von 1885, zu phantasieren, zu rekonstruieren und sogar wie in einem Stück oder Film zu *sehen.* Dr. Charcot beschäftigte sich mit der Hysterie und mit Neurotikern diesseits der Grenze. Jene Grenze war freilich notwendigerweise nur vage definiert; auf dieser Seite gab es die Hysteriker und Neurotiker und auf der anderen die eigentlichen Irren, aber zwischen beiden war doch noch eine breite Kluft, ein unerforschtes Ödland, ein Niemandsland. Zumindest war da ein Niemandsland; zumindest gab es Fälle, die vor noch nicht allzu langer Zeit als Irre isoliert worden wären und die jetzt unter ein milderes Regiment kamen, ins Reich der Hysterie. Die Welt des medizinischen Wissens hatte einen Riesenschritt nach vorn getan, denn im Gedächtnis der älteren Generation lebte noch die Erin-

nerung an Augenzeugenberichte aus einer Zeit, als die Insassen
von Irrenhäusern hier in London wie wilde Bestien mit Ketten an die Wände oder an eiserne Schienen oder Pfähle gefesselt
wurden; und mehr noch, das Publikum wurde in festgesetzten
Abständen eingelassen, um die wilden Tiere im Rahmen einer
Stadtrundfahrt zu besichtigen. Jene Zeit war vorbei, zwar noch
nicht allzu lange vorbei, doch vorbei, dank den humanitären Be-
mühungen der vorhergehenden Generation von Wissenschaftlern
und Ärzten. Sie hatten gewiß Fortschritte gemacht. Und unser
Professor könnte in der Tat die »modernen« Gründungen jener
Zeit und jenes Ortes besucht haben. Paris? Er war dort fremd.
1870 war noch keineswegs vergessen. Er hatte die Zähne der
Meute während seiner Studententage gesehen. Er schreibt über
seine frühen Tage an der Wiener Universität: »Vor allem traf
mich die Zumutung, daß ich mich als minderwertig und nicht
volkszugehörig fühlen sollte, weil ich Jude war.« Er fügte hinzu:
»Das erstere lehnte ich mit aller Entschiedenheit ab.« Aber hier
in Paris gab es andere, Minderwertige, gewiß nicht Volkszugehö-
rige, die abseits ihrer Mitmenschen lebten, zwar nicht gefesselt,
doch immer noch (in menschlicherer Umgebung) abgesondert,
abgetrennt, in kleinen Zimmern, dürfen wir folgern, oder Zellen,
mit Gitterstäben vor den Fenstern und Türen. Gewiß eine Ver-
besserung. Auch sie »lehnten es mit aller Entschiedenheit ab«,
daß sie sich als minderwertig fühlen sollten. Im Gegenteil. Sie
waren Sonderfälle, doch gab es da noch die ganze große Masse
derer, die in der Salpêtrière unter Beobachtung standen. Aber bei
den Fällen von Hysterie, die unter Charcots Beobachtung standen, und bei den Irren, denen der junge Freud seine private Beachtung schenkte, gab es Umstände, die von den verschiedenen
Ärzten und Beobachtern nicht bemerkt oder bagatellisiert wurden,
die jedoch genug Stoff enthielten, der ernsthafter Beachtung wür-
dig war. Er bemerkte, wie bei gewissen Patienten die unzusam-
menhängende Sequenz ihrer scheinbar beziehungslosen Handlun-
gen doch eine Art Ordnung andeutete, einem Muster folgte, das
der gebrochenen Sequenz von Ereignissen in einem halberinnerten
Traum glich. Traum? Wurde dann der Traum seinerseits durch
Ereignisse des täglichen Lebens angeregt oder projiziert, war der
Traum die Kehrseite des Wahnsinns, oder war der Wahnsinn ein
Wachtraum? Es gab da manchmal ein sonderbares Moment von
Tragik, etwas, das nicht immer ganz im Physischen oder Schmut-

zig-Materiellen aufging. Es war natürlich die Hölle. Doch diese Bewohner der Hölle zeigten eine seltsame Ähnlichkeit mit Dingen, an die er sich erinnerte, Dingen, von denen er gelesen hatte, alten Königen in alten Ländern, Frauen, von Kriegen zerbrochen, und versklavten, entstellten Kindern.

Es gab Gitterstäbe vor einigen der Zellen (in dieser Szene, die wir aus der puren Einbildungskraft unserer eigenen Phantasie aufbauen), doch diese Käfige boten manchmal Szenen wie aus einem Theaterstück. Dort stolzierte Cäsar umher. Dort Hannibal — Hannibal? Warum Hannibal? Als Junge hatte er selbst Hannibal verehrt, hatte sich selbst in der Rolle des Welteroberers phantasiert. Doch jeder Junge stolzierte irgendwann einmal mit einem imaginären Schwert und Panzer umher. *Jeder Junge?* Dieser Mann, dieser Cäsar, der seine Toga mit einer nicht gänzlich unauthentischen Geste über den Arm warf, könnte einfach irgendeine kindische Phantasie ausleben. Wenn er den Patienten in einer geeigneteren Umgebung untersuchen könnte — doch der Patient rief: »Et tu Brute«, und wurde gewalttätig bei jeder Andeutung einer Annäherung oder eines freundlichen Kontakts. Wenn er diesen Cäsar einige Jahre früher hätte befragen können — er war einmal ein nicht unprominenter Mann gewesen —, hätte er ihm vielleicht das Geheimnis seines Cäsarwahns entlocken können. Jetzt war sein Geist umwölkt, doch gab es in diesem Fall keine Meldung von einem eigentlichen Gewebeschwund oder den gewöhnlichen physischen Symptomen, die unausweichlich im Wahnsinn enden. Cäsar? Hannibal? Das waren hervorragende, erkennbare Persönlichkeiten aus der Geschichte. Aber waren sie die Faktoren, die das verursacht hatten — »Fixierung« war ein Wort, das in diesem Zusammenhang noch nicht geprägt worden war. Dieser Mann spielte eine Rolle, Cäsar. Cäsar? Er selbst war als Kind in eine ähnliche Maske geschlüpft, in die Maske Hannibals. Doch war es Hannibal? War es Cäsar? War es — — —? Nun, ja — vielleicht — wie sonderbar. Ja — es war möglich. Vielleicht war es auch sein Vater, den dieser Mann verkörperte — war nicht der Vater der Cäsar, der siegreiche Eroberer, das Symbol der Macht, der Zar oder Kaiser, der König im Reich des Kindes — ein kleines Reich, zugegeben, doch für das Kind von unermeßlicher, weltweiter Bedeutung, *seine* Welt, sein Zuhause. Für ein Kind ist sein Zuhause die ganze Welt, sein Vater, seine Mutter, seine Brüder, Schwestern und so weiter — später seine

Schule und die Freunde aus anderen »Reichen«. Natürlich, ja —
wie klar das alles war — nun aber dieser Cäsar? Hinter diesem
Zusammenbruch mußte noch etwas stecken, was in dem Bericht
über die physische und sogar seelische Verfassung und Sympto-
matik des Patienten nicht verzeichnet war. Hinter vielen von diesen Fällen, hier und in der Salpêtrière, mußte noch etwas anderes
stecken — nicht hinter allen — aber hinter dem einen Fall —
und dem anderen . . . Hinter dem ganzen Aufbau der gegenwär-
tigen medizinischen Wissenschaft mußte noch etwas stecken —
wenn man nur weiter oder mehr in die Tiefe ging — es mußte
etwas geben, was die Geheimnisse hinter diesen Zuständen der
Persönlichkeitsverherrlichung und anderen Zuständen und Ver-
fassungen enthüllte — es mußte etwas geben . . . Also, Hannibal!
Dort hinter Gittern ist Cäsar — hier ist Hannibal, hier bin ich,
Sigmund Freud, und beobachte Cäsar hinter Gittern. Aber Cäsar
war doch der siegreiche Eroberer — nicht? Ich kam, ich sah, ich
siegte — ja, ich werde siegen. Ganz sicher. Ich, Hannibal — nicht
Cäsar. Ich, der verachtete Karthager, ich, der Feind Roms. Ich,
Hannibal. Also bitte, ich, Sigmund Freud, wie ich hier stehe, ein
Lieblingsschüler von Dr. Charcot und — geben Sie es zu — nicht
unbegabt, allem Anschein nach keineswegs wirr im Kopf oder be-
sonders eigen, treu meiner Bestimmung — *treu meiner Bestim-
mung?* Treu meiner Bestimmung, meiner Kindheitsphantasie von
Hannibal, meiner Identifizierung mit Hannibal, dem Karthager
(Jude, nicht Römer) — ich, Sigmund Freud, verstehe diesen Cäsar.
Ich, Hannibal!

Und auch Cäsars Frau (wenn wir an unserer rein phantastischen
Sequenz von Ursache und Wirkung weiterbauen dürfen), auch
Cäsars Frau ist zu beachten. Diese bestimmte Dame war in dieser
bestimmten Anstalt nicht einmal in ambulanter Behandlung,
doch das konnte sich bald ändern. Man sah sie, wenn die anderen
gegangen waren, weiter im Wartezimmer herumsitzen. Immerzu
verlangte sie die Ärzte und den Direktor persönlich zu sprechen
und stand dabei allen im Weg. Man kannte das allmählich in der
Anstalt, der Direktor hatte eigens Anweisungen gegeben, daß
er nicht gestört werden durfte, er hatte sich gezwungen gesehen,
ihr die letzte Sprechstunde, die sie verlangte, zu verweigern; der
berühmte Spezialist war überarbeitet, es gab hier, überall gar zu
viel zu tun, verlockende persönliche Verwicklungen mußten um
jeden Preis vermieden werden. *Persönliche Verwicklungen?* Aber

die gute Frau würde nichts Eiligeres zu tun haben, als auch nur den Schatten einer solchen Absicht auf ihrer Seite abzustreiten. Aber war nicht gerade das ihr Problem? Sie war ihrem Mann ergeben gewesen, die Trennung machte ihr zu schaffen, sie selbst schien am Rand eines ernsten Zusammenbruchs zu stehen. Das war nur natürlich, nicht wahr, unter den tragischen Umständen? Doch diese Art von unterdrücktem neurotischem Symptom — *Symptom?* Diese Art von Trennung zwischen zwei lange verheirateten und einander ergebenen Menschen konnte ernste Nachwirkungen haben, eigentlich das ganze Nervensystem aus dem Rhythmus bringen, die haarscharf ausbalancierte Einstellung des seelischen Mechanismus selbst erschüttern. Ihr Kummer hatte sie erschöpft — die arme Frau —, und kein Wunder. Jemand sollte nach ihr sehen. Aber sie war nicht einmal in ambulanter Behandlung, wie kamen sie dazu, in die Privatverhältnisse der Frauen und Familien ihrer Patienten einzudringen? *Verhältnisse?* Cäsars Frau? Ja, sie war Cäsars Frau, offensichtlich über jeden Verdacht erhaben, eine anständige Frau, doch eine Frau aus Fleisch und Blut. Solche Dinge waren schon passiert. Wohin trugen ihn seine Gedanken? Es hatte hier andere Fälle gegeben — jenes Mädchen, dessen Zustand bei der Nachricht, ihr Mann würde möglicherweise, nach einer langen Zeit der Abwesenheit, aus Algier zurückkehren, sich vor Glück so gebessert hatte, daß Dr. Charcot, den man in diesem Fall konsultierte, selbst ihre zeitweilige Entlassung aus dem Hospital angeregt hatte. Ihre Gesundheit, so berichtete man, hatte sich nach ihrer Rückkehr zu ihrem Mann gebessert, aber *wenn der Mann wieder wegging, würden dann die Symptome zurückkehren?*

60

Dies ist offensichtlich keine historische Darstellung der vorbereitenden Schritte, die zu der Begründung eines neuen Zweigs der psychologischen Forschung und eines neuen Heilverfahrens, Psychoanalyse genannt, führten. Die tatsächlichen Fakten sind jedem zugänglich, der sich ernstlich mit Prof. Freuds Werk beschäftigt. Doch scheint mir, daß es irgendein derartiger innerer Denkprozeß gewesen sein könnte, der ihm das Thema eröffnete. Das *Thema?* Ich schreibe das Wort und frage mich, warum ich es schreibe. Es schien mir auf Musik anzuspielen — ja, musikalische Begriffe scheinen wirklich zwanglos auf den seltsamen und originellen

Prozeß intuitiven Denkens zu passen, durch welchen der Professor — als junger Wiener Arzt, den die Diagnosen seiner älteren
und erfahreneren Kollegen nicht immer befriedigt hatten — seine
ersten erstaunlichen Entdeckungen gemacht, entwickelt, erweitert
und vereinfacht hatte. Nicht nur, daß der junge Sigmund Freud
scharfsinnig, systematisch, gewissenhaft, subtil, klug, originell war
— das alles war er freilich auch. Nicht nur, daß er von einer Rasse
abstammte, die immer die Gelehrsamkeit verehrt und (wie die
Araber) trotz wiederholter Verfolgungen ein einzigartiges *Gefühl*
für die Medizin bewahrt hatte — daneben auch für die Mathematik
und bestimmte Formen abstrakten Denkens und Dichtens —, und
das zu einer Zeit, als (wie jetzt) die reinen und angewandten Wis-
senschaften von der wachsenden Zerstörungskraft des Menschen
und von der drohenden Rassentrennung überschattet schienen wie
von einem schwarzen Flügel. Er war ganz auf sich gestellt, und wir
dürfen uns vorstellen, daß er ungewöhnlich stolz war — obwohl
er doch auch über ein so herzliches Wesen, so höfliche Umgangs-
formen, einen so feinen Witz verfügte; man kam leicht mit ihm
aus, er war ein Meister der Konversation, jedem Thema, jedem
Gesprächspartner zu jeder Zeit gewachsen. Doch was war das Andere an ihm? Seine Erscheinung, seine Gewohnheiten, seine Lebensweise waren konventionell genug; auch seine schlimmsten
Feinde konnten an seinem Privatleben nichts auszusetzen finden;
er war von einer strengen Korrektheit, fast Orthodoxie, könnte
man sagen.

Der Punkt war: er schöpfte, bei all seiner verblüffenden Origina-
lität, aus einer Quelle, die in einer solchen Tiefe des menschlichen
Bewußtseins entsprang, daß die äußere Felsen- oder Schieferdecke,
die jahrhunderte- oder jahrtausendelange Anhäufung nachlässigen,
trägen oder gar falschen oder böswilligen Denkens die ursprüngliche Wasserader längst verschüttet hatte. Er nannte es »auf Öl
stoßen«, aber schon andere waren — vor langer Zeit — in denselben Springquell eingetaucht. Sie nannten ihn in den alten Zeiten
»eine Quelle lebendigen Wassers« oder einfach das »frische Wasser«. Der Professor verwendete für diese Quelle der Inspiration
die Metapher des Öls. Sie konzentrierte die abstrakte Vorstellung,
machte sie konkret, verwandelte sie in ein Symbol aus der modernen Geschäftswelt. Obwohl es offensichtlich war, daß er von einer
vagen, unauslotbaren Abstraktion sprach, verwendete er dafür ein
gemeingebräuchliches Symbol, fast einen Gemeinplatz. Er verwen-

dete die Sprache oder den Jargon des Bankhauses, der Wallstreet, das konkrete, bestimmte Bild eines Geschäftsmannes für eine Glückssträhne oder die Hoffnung auf Erfolg*. »Ich stieß auf Öl, aber es ist noch genug davon übrig, es reicht noch für 50, für 100 Jahre oder mehr.« Man kann sich den Professor schwer vorstellen, wie er feierlich sagt: »Ich schöpfte, kraft meiner Abstammung, aus der großen Quelle der Inspiration Israels und des Psalmisten — Jeremia mögen mich einige nennen. Ich stieß auf eine Quelle lebendigen Wassers, den Fluß des Lebens. Sein Wasser war hier trübe, dort hell. Umgestürzte Bäume, einige schon versteinert, hemmten seinen Lauf und eine Anhäufung vermodernder Blätter und Zweige. Ich sah den Lauf des Flusses und wie trübe sein Wasser war, und ich räumte selbst ein wenig von dem Kehricht beiseite, damit wenigstens ein kleiner Flußabschnitt wieder klares Wasser führte. Es gibt noch viel zu tun — Arbeit für 100 Jahre oder mehr —, so daß alle Menschen, alle Nationen sich vereinigen mögen, bis sie schließlich verstehen . . .« Aber nein, das war nicht die Sprache des Professors. »Ich stieß auf Öl« verweist auf ein geschäftliches Unternehmen. Wir erblicken im Geist starre Masten und skelettartige Stahlkäfige, unvollendeten Eiffeltürmen gleich. Und es gibt viele, wie ich wohl weiß, die die ganze Methode oder Wissenschaft der Psychoanalyse mit derartigen Begriffen fassen: sie sei ein Käfig, irgendeine mechanische Konstruktion, in einer dürren Wüste aufgestellt, um die Unachtsamen darin zu fangen, und wenn dabei »Öl« mit im Spiel ist, so geht das »Öl« jedenfalls an andere; da gibt es schlaue Ärzte, die einen »ausquetschen« mit ihren überstiegenen Honoraren für langwierige und teure Kuren. Im besten Fall ein zum Gähnen langweiliges Thema — laß die Hände davon — es ist abgenutzt und überholt; gewiß, sie war nach dem Ersten Weltkrieg eine ziemliche Mode unter den jungen Intellektuellen, aber die haben sich inzwischen als ein müder Haufen entpuppt, und überhaupt, was hat man seitdem von ihnen gehört?

---

* *Anm. d. Übers.:* Im Amerikanischen wird die Wendung »to strike oil« so allgemein im Sinn von »Glück haben« gebraucht wie im Deutschen allenfalls die Metapher »eine Goldmine finden« o. ä.; ein Halbsatz, der diesen Gebrauch hier weiter verfolgt, wurde in der Übersetzung, weil im Deutschen vollends unverständlich, gestrichen.

61

In der Tat, zum Gähnen langweilig. Ebenso finden die meisten Leute Äschylus zum Gähnen langweilig, und Sophokles, und Plato, und auch den alten Sokrates mit seiner ermüdenden Materie und seiner mehr als ermüdenden Methode. Die sokratische Methode? Dabei drehte es sich darum, in einem intellektuellen Wettkampf, beinahe wie beim Fechten, den Gegner anzustacheln, mit den Nadelstichen — nicht wahr? — oder Säbelhieben zustoßender Fragen, die schließlich die umstrittene Materie auf die Spitze trieben, so daß der Kampf offen und mit aufgeschlagenem Visier geführt werden konnte — es sei denn, der Rivale war schon beim Vorgeplänkel, beim ersten Zusammenprall des intellektuellen Stahls erschlagen worden. Etwas davon hatte auch die analytische Behandlungsmethode des Professors, aber es gab einen deutlichen Unterschied. Die Frage mußte vom Protagonisten selbst aufgeworfen werden, er mußte sie aus ihrem verborgenen Versteck ausgraben, er mußte selbst die Frage finden, bevor sie beantwortet werden konnte.

62

Er mußte selbst seinen eigenen Kehricht beiseiteräumen, bevor sein besonderer Strom, sein persönliches Leben, klar und ungehemmt in den großen Fluß der Menschheit einmünden konnte und von dort in das Meer der übermenschlichen Vollendung, das »Absolute«, wie es Sokrates und Plato nannten.

63

Aber wir leben heute, hier in einer Stadt von Trümmern, in einer, so könnte es scheinen, fast unheilbar in Trümmer gelegten Welt. Wir müssen die Flucht aus der Wirklichkeit in die grünen Auen oder die kühlen Arkaden der platonischen Akademie aufgeben — wenn auch jene Auen und Gärten viele in Trümmer gelegten Städte und manchen drohenden Weltuntergang überdauert haben; wir sind auf eine Diskussion des Absoluten, der absoluten Schönheit, der absoluten Wahrheit, der absoluten Güte nicht vorbereitet. Wir haben auf den Auen gerastet, wir sind an jenem frischen Wasser entlanggewandert, wir haben den Duft der Myrtensträucher hinter entfernten Hecken gespürt und die blühenden Zitronenhaine. *Kennst du das Land?** O ja, Professor, ich kenne es wohl. Doch kommt mir die Auflage in den Sinn, die Sie mir gemacht haben, und ich denke an meinen Mit-Schüler, dessen Platz ich, wie Sie sagen, eingenommen habe, meinen Waffenbruder, den Fliegenden Holländer, der intellektuell über das gewöhnliche Maß hinaus begabt war, der Inseln und Plantagen im Osten besaß und zur körperlichen und geistigen Disziplin des Westens erzogen war und doch zu hoch flog und zu schnell.

64

Gerade spricht der Professor sehr ernst mit mir. Schauplatz ist sein Studierzimmer in Wien, einige Wochen nach dem Beginn meiner Arbeit dort. »Ich habe nur eine einzige Bitte an Sie«, sagte er. Ich schreibe diese Worte, und schon habe ich dasselbe Gefühl von Angst, von Spannung, von drohender Verantwortung, wie ich es in jenem Augenblick hatte. Was in aller Welt kann er bloß sagen wollen? Was kann er von mir verlangen? Oder mir verbieten? Ein *Du sollt nicht* ist wahrscheinlicher als die positive Aufforderung zu einer Handlung oder Handlungsweise. Seine Miene war ernst, aber freundlich. Und trotzdem oder deswegen fühlte ich mich wie ein Kind, als hätte mich mein Vater in sein Studierzimmer bestellt oder meine Mutter in ihr Nähzimmer, oder als hätte mir ein Lehrer gesagt, ich solle nach der Schule, wenn die anderen gegangen seien, auf ihn warten, er habe mit mir, und zwar mit mir allein, noch »ein Wörtchen« zu reden. *Haltet den Dieb!* Was hatte ich getan? Was sollte ich wohl tun? »Ich habe nur eine einzige Bitte an euch Kinder« — genau die Worte meiner Mutter.

65

Denn der Professor steht in seinem Studierzimmer. Der Professor hat nur eine einzige Bitte an mich. Meine Ahnung hat mich nicht getäuscht, es ist ein *Du sollst nicht*. Er hat eine Bitte an mich, er vertraut mir, behandelt mich auf seine höfliche, subtile Art als intellektuell ebenbürtig. In dieser Sache ist er jedoch sehr bestimmt, und er erklärt sie mir geduldig. »Sie verstehen natürlich«: das ist

---

* *Anm. d. Übers.:* Im Original hier wie später deutsch.

die beiläufige Art, auf die er mir von Zeit zu Zeit irgendeine seltene Entdeckung, einen kostbaren Fund mitteilt, oder: »Vielleicht empfinden Sie anders darüber«, als stünden meine Empfindungen, meine Entdeckungen auf einer Ebene wie seine eigenen. Er stellt keine Gesetze auf, nur dieses eine Mal — dieses eine Gesetz. Er sagt: »Bitte versuchen Sie niemals — ich will damit sagen zu keiner Zeit, unter keinen Umständen —, mich zu verteidigen, wenn Sie Zeuge mißgünstiger Bemerkungen über mich und meine Arbeit werden.«

Er erklärte es sorgfältig. Er hätte ebenso gut eine Vorlesung über Geometrie halten oder den unaufhaltsamen Verlauf einer Krankheit, wenn der Virus erst einmal in das System eingedrungen ist, demonstrieren können. An dieser Stelle schien er darauf hinzuweisen (als hinge da an der Wand vor uns das Krankenblatt eines Fieberpatienten), daß bei der leisesten Andeutung, Sie setzten etwa zu einem Gegenargument zu meiner Verteidigung an, die Wut oder die Ohnmacht des Angreifers nur vertieft werden. Sie werden dem Verleumder nichts Gutes tun, wenn Sie irrigerweise eine logische Verteidigung beginnen, vielmehr den Haß oder die Angst oder das Vorurteil nur vertiefen. Sie werden sich selbst nichts Gutes tun, denn Sie werden nur Ihre eigenen Gefühle bloßstellen — ich setze voraus, daß Ihnen meine Entdeckungen etwas bedeuten, denn sonst wären Sie nicht hier. Sie werden mir und meiner Arbeit nichts Gutes tun, denn Feindschaft kann, hat sie sich erst einmal festgesetzt, nicht von der Oberfläche her ausgerottet werden und blüht gewissermaßen in der Hitze des Streites erst richtig auf und gräbt sich tiefer ein. Nur auf einem Weg können die Angst und das Vorurteil ausgerissen werden: von innen, von unten her, und da natürlich ein befangener oder verängstigter Geist dieses Typs unfehlbar schon vor der allerleisesten Anspielung auf eine psychoanalytische Behandlung oder auch nur, sagen wir einmal, auf Studien und Forschungen in dieser Richtung zurückschaut, kann man die Schwierigkeit nicht an der Wurzel packen. Jedes zu meiner Verteidigung gesprochene Wort, ich meine bereits befangenen Personen gegenüber, dient nur dazu, die Wurzel tiefer einzugraben. Wenn man die Sache ignoriert, wird der Angreifer seine Wut vielleicht aufgeben — oder sein Unbewußtes mag mit der Zeit auch ein anderes Objekt finden, das es mit seinen Fangarmen umschlingen kann ...

Das war im Kern sein Argument. Er hatte selbst eine neue Ter-

minologie erfunden, und sie war von der wachsenden Gruppe von
Ärzten, Psychologen und Nervenspezialisten, die die etwa furcht-
erregende Gruppe der Internationalen Psychoanalytischen Vereinigung bilden, gründlich ausgearbeitet worden — aber in unseren
gemeinsamen Gesprächen gebrauchte er nur selten einen der inzwischen ziemlich ausgelaugten technischen Begriffe. Als ich bei einer
Gelegenheit ein Problem zu erklären versuchte, bei dem mein Geist
in zwei Richtungen gleichzeitig zerrte, sagte ich: »Ich nehme an,
Sie würden das einen Fall von Ambivalenz nennen.« Und als er
mir nicht gleich antwortete: »Oder sagen Sie Am*bi*valenz? Ich
weiß nicht, ob man es Ambiva*lenz* oder Am*bi*valenz ausspricht*.«
Der Arm des Professors schoß vor, wie immer bei jenen Gelegenheiten, wo er ein Ergebnis betonen oder meine Aufmerksamkeit
auf einen gerade bearbeiteten Punkt konzentrieren wollte; er sagte
in seiner merkwürdig beiläufigen, ironischen Art: »Wissen Sie, das
habe ich mich auch immer gefragt. Ich wünsche mir oft, ich könnte
jemand finden, der mir diese Probleme erklärt.«

66

Es gab so viel zu erklären und so wenig Zeit dafür. Zum Beispiel mein Schlange-und-Distel-Motiv oder -Leitmotiv, wie ich fast
geschrieben hätte. Es war gewiß ein Zeichen oder Symbol — es
kann gar nicht anders sein —, aber selbst wenn ich unter der Handvoll alter Ringe in der Ecke des Regals im anderen Zimmer ein
Gegenstück zu dem Siegelring, den ich in Paris sah, gefunden
hätte, es hätte nichts bewiesen oder hätte uns vielleicht zu weit in
eine Diskussion oder Rekonstruktion von Ursache und Wirkung
abgeführt; in ihrem Verlauf konnten natürlich auch kostbare
Schätze zutage gefördert werden, Perlen und Juwelen unter den
sogenannten Entdeckungen im Unbewußten, wie es durch den
Trauminhalt oder die damit verknüpften Gedanken und Erinnerungen offenbart wird, das gerade bearbeitete Thema wäre jedoch auf
ein Nebengeleis abgeschoben worden. Meine Schlange und Distel
— woran erinnerten sie mich? Da war natürlich Arons Stab, der
sich, auf den Boden geschleudert, in ein lebendiges Reptil verwan-

---

* *Anm. d. Übers.:* Im Englischen »am-*bi*-valence« und »ambi-*valence*«; die
Subtilität der Pointe geht in der Übersetzung verloren — tatsächlich sind im
Englischen beide Aussprachen möglich, wenn auch die Betonung auf der
zweiten Silbe gebräuchlicher ist.

delte. Reptil? Arons Stab war, wenn ich mich nicht irre, ursprünglich Moses Stab. Da war Mose im Schilf, »unser« Traum und »unsere« Prinzessin. Da war der Boden, den Gott verfluchte, weil Adam
und Eva von der Frucht des Baumes gegessen hatten. Hinfort würde er Dornen und Disteln tragen — Dornen, Disteln, die Worte
beschwören dieselbe Szene herauf, die dürre, unfruchtbare Wüste
oder Einöde. *Kann man auch Trauben lesen von den Dornen oder
Feigen von den Disteln?* Noch eine Frage, noch ein Fragezeichen,
ein halbes *S,* auf den Kopf gestellt, *S* wie *S*iegel, *S*ymbol, wie
*S*chlange schon gar, und *S*ignum, *S*igmund.

67

Sigmund, die singende Stimme; nein, es heißt natürlich Sieg-
mund, der sieghafte Mund oder Ausspruch oder die sieghafte Stim-
me. Da war die Siegesgöttin, unser Zeichen an der Wand, unsere
Hieroglyphe, unsere Schrift. Da war die winzige Bronzefigur, sein
Lieblingsstück im Halbkreis der Götter oder, wie »andere lesen:
Güter«, auf seinem Tisch. Da war Nike, Sieg, und Nike A-pteros,
der Flügellose Sieg, denn niemals konnte, niemals würde der Sieg
wegfliegen aus Athen. Da war Athen, eine Stadt, erbaut auf einem
Hügel; Hügel, Berg; da war die Berg-Gasse, der Hügel und der
Weg. Am Haus waren — nicht wahr? — stilisierte Akanthusblätter,
die aufstrebende korinthische Kapitelle krönten. Und das lateinische
»acanthus« wie das verwandte griechische Wort »akantha« bedeuten Dorn oder Stachel. Da waren als Schmuckwerk die Hieroglyphen formelhafter Akanthusblätter, ein ganz klassisches Symbol;
und da war schließlich, so hat man uns erzählt, eine Dornenkrone.

68

Doch greifen wir zu unserem kleinen, kurzgefaßten Griechischen
Wörterbuch, und schlagen wir »akantha« nach! Ja — von »aké«:
die Spitze, die Schneide, von daher die stachelige Pflanze, die
Distel; auch der Dornbusch, der Dornbaum. *Der Dornbaum.* Stand
unsere Distel als Zeichen oder Sigel für alle Dornbäume? Vielleicht
sogar für jenen ganz einzigartig stachligen Baum der Erkenntnis
des Guten und Bösen, der ohne seine Schlange nicht zu denken
ist? Es gab und gibt viele verschiedene Arten von Schlangen. Da
gab es z. B. neben vielen anderen jene Schlange der Weisheit, die

sich zu Füßen der Göttin Athene ringelte und eines ihrer Attribute war, wie der Speer (»aké«: die Spitze), den sie in der Hand hielt — obwohl wir nicht sicher sein können, daß es ein Speer war, den die vollkommene kleine Bronzefigur des Professors einst in der Hand hielt. Es könnte auch ein Stock oder Stab gewesen sein.

69

Dein Stecken und Stab. In England zieht man unsere amerikanische Goldrute, die im Spätsommer die Felder und alle Wegraine und die Ränder aller kleinen Wäldchen überschwemmt, in schmukken Büscheln in den Gärten und nennt sie Arons Stab. Die Goldrute bringt uns zum »Goldenen Zweig«; Plato war es, dem Meleager in der Griechischen Anthologie den goldenen Zweig zuerteilte, der ewig aus eigenem Licht erstrahlt. Und der Professor überreichte mir eines Tages im Winter ein kleines Geschenk. Er erklärte mir, sein Sohn habe aus Südfrankreich durch die Post (oder durch einen Bekannten, der aus dem Midi nach Wien zurückkehrte) eine Schachtel Orangen geschickt, und darunter waren auch einige Zweige, noch mit den Blättern daran. Er meinte, vielleicht würde ich gern einen davon haben. Ich nahm den Zweig, ein winziges Bäumchen in sich selbst, mit seinem Büschel goldener Früchte. Ich bedankte mich bei dem Professor. Zumindest muß ich irgendeine Phrase gemurmelt haben, irgend so etwas wie: »Wie hübsch — wie reizend von Ihnen.« Wußte er, wußte er jemals, oder wußte er jemals *nicht,* was mir in diesem Moment durch den Kopf ging? Ich sprach nicht aus, was ich aus Zeitmangel nicht in Worte fassen konnte, und auch wenn ich für mehr als ein oberflächliches »Wie hübsch — ganz reizend« Zeit gehabt hätte, ich hätte mich nicht darauf verlassen können, daß ich die Worte ausgesprochen hätte. Sie waren da. Sie sangen. Sie sangen weiter, wie das Echo eines Echos in einer Muschelschale — sehr weit weg und doch sehr nahe —, sangen in der Muschelschale, die der Schädel ist, die Substanz meines äußeren Ohrs und die Windungen oder Krümmungen der zusammengerollten Kalkschale und im Innern des Schädels die zusammengerollte, verschlungene Molluske, einem Einsiedler gleich, die Gehirnmasse selbst. Gedanken sind Dinge — und manchmal Gesänge. Ich mußte mich nicht auf die Worte besinnen, ich hatte sie nicht geschrieben. Eine andere Molluske unter einer harten Knochendecke oder Schale hatte diese Worte projiziert. Es gab eine Melodie darauf, die ein dritter singender Schädel gemacht hatte. Nein, nicht die Musik Schumanns — so reizend sie ist —, es gab eine Melodie, die wir als Schulkinder sangen, eine andere Musikfassung derselben Worte. Und sogar ohne Musik singen die Worte sich selbst, und so macht es nichts, daß ich das »Lied«, wie wir es summten, nicht herausfinden kann. *Kennst du das Land?*

70

Kennst du das Land, wo die Zitronen blühn?

Die Worte kommen mir mit einer Frische und Schärfe ohnegleichen wieder in den Sinn, denn endlich kann ich mich, nach dieser langen Wartezeit, ohne unerträgliche Angst und überwältigendes Herzweh wieder an jene Sitzungen in Wien erinnern. Der Krieg schlug über uns zusammen, bevor ich Zeit hatte, die einzigartige Reihe von Ereignissen und Träumen zu sortieren, neu zu durchleben und neu zusammenzufügen, die der historischen Zeit nach zur Periode 1914—1919 gehörten. Ich wollte in die Tiefe graben und mein persönliches Unkraut ausgraben, ausrotten, meine Entschlußkraft stärken, mich meines Glaubens neu versichern, meine Energien kanalisieren, und ich ergriff die unerwartete Chance, mit Professor Freud persönlich zusammenzuarbeiten. Ich hätte es niemals gewagt, an ihn heranzutreten, noch wäre mir auch nur die Idee gekommen, mich zu erkundigen, ob ich es wagen könnte, wenn mir Dr. Sachs nicht diesen Vorschlag gemacht hätte. Ich hatte mit Dr. Hanns Sachs in Berlin einige faszinierende Vorgespräche geführt und wollte mit ihm weiterarbeiten, doch stand er vor seiner Abreise nach Amerika. Dr. Sachs fragte mich, ob ich es in Erwägung ziehen würde, mit dem Professor zu arbeiten, wenn er mich nehmen würde. Wenn er mich nehmen würde? Es schien ein absolut phantastischer Vorschlag zu sein, und es kam mir höchst unwahrscheinlich vor, daß Freud persönlich mich als Analysandin oder Studentin in Erwägung ziehen würde. Doch *wenn* der Professor mich akzeptieren würde, bliebe mir in der Sache nicht die geringste Wahl. Ich würde natürlich zu ihm gehen.

71

Ich habe weiter oben in diesen Aufzeichnungen gesagt, daß die

Erklärungen des Professors zu erhellend oder zu deprimierend waren. Ich meinte damit, daß wir es auf irgendeine seltsame Weise geschafft hatten, den Dingen an die Wurzel zu gehen, *heute haben wir sehr tief gebohrt;* und auf eine andere, noch seltsamere Weise hatten wir uns dem klarsten Urquell der tiefsten Wahrheit genähert, so etwa in dem leuchtenden *wirklichen* Traum von der Prinzessin und dem Fluß, der im Bereich dessen lag, was man im allgemeinen als das Übernatürliche kennt; aus den Bereichen, aus denen jene Szene oder jenes Bild stammte, empfingen die »illuminati« ihre — »Beglaubigungen« scheint, da ich es schreibe, ein seltsames Wort, doch es »schrieb sich von selbst«. Mein Prinzessinnenbild war ein Einzelstück aus einer erlesenen, endlosen Folge in einem *illuminierten Manuskript* und hat unter Büchern und Manuskripten seinen Platz in jener Rubrik; die Träume sind — ich wiederhole mich — verschieden wie die Menschen, denen wir begegnen, wie die Bücher, die wir lesen. Die Bücher und die Menschen verschmelzen in dieser Welt der Phantasie und Einbildungskraft; dennoch können wir bei äußerstem Glück und Geschick zwischen Träumen und zwischen den Typen verschiedener Phantasien differenzieren. Da gibt es die banalsten und langweiligsten Träume, die Zeitungskategorie — doch selbst hier finden wir manchmal in einer alten Zeitung unter dem Schund, den oft schäbigen und banalen Berichten über Tagesereignisse, den Schatten einer Ewigen Wahrheit oder ein Zitat aus der Rede eines großen Mannes oder irgendeine Erzählung von einer Heldentat. Der Druck der Seiten ist verschieden, billiger Zeitungsdruck, guter Druck, schlechter Druck, verschmierter und nicht die Linie haltender Druck — da gibt es die großlettrigen Wörter in einer Reklame oder den fast unlesbaren Perldruck; da gibt es die riesigen Großbuchstaben auf der ABC-Tafel oder den Bauklötzen eines Kindes; Buchstaben oder Ideen können gleichsam schief über eine Seite laufen; sie können Stereotypien und gar nicht zum »Lesen« gedacht sein, sondern als ein Test, wie zum Beispiel die symmetrischen Buchstaben — die nicht notwendig etwas »bedeuten« — auf der Tafel eines Arztes oder Augenspezialisten an der Wand in seinem Büro oder über dem Bett in einem Krankenhaus. Es gibt Träume oder Traumsequenzen, die einer Linie folgen, wie sie die Kurve auf einem Meßtischblatt beschreibt, oder ein zackiges Dreiecksmuster zeigen, ähnlich dem Sprung in einer Schale, der zeigt, daß die Schale jeden Moment in Stücke zerspringen kann; wir alle kennen jene fast unsichtbare, haarfeine Linie in der wohlgehüteten gläsernen Butterdose, der ankündigt, daß sie früher oder später »mir in den Händen zerbrechen« wird — eher früher.

Es gibt all diese Gestalten, Linien, Kurven, die *Hieroglyphen des Unbewußten,* und der Professor hatte als erster dieses unermeßliche, unerforschte Gebiet dem Studium erschlossen. Er beklagte selbst — zumindest mir persönlich gegenüber — die Tendenz, Ideen zu bestimmt in festen Symbolen zu *fixieren* oder sie unerbittlich zusammenzuschweißen. Zwar begann er selbst damit, die unermeßliche Anhäufung von Material aus dem unbewußten Seelenleben zu entziffern oder zu entschlüsseln; er war es, der »auf Öl stieß«, aber die Verwendung des »Öls«, was man daraus machen konnte oder sollte, konnte von seinem ursprünglichen »Förderer« nicht gänzlich reguliert oder überwacht werden. Er stieß auf Öl; gewiß war da »etwas zu holen«; ja, ein unermeßliches Feld stand der Erforschung und — leider — der Ausbeutung offen. Da waren die uralten Götter, in ihrem Halbkreis aufgereiht auf dem Tisch des Professors, der, ich wiederhole es, wie der Hochaltar im Allerheiligsten stand. Da waren jene Götter, jeder das gemeißelte Symbol einer Idee oder eines unvergänglichen Traums, für die einige lesen: Güter.

72

Es gibt die klugen und die törichten Jungfrauen und ihre unterschiedlichen Lampen. *Du salbest mein Haupt mit Öl* — dem Öl des Verstehens — *und schenkest mir voll ein,* oh ja. Doch ich plane mit diesen Notizen eine persönliche Rekonstruktion von Absichten und Eindrücken. Ich hatte meine vorbereitenden Forschungen in der Absicht begonnen, mich so zu wappnen und auszurüsten, daß ich dem Krieg, wenn er kam, gegenübertreten und, falls sich meine Ausbildung als zureichend und meine Begabung als geeignet erwies, Menschen etwas Unterstützung bieten konnte, die der Krieg erschüttert und niedergeschmettert hatte. Doch an meine eigentliche persönliche Erschütterung durch den Krieg (1914—1919) kam ich gar nicht mehr heran. Meine Sitzungen mit dem Professor waren kaum angelaufen, als sich schon die bevorstehende Feuerprobe in den ersten Vorzeichen und Symbolen bemerkbar machte. Und der Feind, den ich ursprünglich in offener Schlacht bekämpfen wollte, der Krieg, seine Ursache und Wirkung, darunter seine unvermeidlichen Spätfolgen, neurotische Zusammenbrüche und verwandte Nervenstörungen, grub sich nur tiefer ein. Wenn schon das Totenkopfzeichen, das Hakenkreuz, mit Kreide auf den Gehweg gemalt wurde und genau zur Haustür des Professors führte, blieb mir nichts anderes mehr übrig, als in aller Bescheidenheit meine eigene, persönliche Phobie, meinen eigenen, persönlichen kleinen Drachen des Kriegsschreckens zu besänftigen, so gut es ging, und ihm, jedenfalls für den Augenblick, mit aller Macht, über die ich verfüge oder gebieten konnte, den Rückzug zu befehlen, zurück in seine unterirdische Höhle.

Dort knurrte er und biß auf seine Ketten und wurde erst dann endlich freigelassen, als der volle apokalyptische Schrecken von Feuer und Schwefel, Sturmwind, Flut und Ungewitter, der Schrecken des biblischen Tages des Gerichts und der Letzten Trompete nicht länger eine abstrakte Größe war, zu furchtbar, um daran zu denken, sondern zu etwas wurde, was man jeden Tag, jede Nacht, und einmal jede Stunde des Tages und der Nacht in eigener Person erlebte — ich selbst und meine Freunde und all die herrlichen und all die grauen und gewöhnlichen Menschen in London.

73

Und das freundliche Wesen, das ich hätte anflehen mögen, hatte den Professor all dem enthoben. Er war von uns gegangen, bevor Bomben, Explosion und Feuer unsere Stadt verwüstet hatten; er war eine Handvoll Asche, die man in einem der Gärten des Gedenkens außerhalb von London in einer Urne hütete oder unter Gras und Blumen gestreut hatte. Ich nehme an, es muß dort eine Marmorplatte an der Gartenmauer geben oder ein kleines Kästchen in einer Nische an einem Gartenweg. Ich bin nicht einmal hingegangen, um nachzusehen, um einen vertrauten Namen, vielleicht mit einem Datum, zu betrachten und einen Weg entlang zu wandern, den eine gestutzte Eibenhecke oder, wahrscheinlicher, duftender, staubgrüner Lavendel säumt, und an den Professor zu denken. Denn unser Garten des Gedenkens liegt anderswo.

Kennst du das Land, wo die Zitronen blühn,
Im dunklen Laub die Goldorangen glühn,
Ein sanfter Wind vom blauen Himmel weht,
Die Myrte still und hoch der Lorbeer steht,
Kennst du es wohl?

Dahin! Dahin
Möcht' ich mit dir, o mein Geliebter, ziehn!

Kennst du das Haus? auf Säulen ruht sein Dach,
Es glänzt der Saal, es schimmert das Gemach,
Und Marmorbilder stehn und sehn mich an:
Was hat man dir, du armes Kind, getan?
Kennst du es wohl?
Dahin! Dahin
Möcht' ich mit dir, o mein Beschützer, ziehn!

Kennst du den Berg und seinen Wolkensteg?
Das Maultier sucht im Nebel seinen Weg,
In Höhlen wohnt der Drachen alte Brut,
Es stürzt der Fels und über ihn die Flut:
Kennst du ihn wohl?
Dahin! Dahin
Geht unser Weg; o Vater, laß uns ziehn!

74

Ich habe gesagt, daß diese Eindrücke viel mehr mich ergreifen müssen, als daß ich sie ergreife. Der allererste Eindruck führt mich zum Anfang zurück, zu meiner ersten Sitzung mit dem Professor. Paula hat die Tür geöffnet (allerdings wußte ich damals noch nicht, daß das hübsche kleine Wiener Mädchen Paula hieß). Sie hat mir den Mantel abgenommen und mich mit irgendeiner Bemerkung willkommen geheißen, die mich in leichte Verlegenheit gebracht hat, weil ich noch englische Gedanken denke und nur auf englische Worte prompt reagiere. Sie hat mich in das Wartezimmer mit den Spitzengardinen am Fenster gewiesen; gerahmte Photographien von Berühmtheiten hängen an den Wänden, einige sind mir persönlich bekannt; Dr. Havelock Ellis und Dr. Hanns Sachs starren mich an, vertraut, doch ein wenig verzerrt in ihren Rahmen unter dem spiegelnden Glas. Da ist die bescheidene, in hohen Ehren gehaltene gerahmte Urkunde der kleinen Universität in Neu-England, die ich später genauer untersuchte, und die makabre, detaillierte symbolische Zeichnung im Dürerstil, ein »Lebendig begraben« oder so etwas Ähnliches in dieser Denkrichtung. Ich warte in diesem Zimmer. Ich weiß, daß Professor Dr. Sigmund Freud die Tür mir gegenüber öffnen wird. Obwohl ich es weiß und mich jetzt schon einige Monate auf diese Feuerprobe vorbereitet habe, bin ich dennoch verblüfft, überrascht, sogar schockiert, als sich die Tür öffnet. Ich habe den Eindruck, nach der langen Wartezeit, daß er zu plötzlich erscheint.

Automatisch gehe ich durch die Tür. Sie schließt sich. Sigmund Freud sagt nichts. Er wartet darauf, daß ich spreche. Ich kann nicht sprechen. Ich schaue mich im Zimmer um. Als eine Liebhaberin griechischer Kunst mache ich automatisch eine Bestandsaufnahme dessen, was das Zimmer enthält. Unschätzbar köstliche Stücke sind hier auf den Regalen rechts, links von mir ausgestellt. Man hat mir manches von dem Professor, seiner Familie, seiner Lebensweise erzählt. Ich habe gewisse persönliche Anekdoten gehört, die den Lesern seiner Bücher im allgemeinen nicht zu Ohren kommen. Ich habe seine Verehrer ihn mit Liebe kritisieren und seine Feinde ihn mit guten Gründen beschimpfen hören. Ich weiß, daß er vor etwa fünf Jahren oder so einen sehr schweren Neuausbruch einer früheren ernsten Krankheit erlebte und man ihn erneut wegen jener besonders bösartigen Form von Mund- oder Zungenkrebs operierte, und daß er durch ein Wunder (zum Erstaunen der Wiener Spezialisten) wieder genas. Es scheint mir, auf irgendeine seltsame Weise, daß wir beide zu irgendeinem Zweck »wunderbar gerettet« wurden. Doch ist das alles ein Gefühl, eine Atmosphäre — etwas, das ich erkenne oder wahrnehme, aber nicht eigentlich in Worte oder Gedanken fasse. Ich hätte es nicht einmal aussprechen können, wenn ich es in jenem Augenblick erkannt hätte. Ich weiß, daß es ein großes Privileg ist, hier zu sein, das erkenne ich wirklich. Ich bin hier, weil Dr. Hanns Sachs mir vorschlug, hierher zu kommen, und dem Professor von mir schrieb. Dr. Sachs hatte mit Liebe über den Professor geredet und manchmal mit sanfter Ironie von der »armen Frau Professor« gesprochen. Aber niemand hatte mir erzählt, daß dieses Zimmer ringsum voller Schätze steht. Ich wollte den Alten Mann des Meeres begrüßen, doch niemand hatte mir von den Schätzen erzählt, die er aus der Meerestiefe geborgen hatte.

75

Er ist hier zu Hause. Er ist mit diesen Schätzen verwachsen. Ich bin von weither gekommen. Ich habe nichts mitgebracht. Er hat

seine Familie, die ungebrochene Tradition einer Familie, die weit
zurückreicht, durch dieses alte Kernland des Römischen Reiches
hindurch und bis ins Heilige Land.

> *Ah, Psyche, from the regions which*
> *Are Holy Land!**

Er ist das ur-uralte Symbol, er wägt die Seele, Psyche, in der
Waage. Begrüßt die Seele, wenn sie die Pforten des Lebens passiert
und das Haus der Ewigkeit betritt, den Hüter der Tür? Es scheint
so. Ich hätte erwartet, daß der Türhüter, der doch jenseits der
Schwelle zu Hause ist, die zitternde Seele begrüßen würde. Nicht
so der Professor. Doch als er, nach langem Warten, merkte, daß
ich nicht sprechen wollte oder konnte, brach er das Schweigen. Was
er sagte — und ich glaubte, etwas traurig —, war: »Sie sind der
einzige Mensch, der je in dieses Zimmer kam und die Dinge im
Zimmer ansah, bevor er mich ansah.«

Doch es sollte noch schlimmer kommen. Ein kleines, löwenglei-
ches Wesen trottete auf mich zu — eine Löwin, wie sich heraus-
stellte. Sie war aus dem Allerheiligsten aufgetaucht oder aus
ihrem Versteck unter oder hinter der Couch zum Vorschein gekommen; wie auch immer, sie verfolgte unbeirrt ihren Weg über den
Teppich. Verlegen, scheu, überwältigt beuge ich mich nieder, um
dieses Wesen zu begrüßen. Doch der Professor sagt: »Rühren Sie
sie nicht an — sie schnappt zu — sie ist sehr schwierig mit Fremden.« *Fremden?* Ist die Seele, die die Schwelle überschreitet, für
den Türhüter eine Fremde? Es hat so den Anschein. Doch obwohl
ich keine beglaubigte Hundeliebhaberin bin, mag ich Hunde, und
sie werden seltsamer- und oft unerwarteterweise schnell »warm«
mit mir. Wenn dies eine Ausnahme ist, bin ich bereit, das Risiko
einzugehen. Uneingeschüchtert, doch bekümmert durch die etwas
ablehnende Art des Professors, setze ich nicht nur meine Bewegung
hinab zu dem kleinen Chow fort, sondern gehe dazu noch in die
Hocke, so daß die Hündin, wenn sie denn will, nun erst recht zu-
schnappen kann. Jofi — sie heißt Jofi — schmiegt ihre Schnauze
in meine Hand und reibt ihren Kopf in zarter Zuneigung an meiner
Schulter.

---

* Die Schlußzeilen des Poe-Gedichts »To Helen«: »Ah, Psyche, aus Regionen,
die / sind Heiliges Land.«

76

So kann ich wieder sagen, der Professor hatte nicht immer recht. Das heißt, doch, er hatte immer recht in seinen Urteilen, aber meine Art des Rechthabens, meine Intuition, funktionierte manchmal um den Bruchteil einer Sekunde (auf den in der spirituellen Zeitrechnung alles ankommt) schneller. Ich reagierte in einigen Fällen, wo Intuition erfordert war, rascher, und manchmal reichte eine kleine Wurzelfaser von jenem großen, gemeinsamen Baum der Erkenntnis tiefer in den Untergrund. Seine Sache waren die großen Riesenwurzeln jenes Baumes, doch meine zitterten manchmal mit haarfeinen, fast unsichtbaren Fühlern ein Warnsignal oder lösten ein Problem, wie etwa als mich jenes Wort *Fremde* so vor den Kopf stieß. »Wir werden es ihm zeigen«, entgegnete das unsichtbare Würzelchen der Intuition, und ohne daß der Gedanke Gestalt annimmt, sind die Worte »Lieber Hund, hab mich lieb« da und lenken mein Verhalten. »Er wird schon sehen, ob ich wirklich gleichgültig bin«, schnappt meine *Emotion* zurück, wenn auch wortlos. »Wenn er so weise, so klug ist«, sendet das kleinstmögliche Untergrundwürzelchen seine Botschaft, »dann zeig ihm, daß auch du weise und klug bist. Zeig ihm, daß du deine eigene Methode hast, etwas über Leute herauszufinden, und dazu nicht ihre bloße, äußere, gewöhnliche Erscheinung anzusehen brauchst.« Meine Intuition fordert den Professor heraus, wenn auch wortlos. Jene Intuition kann man nicht wirklich in Worte übersetzen, doch wenn man es könnte, würde sie, grob gesagt, etwa so reden: »Warum sollte ich Sie ansehen? Sie sind in den Dingen enthalten, die Sie lieben, und wenn Sie mich beschuldigen, ich sähe die Dinge im Zimmer an, bevor ich Sie ansehe, nun, so werde ich weiter die Dinge im Zimmer ansehen. Eines von ihnen ist diese kleine goldgelbe Hündin. Sie schnappt zu, ja? Sie nennen mich eine Fremde, ja? Nun, ich werde Ihnen zwei Dinge zeigen: erstens, ich bin keine Fremde; und zweitens, auch wenn ich es noch vor zwei Sekunden gewesen wäre, bin ich es doch jetzt nicht mehr. Und darüber hinaus war ich nie eine Fremde für diese kleine goldgelbe Jofi.«

Die Herausforderung ohne Worte geht weiter: »Sie sind ein großer Mann. Ich bin von Verlegenheit überwältigt, ich bin scheu und verängstigt und linkisch wie ein hochaufgeschossenes Schulmädchen. Aber hören Sie zu. Sie sind ein Mann. Jofi ist ein Hund. Ich bin eine Frau. Wenn dieser Hund und diese Frau miteinander

›warm‹ werden, wird das beweisen, daß es jenseits Ihrer beißen-
den unausgesprochenen Kritik — wenn es denn eine Kritik ist —
noch einen anderen Bereich von Ursache und Wirkung, einen anderen Bereich von Frage und Antwort gibt.« Zweifellos gewann
der Professor aus der ersten Reaktion eines neuen Analysanden
oder Patienten einen wichtigen Hinweis. Ich war nun einmal auf
so etwas nicht vorbereitet. Ich hätte es noch mehr büßen müssen,
wäre ich es gewesen.

77

»Ob nun zufällig oder geplant«, ich begann diese Aufzeichnungen
am 19. September. Ich schlage in meinem Kalender »Geheimnisse
der Alten« nach und finde, daß Dr. W. B. Crow diesem Datum folgende Zuschreibung gegeben hat: »Thot, ägyptische Form des
Merkur. Führt die Waage der Gerechtigkeit. *St. Januarius.*« Und
wir wissen von *Janus,* dem alten römischen Wächter über Tore und
Türen, dem Schutzherrn des Monats Januar, der ihm geweiht war
wie alle »Anfänge«.

Janus hatte zwei Gesichter, die in entgegengesetzte Richtungen
zeigten, genauso wie Türen oder Tore, je nachdem ob sie offen oder
zu sind. Hier in diesem Zimmer hatten wir Ein- und Ausgang. Ich
habe auch die vier Seiten des Zimmers notiert und das Problem
der vierten Dimension berührt: die »zusätzliche Dimension, dem
Raum durch eine hypothetische Spekulation zugeschrieben«, heißt
die etwas komische Wörterbuchdefinition. Der alte Janus war auch
der Hüter der Jahreszeiten, der Zeitenfolge von Frühling, Sommer,
Herbst und Winter. Thot war der ursprüngliche Gott des Messens,
der ägyptische Prototyp des späteren griechischen Hermes. Ich
stellte bereits die Verbindung her mit dem noch späteren römischen
Merkur, unserem Fliegenden Holländer.

Was mich selbst betrifft, so gab es da eine Geschichte, die ich
liebte; ich hatte sie völlig »vergessen«; jetzt kommt sie mir plötzlich wieder in den Sinn. Die Geschichte handelte von einem alten
Leuchtturmwärter, der Captain January hieß, und einem schiff-
brüchigen Kind.

Wir haben mit unseren Untersuchungen, unseren »Studien«,
eben erst angefangen, der alte Professor und ich.

78

Dies ist erst der Anfang, doch ich lernte unlängst (wieder aus Dr. Crow), daß »das Siegel der Schule des Hippokrates das Tau-Kreuz zeigt, um das sich die Schlange windet — genau die Figur, in der die früheren christlichen Künstler die Schlange darstellten, die Mose in der Wüste aufgerichtet hat.« Mein Schlange-und-Distel-Motiv steht hierzu offensichtlich in einer verborgenen Beziehung.

Es war der Asklepios der Griechen, den man den *Arzt ohne Fehl und Tadel* nannte. Er war der Sohn der Sonne, des Phoebus Apoll, und Musik wie Medizin waren dieser Quelle des Lichtes gleichermaßen geweiht. Jener Halbmensch, Halbgott ging (so sprach das Fatum) ein wenig zu weit, als er anfing, die Toten tatsächlich aufzuerwecken. Er wurde von dem Donnerkeil einer rächenden Gottheit zerschmettert, doch Apoll mißachtete den Zorn seines Vaters und versetzte Asklepios unter die Sterne. Unser Professor stand diesseits der Pforte. Er gab nicht vor, er könne die Toten zurückholen, die bereits die Schwelle überschritten hatten. Aber aus toten Herzen, wunden Seelen und ungelenken Körpern erweckte er eine Schar lebendiger Kinder.

Eines dieser Kinder hieß Mignon. Gewiß nicht mein Name. Freilich, ich war klein für mein Alter, »mignonne«; aber ich war nicht hübsch, sagten sie, und ich war nicht schlau und schnell und klug wie mein Bruder. Mein Bruder? Soll ich meines Bruders Hüter sein? Es scheint so. Sehr viele dieser Brüder fielen auf den Feldern Frankreichs, in jenem ersten Krieg. Sehr viele sind seither gefallen. Zahllos sind die jungen, geflügelten Merkure, die, ausgewogen, diszipliniert und heldenhaft sie alle, doch vom Himmel gestürzt sind und sich zur großen Schar der Toten gesellt haben. Der Totengeleiter? Das war der Hermes der Griechen, der dieses Attribut vom Toth der Ägypter übernahm. Das *T* oder Tau-Kreuz wurde zum schlangenumwundenen Merkurstab, der wieder dem *T* oder Tau-Kreuz entspricht, das Mose in der Wüste aufrichtete.

Soll ich meines Bruders Hüter sein? Soweit meine undisziplinierten Gedanken es mir erlauben ... und weiter, als mich meine disziplinierten bringen können. Denn der Professor hatte nicht immer recht. Er wußte nicht — oder doch? —, daß ich die Dinge in seinem Zimmer ansah, bevor ich ihn ansah — weil ich wußte, daß

die Dinge in seinem Zimmer Symbole der Ewigkeit waren und ihn
damals so enthielten, wie ihn jetzt die Ewigkeit enthält.

79

Dieser alte Janus, der geliebte Leuchtturmwärter, der alte
Captain January, verschloß die Tür gegen transzendentale Speku-
lationen oder übertrug zumindest diese dunkle oder verborgene
Symbolwelt auf die dunklen oder verborgenen Bereiche der persönlichen Reaktionen, Träume, Gedankenassoziationen oder Gedanken»übertragungen« der einzelnen menschlichen Seele. Um den
einzelnen Menschen ging es ihm, um seine individuellen Reaktionen
auf die Probleme des Alltags, um die Beziehungen des Kindes zu
seiner Umwelt, seinen Freunden, seinen Lehrern und vor allem
seinen Eltern. Und was geschah, wenn dieses Leben vorbei war . . .?
Was diese Frage betraf, so hatten wir als Individuen, als Angehö-
rige *einer* Rasse, *einer* umgreifenden Bruderschaft, die doch viele
verschiedene, individuelle Zweige enthielt, aus den erleuchtenden
Lehren des Meisters, der unserem Zeitalter seinen Namen gab,
so wenig Nutzen gezogen, daß sich mit gutem Recht ein Prophet
in der alten Tradition Israels erheben, die Tür gegen Visionen von
der Zukunft, vom Nachleben zuschlagen und sich selbst davor
aufstellen konnte wie der römische Zenturio vor dem Tor in
Pompeji, der nicht von seinem Posten vor dem Torweg wich, da er
keine entsprechenden Befehle erhalten hatte, und über den spätere
Generationen staunten, wie er so dastand, einbalsamiert in erstarr-
ter Lava, erhalten durch denselben Feuer- und Aschenregen, der
ihn vernichtet hatte.

»Zumindest haben sie mich nicht auf dem Scheiterhaufen ver-
brannt.« Sagte der Professor das von sich selbst, oder sagte es
jemand anderes von ihm? Ich glaube, er sagte es selbst. Doch war
er nur knapp daran vorbeigekommen . . . sogar buchstäblich . . .
und letzte Nacht gab es hier in London das vertraute Sirenengeheul,
die Alarmsignale, gefolgt jeweils von den noch ohrenzerreißenderen
und herzzerbrechenderen Entwarnungen, die als eine Art Nach-
ernte oder Nachgeburt des eigentlichen Schreckens noch verheeren-
der sind. Wenn wir von der Drohung einer akuten Gefahr erlöst
sind, haben wir Zeit, darüber nachzudenken. Und in den Pausen
zwischen Alarmsignal und Entwarnung hört man regelmäßig das
Geräusch von Explosionen in der Nähe oder Ferne, um drei Uhr

morgens, nach sieben und in kleineren Abständen ... der Krieg
ist noch nicht vorbei. *Eros* und *Tod,* das waren die beiden Haupt-
themen — tatsächlich die einzigen Themen —, mit denen der Professor sich ewig beschäftigte. Sie halten einander immer noch im
Würgegriff umklammert, der Kampf ist noch nicht entschieden.
Herkules kämpfte mit dem Tod und kämpft immer noch. Doch
der Professor selbst proklamierte die herkulische Macht des Eros,
und wir wissen, es steht von Anbeginn geschrieben, daß die Liebe
stärker ist als der Tod.

Es war die reine Liebe zur Menschheit, die den Professor am
Tor Wache stehen ließ. Der Glaube an das Fortleben der Seele, an
ein Leben nach dem Tod, schrieb der Professor, war die letzte und
größte Phantasie, die gigantische Wunscherfüllung, die über die
Jahrhunderte hinweg das ausgearbeitete und detaillierte Bild eines
Nachlebens aufgebaut hatte. Vielleicht hat er das sogar geglaubt.
Wenn ja, war es wieder ein Beweis seines Zenturionenmuts. Er
wollte Wache stehen, er wollte den ganzen Strom des Bewußtseins
zurückleiten in nützliche, in *Bewässerungs*kanäle, so daß kein Tropfen von dieser Energie verschwendet würde. Er wollte die Augias-
ställe säubern, er wollte den nemeischen Löwen zähmen, er wollte
den erymanthischen Eber einfangen und die Sümpfe des Unbewußten von den stymphalischen Vögeln befreien. Diese Dinge
mußten getan werden. Er deutete gewisse Wege an, wie sie getan
werden könnten. Bis wir unsere zwölf Arbeiten zu Ende gebracht
haben, schien er wieder und wieder zu betonen, haben wir (das
Menschengeschlecht) kein Recht, uns auf dem Wolkenkissen der
Phantasien und Träume von einem Nachleben zur Ruhe zu setzen.

Aus den oberen, den Vernunftschichten der denkenden Seele
wollte er diesen Traum von einem Himmel, diese Hoffnung auf
ein ewiges Leben ausschließen. Irgendjemand schreibt irgendwo
von Sigmund Freuds mutigem Pessimismus. Er hatte wenig Hoffnung für die Welt. Er wußte, warum die Leute über seine ersten
Entdeckungen lachten, über seine »Traumdeutung«, sein »Traum
und Wahn« und all die anderen. Er antwortete den ersten Spöttern
und Verleumdern mit seiner Abhandlung über Witz und Humor —
ich halte es für unmöglich, sie in der Übersetzung zu beurteilen
oder zu schätzen —, doch auch ein oberflächlicher Beobachter der
Art, wie er an seine Feinde heranging, müßte zugeben, daß dem
Florett seines Witzes — ein würdiger Gegner, mit dem er sich messen könnte, vorausgesetzt — niemand gewachsen war. Er wollte

keineswegs den Leuten nachweisen, daß sie *unrecht* hatten, seine Absicht war nur, ihnen den Weg zu zeigen und ihnen zu zeigen, daß andere ihnen Ideen aufgedrängt hatten, die sich schließlich als zerstörerisch erweisen konnten. Er schrieb sogar später eine durchdachte, ruhige und leidenschaftslose Abhandlung über die Gründe für den wieder aufwallenden Judenhaß.

80

Ein anderer Jude sagte einmal: *Das Himmelreich ist in euch.* Er sagte: *Es sei denn, daß ihr werdet wie die Kinder, so werdet ihr nicht in das Himmelreich kommen.*

81

Others abide our question. Thou art free.
We ask and ask — Thou smilest and art still,
Out-topping knowledge. For the loftiest hill,
Who to the stars uncrowns his majesty,

Planting his steadfast footsteps in the sea,
Making the heaven of heavens his dwelling-place,
Spares but the cloudy border of his base
To the foil'd searching of mortality;

And thou, who didst the stars and sunbeams know,
Self-school'd, self-scann'd, self-honour'd, self-secure,
Didst tread on earth unguess'd at. — Better so!

All pains the immortal spirit must endure,
All weakness which impairs, all griefs which bow,
*Find their sole speech in that victorious brow.**

---

* *Anm. d. Übers.:* Wörtlich übersetzt: »Andere erwarten unsere Frage. Du bist frei. / Wir suchen und suchen — Du lächelst und bist still, / Wissen überragend. Denn der stattlichste Berg, / der vor den Sternen die Krone seiner Majestät ablegt, / der den standfesten Fuß ins Meer gründet, / den höchsten Himmel sich zur Wohnstatt macht, / überläßt nur den umwölkten Saum seines Sockels / dem nichtigen Forschen des Sterblichen.
Und Du, der Du die Sterne und die Sonnenstrahlen kanntest, / Dich selbst geschult, geprüft, gelehrt hast, selbstgewiß, / Du wandeltest auf Erden unerraten. — Gut so!
Welche Schmerzen auch der unsterbliche Geist ertragen muß, / welche Krankheit ihn schwächt, welcher Kummer ihn beugt — / sie alle finden Worte allein in jener sieghaften Braue.

Ich konnte dem Drang (fast Zwang), dies abzuschreiben, nicht widerstehen. Es ist natürlich Matthew Arnolds bekanntes Sonett auf Shakespeare. Ursprünglich hatte ich es in diese Aufzeichnungen nicht einbeziehen wollen, doch mein Unterbewußtsein oder Unbewußtes erkannte vielleicht eine geistige Familienähnlichkeit in jener »victorious brow«. Und diese allerletzte Zeile enthält eine Art von Elisabethanischem Sprachbild oder Sinnspruch, einen verborgenen Verweis — ein rein persönlicher Fund, doch für unseren Zweck seltsam zwingend. Wir finden darin »victorious«: sieghaft oder *Sieg*, und die »sole voice«: Stimme, Wort oder Ausspruch oder *Mund* — Sigmund. Da steht es, dieses Sonett, als wäre es für uns geschrieben, für diese Gelegenheit, für diese Erinnerungen, und da stehen die mehr persönlichen Strophen des deutschen Dichters Goethe, auf die ich weiter oben in diesen Aufzeichnungen verwiesen habe. Ich kann mich nicht entsinnen, zu welcher Melodie — es war nicht die Schumanns — ich sie mit einer Gruppe von Altersgenossen als Schulkind sang. Doch den Professor umgab gewiß Musik; Musik lag in jeder Silbe, die er aussprach, und Musik war in seinem Namen enthalten, dem *Sieg-mund,* der sieghaften Stimme, dem sieghaften Wort. Musik gehörte zu Wien, immer und überall; da war Beethoven, den seine Symphonien bis zum Zerspringen quälten, und Mozart, zart und unfehlbar, verlassen und frühverstorben. Da war natürlich Schumann, und Schuberts Name war besonders mit dem Dorf oder Vorort Grinzing verknüpft, das nicht weit von Döbling entfernt ist, wo der Professor sein Sommerquartier hatte in jenem ersten Jahr meines Aufenthalts in Wien. Da war die Stadt, weltweit bejubelt als Herz und Zentrum der Musik und der Musikliebhaber. Und hier war der Meistermusiker, auch er ein Sohn des Apoll, der den menschlichen Geist zu einem harmonischen Ganzen gestalten, der wie Orpheus die wilden Tiere des Unbewußten oder Unterbewußtseins bezaubern wollte und die toten Stücke und Steine der begrabenen Gedanken und Erinnerungen beleben.

82

»Ob nun zufällig oder geplant«, ich begann diese Aufzeichnungen am 19. September, einem Tag, der Toth und später dem heiligen Januarius geweiht war, und dieser zweite Name läßt sich mit dem des römischen Janus in Verbindung bringen, des Schutzherrn der Torwege und Pforten, des Wächters über alle »Anfänge«. Ich

wählte dieses Datum nicht bewußt, obwohl mich mein Unterbewußtsein, da ich von Zeit zu Zeit einen Blick auf den Kalender werfe,
darauf hingeführt haben könnte. Doch ganz entschieden »geplant«
werde ich diese »Anfänge« beenden, und zwar im 2. November, dem
Tag, an dem man die Kerzen für die Seelen der Toten anzündet.

Heute ist der Abend vor Allerheiligen, Hallowe'en; also ist morgen der 1. November 1944, der Tag Aller Heiligen. Der Engel Michael der alten Einteilung, der Erzengel Michael der Offenbarung
regiert über den Planeten, der noch immer Merkur heißt. Und in
Renaissancegemälden überrascht es uns nicht, wenn wir St. Michael
die Flügelsandalen und manchmal sogar den Flügelhelm des klassischen Götterboten tragen sehen. Doch für den Professor wähle
ich lieber den Tag nach Allerheiligen. Sein Interesse galt mehr
den Seelen als den Heiligen.

83

Eine dieser Seelen hieß Mignon, wenn ihr auch ihr Körper nicht
so recht paßte. Sie war klein, »mignonne«, wenn auch nicht hübsch,
wie sie sagten. Sie war ein Mädchen zwischen zwei Jungen: doch ironischerweise war sie schwächlich und mausgrau, während die Jungen
ganz Glanz und Gold waren. Sie war nicht hübsch, sagten sie. Dann
sagten sie, sie sei hübsch — doch plötzlich schoß sie in die Höhe
wie ein Unkraut. Sie sagten überrascht: »Sie ist wirklich sehr
hübsch, aber ist es nicht schade, daß sie so groß ist?« Die Seele
hieß Mignon, aber es war nicht zu übersehen: sie paßte ihrem
Körper nicht.

Doch fand sie sich in einem Lied. Nur die Melodie fehlt.

84

In der letzten Strophe dieses Gedichts von Johann Wolfgang
Goethe kommt die Zeile vor:

Es stürzt der Fels,

er stürzt oder zerbricht in Trümmer, und tatsächlich ist das genau
unsere gegenwärtige Lage; doch das folgende

und über ihn die Flut

vermittelt den Eindruck eines lebendigen Flusses. Trümmer und die Flut, doch es bleibt uns unsere eigentümliche Arche oder Barke — ein Boot nannte ich sie —, die uns vielleicht sogar jetzt noch durch die brodelnden Wasserstraßen zum sicheren Hafen trägt. Die Mignon aus Goethes Gedicht schließt sich selbst unserem Frage-und-Antwort-Ritual an. Da waren die Fragezeichen, wie ich sie nannte, die Reihe der unvollständigen, umgekehrten *S* aus dem Schnörkelmuster der Schrift-an-der-Wand auf der griechischen Insel Korfu im Frühling des Jahres 1920. Da war das *S* oder die Schlange auf meinem ursprünglichen Eckstein, das rätselhafte Symbol, das ein Jugendfreund, mein erster »lebendiger« Dichter, Ezra Pound, für mich übersetzte. Da war das *S* als Schlange, das mit der Distel einherging, dem Symbol, das an öde Stätten und die Wüste erinnert; doch hat man uns erzählt, *die Wüste wird blühen wie Rosen,* und es war in der Wüste, wo Mose das Zeichen, das alte *T* oder Tau-Kreuz des ägyptischen Toth aufstellte. Der Professor hatte damals an einer Fortsetzung seines »Moses ein Ägypter«-Themas gearbeitet, worüber wir freilich nicht eigentlich sprachen, als ich meinen »wirklichen« Traum von der ägyptischen Prinzessin hatte. Er fragte mich damals, ob ich das Kind Miriam war, das im Doré-Bild halbverborgen im Flußschilf stand und über das neugeborene Kind wachte, das der Führer eines versklavten Volkes und der Begründer einer neuen Religion werden sollte. Miriam? Mignon?

85

Sie stellt die Frage. Jede Strophe des Gedichts ist eine Frage oder eine Reihe von Fragen. Kennst du das Land? Kennst du das Haus? Kennst du den Berg?

Kennst du den Berg und seinen Wolkensteg?

Die Vorstellung von Berg und Brücke paßten so vollkommen zu dieser ganzen *Übersetzung* der Erfahrungen mit dem Professor und mit unserer gemeinsamen Arbeit. Ein »Steg« ist freilich nur ein schmales Brett, keine Brücke für eine große Menschenmasse, er schwingt sich sozusagen über den Abgrund und ist nicht gebaut, gehämmert und konstruiert. Es gibt eine Menge von psychoanalytischen Gebäuden und Konstruktionen; es gibt die Götter, für die einige lesen: Güter. Wir beschäftigen uns hier mit dem Reich der Phantasie und Einbildungskraft, das sich über den Abgrund schwingt, und dies sind die Zeilen eines Dichters. Die folgenden

Zeilen desselben Dichters scheinen unserem Gegenstand eigenartig angemessen:

Das Maultier sucht im Nebel seinen Weg.

Es gibt eine Menge Maulesel, die ihren Fuß auf die niedereren, bequemer markierten Saumpfade dieses Berges gesetzt haben. Zu schwer beladen mit intellektueller Ausrüstung oder mit Blindheit geschlagen durch die Scheuklappen des Vorurteils, drehen sie sich um und um im Kreise und kommen zum Stall zurück und schütteln traurig ihre Köpfe über die Torheit ihrer eigenen Vergangenheit und die noch größere Torheit des Berges, der sie so betrogen hat. Doch gibt es auch andere Maulesel, die weitertrotten — treue Maulesel. Ihren Prototyp finden sie in der weihnachtlichen Krippenszene.

Und genau unsere Phobie kommt hier vor und die Schar der verbündeten Phobien, der Drache und der Schwarm seiner Kinder, das vielköpfige Ungeheuer der Hydra, dem eine andere der zwölf Arbeiten des Herkules galt:

In Höhlen wohnt der Drachen alte Brut.

Wie der Christ des puritanischen Dichters John Bunyan müssen wir auf, durch und hinter diese Gefahren stoßen. *Kennst du ihn wohl,* ihn und all diese Dinge? Wenn jemals einer, so kannte ihn der alte Professor. Und schließlich war es doch St. Michael — nicht wahr? —, der dieses hier seit Urzeiten hausende Untier vertrieb. Toth, Hermes, Merkur und zuletzt Michael, der Kapitän oder Zenturio der himmlischen Heerscharen.

Aber uns geht es hier mehr um die Seele, nicht so sehr um Heilige oder Engel; wir mögen sie Miriam oder Mignon nennen.

Kennst du das Land, wo die Zitronen blühn,
Im dunkeln Laub die Goldorangen glühn?

Es war an einem Wintertag, als mir der Professor einen Zweig von einem Orangenbaum mit dunklen, lorbeergleichen Blättern überreichte.

Ein sanfter Wind vom blauen Himmel weht,

ja, es war dunkel und kalt, und vom nahen Horizont hörte man das Rumpeln von Kriegswagen. Doch über den Professor und diese besondere Seele wehte ein weicher Wind vom wolkenlosen Himmel

— so sanft war der Wind, daß an der Myrte, die zusammen mit der Rose der Liebe geweiht ist, kein Blatt zitterte und der Lorbeer dort sehr hoch wuchs.

Die Myrte still und hoch der Lorbeer steht.

Alles ist da; die lyrische Frage und die stillschweigende Annahme, daß die Antwort mit ihr gegeben ist. Es heißt: Kennst du das Land — aber natürlich kennst du es, nicht wahr? Das Haus? Den Berg? Es ist ein fremdes Land, Ausland, ein Land klassischer Assoziationen, die Myrte und Aphrodite und der Lorbeer des Apoll. Du kennst doch das Haus, nicht wahr? Das Dach des Hauses ruhte auf Säulen, wie ursprünglich das Dach oder Teildach des Tempels von Karnak oder des Parthenon in Athen. Doch scheint dieses Haus uns zeitlich näher zu sein; da ist die große Eingangshalle, der »Saal« mit seinen glänzenden Lampen und Kerzen, und hinter ihm liegt der mit schimmernden Farben behangene oder bemalte Innenraum, das »Gemach«. Dort ist es, wo wir die »Marmorbilder« finden, gerade wie ich die kleinen Statuetten im Zimmer jenseits des eigentlichen Sprechzimmers, auf dem Tisch des Professors, gefunden hatte. Die Bilder starren und starren und scheinen zu sagen:

Was hat man dir, du armes Kind, getan?

Armes Kind, arme zitternde und schutzlose Seele. Aber — du weißt es doch? — aber natürlich weißt du es. Dorthin will ich mit dir, mein Wächter,

mit dir, o mein Beschützer, ziehn.

Das Land oder die Landschaft, das Haus, der Berg — wir können im Garten ruhen, wir können in jenem Haus Obdach finden; es ist so schön; es läßt mich an die Ca d'Oro, das Goldene Haus am Canale Grande in Venedig, denken. Es ist die »domus aurea« der Lauretanischen Litanei, und das ganze Gedicht folgt in seiner Symbolik dem Zyklus der Wanderschaft der Seele. Der Garten, das Haus oder der Saal, der Berg. Der Berg ist sehr hoch, denn er ist wie der Olymp von Wolken gekrönt, doch gibt es den »Wolkensteg«. Er ist keine breite Brücke, die Klüfte oder Schluchten, wo der alte Drache wohnt, sind tief und schreckenerregend. (Doch *wir haben sehr tief gebohrt,* sagte der alte Professor.) Verstreute Felsen und Trümmer liegen um uns herum, und das fürchterliche

Brüllen des Katarakts hallt uns noch immer in den Ohren nach. Doch du, als einziger von allen, kennst ihn, nicht wahr, fragt die ratlose Seele; während der kleine Maulesel auf seinem Weg im Nebel weitertrottet. O laß uns zusammen weggehen, fleht die Seele, die Mignon des Dichters Goethe; laß uns ziehn,

o mein Geliebter,

sagt sie zuerst, und dann, mein Wächter,

o mein Beschützer,

und am Ende fragt sie nicht mehr, ob sie gehen darf; noch ruft sie aus: wenn wir nur gehen könnten; sondern es steht da die einfache Feststellung, mit den weißen Rosen — oder, wie es sich fügte, den noch weißeren Gardenien — der allertiefsten Verehrung.

Dahin! Dahin

Geht unser Weg; o Vater, laß uns ziehn!

London
19. September 1944
2. November 1944

Advent

1

2. März 1933

Ich weinte zu stark ... und ging in das alte, holzgetäfelte Restaurant mit den Gemälden, die aussahen wie die Bilder meiner Mutter: Schweizer Motive, Berge, Schweizerhaus am Hang, Wildbach mit Brücke. Wie in ihrer Serie gab es auch hier mehrere viktorianische Winterszenen. Die alten Tafeln mit den Sägemühlen, dem Lehigh River, dem Sommerhaus mit Obstspalier, dem Wildpark des Seminars, wo ihr Vater viele Jahre Rektor war, sind unverkennbar mit diesen verwitterten Ölbildern irgendwie verwandt. Es sind noch ein paar Stilleben dabei, ein brauner Krug mit Äpfeln und der übliche Pfingstrosenstrauß mit einem einzelnen blauen Rittersporn dazwischen, genau die Art, wie wir sie in den Galerien finden, doch diese Bilder sind schlicht oder schlecht, ohne inneren Wert.

Meine Mutter und ich besuchten ein österreichisches Dorf, das aussah wie diese Bilder; es war im Frühsommer 1913, nach unserer Abreise aus Italien. Mein Vater war nach Amerika zurückgekehrt, »um ein Paar Schuhe zu kaufen«, wie er sagte. Es gab ein Passionsspiel; ich erinnere mich, wie meine Mutter auf einer Holzbrücke mit einer Frau aus dem Dorf sprach, die sagte, Judas sei der Fischhändler. Meine Mutter konnte perfekt Deutsch; wir wohnten in einem Gasthaus, das einzige, woran ich mich erinnere, ist, daß die Kellnerin mich einen »Backfisch« nannte und daß wir an dem alten österreichischen Kaiser und der Kaiserin im blauen Dekolleté mit Perlen, die als gerahmte Farbdrucke an der Wand hingen, unser Vergnügen hatten. Das war wahrscheinlich in Innsbruck. Das Dorf — ich habe seinen Namen vergessen — brachte seine Besucher als Logiergäste unter, in Holzhütten oder Schweizerhäusern (wie die auf den verwitterten Gemälden), und der holzgeschnitzte Christus an den Häuserecken und am Zugang zu der alten Brücke machte auf uns einen ziemlich überwältigenden Eindruck.

Einmal ging ich allein über die Brücke, kam aber nicht weit. Der Wald schien bedrohlich.

Über Weihnachten hatten wir Rehe auf dem Moos unter dem

Baum. Unser Großvater ließ uns aus Ton Schafe formen.

Ich weinte zu stark — ich weiß nicht, welche Erinnerung in mir auftauchte: der verletzende Anblick der kalten, nonnengleichen Schwestern, als ich in London, im Frühling 1915, in meinem ersten Wochenbett lag; der Schock bei der Nachricht vom Untergang der »Lusitania«, kurz bevor das Kind tot zur Welt kam; die Angst zu ertrinken; junge Männer auf Parkbänken in blauen Krankenhaus-Uniformen; die kriegsfeindliche Haltung meines Vaters und seine stürmische Kehrtwende 1918; meine zerrüttete Ehe; eine kurze Periode im Jahr 1918, als ich mit Freunden in Cornwall war; das Teleskop meines Vaters, das Mikroskop meines Großvaters. Wenn ich mich gehen lasse (ich, dieser eine Tropfen, dieses eine »Ich« unter dem Mikroskop-Teleskop von Sigmund Freud), habe ich Angst, ich könnte mich ganz und gar auflösen.

Ich hatte, was Bryher das »Quallen«-Erlebnis eines Doppel-Ichs nannte; eine Glocke oder Halbkugel wie aus durchsichtigem Glas öffnete sich über meinem Kopf wie eine Taucherglocke, eine andere erschien unter meinen Füßen, und so war ich im Juli 1919 auf St. Mary, einer der Scilly Inseln, für eine kurze Weile eingeschlossen, abgeschirmt und abgedichtet gegen das Unheil des Krieges. Doch ich konnte nicht darin bleiben, ich nahm wieder feste Gestalt an, und Bryher fuhr mit mir im Frühling 1920 nach Griechenland.

Mein älterer Bruder und ich nahmen das Vergrößerungsglas unseres Vaters, und er zeigte mir, wie man »Papier verbrennt«. Unser Vater verbot uns weiterzumachen, da er es gefährlich fand, ein »Spiel mit dem Feuer«.

Als ich Professor Freud erzählte, ich hätte 1913 geheiratet, sagte er: »Ah, vor 20 Jahren.«

Sigmund Freud gleicht einem Museumskurator, umgeben von seiner kostbaren Sammlung griechischer, ägyptischer und chinesischer Schätze; er ist »Lazarus, komm heraus«; er gleicht D. H. Lawrence, alt geworden, aber gereift und scharfsinnig. Seine Hände sind feinfühlig und zart. Er ist eine Hebamme der Seele. Er ist selbst die Seele. Wie ein Nachtfalter schlägt der Gedanke an ihn gegen meine Stirn, wie ein Totenkopf; er ist nicht die ägyptische Sphinx, aber der Falter Sphinx, der Totenkopf.

Kein Wunder, daß ich mich ängstige. Ich lasse den Tod zum Fenster herein. Wenn ich nicht mit eisesdünnem Fensterglas-Verstand meine Seele oder meine Gefühle schütze, lasse ich den Tod herein.

Doch vielleicht werde ich mit einer Droge behandelt, kann eine namenlose, kostbare Phiole aus seiner Höhle entführen. Vielleicht werde ich das Geheimnis erfahren, Priesterin sein, Herrin über Leben und Tod.

Er schlug auf mein Kissen oder das Kopfende der alten Couch, auf der ich liege. Er ärgerte sich über mich. Sein kleiner Chow Jofi sitzt ihm zu Füßen. Wir bilden einen uralten Zirkel oder Kreis: der Weise, die Frau und die Löwin (wie er seinen Chow nennt).

Er ist Jude; wie der letzte Prophet wollte er das alte Gesetz Moses niederreißen: Tod durch Steinigung für den Landstreicher und unvorstellbare Strafe für den Gesetzlosen. Das alte viktorianische Gesetz ist hart; Havelock Ellis und Sigmund Freud milderten es für meine Generation.

Kenneth Macpherson* nannte mich den »Berichtsengel«. Ich will mich bemühen, den Kern in dem gemalten Apfel in dem gemalten Korb zu verzeichnen, der links neben dem Toilettentisch hängt, direkt in Augenhöhe mir gegenüber, wenn ich von meinem Notizbuch aufblicke. Das Gemälde ist unter Rauch und Winterfeuchtigkeit nachgedunkelt, doch muß es schwarze Samenkörner in den gemalten Äpfeln geben, es muß Weißwein in dem gemalten Krug sein. Ich wollte wie meine Mutter malen, obwohl sie über ihre Bilder, die wir so bewunderten, lachte.

Mein Vater ging hinaus ins Freie, die Sterne beherrschten ihn. Menschliche Seelen beherrschen Sigmund Freud.

Auf Korfu, im Frühling 1920, hatte ich unter meinen vielen Phantasien auch die Vorstellung von einer Gestalt in Sackleinen, die auf mich zukam; es war dem Aussehen nach nicht der herkömmliche Messias, doch nach seinen Worten mußte ich ihn für Christus halten. Er sagte: »Du bist einst freundlich gewesen zu einem aus meinem Volk.« Zu wem bin ich freundlich gewesen?

Da war ein russisch-amerikanischer Jude, John Cournos oder Iwan Iwanowitsch Korschun, wie er selbst sich nannte.** Ich glaube nicht, daß Korschun richtig geschrieben ist, doch so sprach er seinen Namen aus, und er sagte, wie ich mich erinnere, daß Korschun »Falke« bedeutet.

---

* *Anm. d. Übers.:* Bryhers zweiter Ehemann.
** *Anm. d. Übers.:* S. Einleitung, S. 9, Cournos erzählt die Geschichte seines Namens in seiner Autobiographie, S. 8 f.

Da war noch einer, ein Mr. Brashear, ein berühmter Linsen-
macher, der zum Zenit-Teleskop meines Vaters die passenden
Linsen anfertigte. War das die Linse, die ich mir auf den Scilly
Inseln vorstellte, oder die zwei konvexen Linsen, die ich Glas-
glocken nannte?

Ich kam von Ägina zurück, von der Kreuzfahrt durch Hellas
im Frühling 1932. Meine Tochter war bei mir; sie war eben 13.
Ich kam von Ägypten zurück, das war 1923, zur Zeit der Tut-ench-
Amun-Ausgrabungen; ich kam 1920 von den Jonischen Inseln
zurück.

Ich sah die Welt durch meine Doppellinse; es schien, alles
außer ihr war zerbrochen. Ich beobachtete Schneeflocken durch
eine vergrößerte Glasscheibe.

Wer war das, zu dem ich freundlich gewesen war? Mr. Braesh-
ear war klein, dunkel, lebhaft. Er war ein berühmter Linsen-
macher, der berühmteste in Amerika, vielleicht der berühmteste
in der Welt. Er ist klein in meiner Vorstellung, dieser Mensch, zu
dem ich freundlich gewesen bin. Ist er der magische Homunkulus
der Alchimisten?

2

Freud nahm mich in das andere Zimmer und zeigte mir die Dinge auf dem Tisch. Er nahm den Elfenbein-Wischnu mit den sich
in die Höhe reckenden Reptilien und dem Baldachin von Schlan-
genköpfen und legte ihn mir in die Hand. Dann suchte er eine winzige Athene aus, die beinahe am Ende des Halbkreises stand:
»Das ist mein Lieblingsstück.« Der Wischnu war im Zentrum aufgestellt, wohlgeordnet auf beiden Seiten die Statuen; irgendwo
gibt es einen Stich von dem Professor, wie er an seinem Schreibtisch hinter oder in dem Kreis sitzt. Er öffnete den Schrank an der
Wand und führte seine Schätze vor, antike Ringe.

Wir sprachen über Honorare; er sagte: »Machen Sie sich deswegen keine Sorgen, das ist meine Sache.« Er fuhr fort: »Ich
möchte, daß Sie sich zu Hause fühlen.« Dann sagte er, daß er
meine Stimme für »sanft« halte, und fügte hinzu, als bestünde
die Gefahr, daß ich den profanen Gedanken der Außenwelt Raum
geben könnte: »Schließlich bin ich 77.«

Ich fand, daß ich nicht sehr scheu war. Ich erzählte ihm von
Miss Chadwick, und wie ich im Frühling 1931 während meiner

vorbereitenden Sitzungen bei ihr gelitten hatte. Mit Absicht wollte ich all die betrüblichen Erinnerungen zusammenstellen, damit ich ja an die Wahrheit herankäme. Er sagte: »Wir wissen nie, was wichtig ist oder was unwichtig ist, bevor alles vorbei ist.« Und: »Wir müssen unparteiisch sein, uns selbst eine faire Chance geben.«

Ich erzählte ihm, wie mich der erste Eindruck von seinem Zimmer überwältigt und aus der Fassung gebracht hatte. Ich hatte nicht erwartet, ihn von diesen Schätzen umgeben zu finden, in einem Museum, einem Tempel. Wir kamen auf Ägypten. Ich sprach von dem gelben Sand, dem blauen Himmel, den Skarabäus-Käfern. Dann sagte ich, daß Ägypten eine Folge von lebenden Bibelillustrationen sei, und erzählte ihm von dem Vergnügen, das ich als Kind unserem Gustave Doré hatte.

»Sie hatten das große Glück zu entdecken, daß die Wirklichkeit den Bildern *überlagert* ist«, war sein Kommentar.

Ich hatte ihm in meinen letzten Sitzungen von der Prinzessin und dem Baby im Korb erzählt.

Er fragte mich wieder, ob ich Miriam war oder Miriam sah, und glaubte ich, daß die Prinzessin wirklich meine Mutter war?

Er sagte, ein Traum weise manchmal eine »Ecke« auf, doch ich argumentierte, daß dieser Traum eine Endgültigkeit, ein Absolutes oder eine Synthese war. Auch war nicht ich, wie er zunächst angedeutet hatte, das Baby, »der Begründer einer neuen Religion«. Offensichtlich war *er* jenes Licht aus Ägypten.

Doch es stimmt, wir spielen Von-Eck-zu-Eck, finden einen Winkel und dann einen anderen oder sehen die Dinge aus verschiedenen Richtungen oder von verschiedenen Seiten des Raums. Ja, wir spielen Verstecken, Hänschen-piep-einmal und Taler-auf-den-Tisch und stoppeln geduldig und sorgfältig die Flicken und Flekken unseres Puzzlespiels zusammen. Wir buchstabieren die Wörter für unser Kreuzworträtsel von unten nach oben und rückwärts und kreuzweise, und dann laufen wir wieder weg und verstecken uns im Keller oder auf dem Speicher oder im Kleiderschrank unserer Mutter. Wir spielen prächtige Charaden.

Doch der Professor bestand darauf: ich selbst wollte Mose sein, ich wollte nicht nur ein Junge sein, sondern ich wollte ein Held sein. Er schlug mir vor, ich solle Otto Ranks »Der Mythus von der Geburt des Helden« lesen.

Freitag, 3. März

Wenn ich an den Wischnu zurückdenke, kommt mir die Elfenbeinplastik wie eine Halb-Lilie vor.

Ich weiß nicht, ob die weiße Lilie eine Phantasie, ein Traum oder Realität war.

Ich stand vor dem Eisengitter des Gartens und schaute hindurch, umgeben von einer Menge kleiner Jungen gemischten Alters, Brüder zweifellos, kleinere Cousins und die Räuber aus der Nachbarschaft.

Ein sehr alter, großer alter Mann schlendert im Garten herum. Bei ihm ist eine jüngere Ausgabe seiner selbst, doch der große junge Mann ist der Gärtner.

Der Großvater, große Vater, Gottvater sieht die Kinder. Er ruft sie an den Eisenzaun. Er mustert sie. Aber nur *eines* ist auserwählt.

Das sehr kleine Mädchen stolpert nach vorn, überwältigt, scheu und doch kühn. Sie überschreitet die Schwelle. Sie steht auf dem Gartenweg. Es ist ein »wirklicher« Garten, mit einem Sandweg, wie der Garten unseres Großvaters; er ist jedoch eingeschlossen; es ist kein sehr großer Garten, er gleicht mehr einem langen Zimmer ohne Dach zwischen den Hausmauern. Bäume stehen im Garten, gewöhnliche Bäume, wirkliche Bäume.

Sie kann damals Bäume nur nach ihren Früchten oder Blüten unterscheiden. Doch das sind gewöhnliche Bäume, zur gewöhnlichen Zeit des Sommerlaubs.

Der alte Herr sagt, sie soll sich aussuchen, was sie will. Eigentlich gibt es hier kein Stiefmütterchenbeet zum »Pflücken« und kein Obst auf den Bäumen. Doch sie soll sich aussuchen, was sie will.

Sie sieht, was sie will. Ist es die einzige Blume in diesem Garten?

Es ist keine Blume, die sie sich ausgesucht hätte, denn sie hätte sie niemals aussuchen dürfen. Es ist eine Weiße Lilie oder Marienlilie, die neben dem Weg wächst.

Sie zeigt darauf, überwältigt von ihrer eigenen Verwegenheit.

Der Gärtner klappt ein Messer auf, schneidet die Blume für sie ab.

Doch das ist ziemlich überwältigend, was fängt man mit einer riesigen Lilie an? Sie rast die jetzt leere Straße hinunter zur Haustür an der Church Street.

Sie stürzt ins vordere Wohnzimmer, den Salon. Er scheint leerer als sonst, und durch die anscheinend vorhanglosen Fenster fällt Licht. Mama sitzt da und näht, Mamalie sitzt da und näht.

Meine Weiße Lilie!

»Ah«, sagt Mama oder sagt Mamalie (unsere Großmutter), »die wird auf dem neuen Grab deines Großvaters aber wunderbar aussehen.«

Sie ist allein auf dem Nisky Hill, wo ihr Großvater kürzlich begraben worden ist. Es gibt dort nichts weiter als diesen einen Grabhügel, ein Blumenbeet. Sie »pflanzt« die Lilie.

Offensichtlich ist das mein Erbe. Meine Einbildungskraft leite ich von meiner musikalisch-künstlerischen Mutter ab, von ihrer teilweise keltischen Mutter, von dem Großvater englischer und mitteleuropäischer Abstammung. Mein Vater war reines Neu-England; er war zwar als Pionier der zweiten Generation in Indiana geboren, dann aber wieder in den Osten zurückgekehrt. Auch mein Vater kommt hier vor, doch nur verschwommen, verschwunden in dem »anderen Großvater«, den wir nie gekannt hatten. Der Vater meiner Mutter war der erste »Tote«, den ich gekannt hatte. Ich assoziiere damals den großen Vater oder Gottvater nicht eigentlich mit einer erkennbaren Person. Er ist ein Fremder. Er ist ein General aus dem alten Süden. Ich frage später meine Mutter, wohin er gegangen ist. Aber es gibt in der Church Street keine solche Person, keinen General aus dem alten Süden, kein solches Haus mit einem engen Garten zwischen Mauern, sagt sie. Sie kennt jeden in der Church Street.

Ich nehme ihr das nicht ab, doch ich kann das Haus gegenüber dem ehemaligen College nicht finden; sie reißen gerade das College ab und ziehen neue Gebäude hoch, aber das Haus des großen alten Vaters war sowieso auf der anderen Straßenseite. Es stimmt alles nicht ganz zusammen, aber erst später, viel später, finde ich das heraus.

Die Bäume hingen voller Laub. Er gibt mir eine Weiße Lilie, Lilien kommen zu Ostern heraus, im Frühling oder Vorfrühling; die Bäume sind Sommerbäume in vollem Laub. Aber schlimmer noch. Nur ein oder zwei Tage, nachdem er ihr die Lilie gegeben hatte, schickte er seinen Schlitten. Es ist ein wunderschöner Schlitten, mit Schlittenglöckchen. Der Gärtner ist der Kutscher. Eine dicke Felldecke liegt darin. Wir fahren über den unberührten

Schnee; auf den Straßen ist kein Mensch.

Er gab dem Kutscher eine Botschaft mit. Er sagte, er habe den Schlitten wegen des kleinen Mädchens geschickt. »Wann wird er wiederkommen?« fragte ich meine Mutter. Ist es Winter, Sommer? » Wie — was?« »Der Schlitten natürlich, er sagte, er würde ihn schicken, sooft ich wollte, er ist für dich und mich und Gilbert und Harold, aber er sagte, daß nur meinetwegen wir alle in seinem Schlitten fahren könnten.«

Wir steckten alle zusammen unter der Felldecke.

Doch niemand hatte uns einen Schlitten geschickt, sagte meine Mutter zu mir.

Die Jahreszeiten sind sowieso alle falsch.

Auf Korfu stellte jemand zwei weiße Lilien und eine rote Tulpe auf meinen Tisch. Wahrscheinlich Bryher. Aber das Ereignis hatte etwas Mysteriöses. Ich fragte Bryher nicht danach. Ich hatte vor langer Zeit gelernt, dem Geheimnis nicht zu sehr auf den Grund zu gehen.

Der Wischnu aus Elfenbein sitzt aufrecht in seiner Schlangenhaube, wie der Kolben einer Kalla oder eines Aronstabs.

Mein Großvater war der Aron mit dem Stab, ein Priester oder Pfarrer.

Church Street war unsere Straße, die Kirche, nach der sie hieß, war unsere Kirche. Ihr Grundstein war von Graf Zinzendorf gelegt worden, der unsere Stadt Bethlehem nannte.

Man bekommt etwas erzählt, und andere Kinder lachen einen aus, weil man so dumm ist: »Aber Jesus ist doch nicht *hier* geboren worden.«

Das mag wahr sein. Wir wollen uns darüber nicht streiten. Erst einige 40 Jahre später stellt man sich die Frage: »Ich weiß nicht, ob ich das geträumt oder ob ich es mir nur eingebildet habe, oder ob ich mir später eingebildet habe, ich hätte es geträumt.« »Es ist gleichgültig«, sagte er, »ob Sie es geträumt oder sich eingebildet haben, oder ob Sie es einfach in diesem Augenblick erfunden haben. Ich glaube nicht, daß Sie Ihre Einfälle absichtlich fälschen würden. Wichtig ist, daß sich daran die Richtung Ihrer Phantasie oder Einbildung zeigt.«

Er fährt fort: »Sie wurden in Bethlehem geboren? Es ist gar nicht zu vermeiden, daß der christliche Mythus — — «, er machte eine Pause. »Sie sind deswegen nicht beleidigt?« »Beleidigt?« »Weil ich von Ihrer Religion als von einem Mythus rede.« »Wie könnte

ich deswegen beleidigt sein?« Er sagte: »Bethlehem ist die Stadt
Marias.«

3

4. März

Ich fror, und es fiel mir schwer anzufangen. Ich redete weiter
über die Doré-Bilder, das tote Kind im »Urteil Salomonis«. Ich
erzählte ihm von den Gräbern meiner zwei Schwestern. Ich hatte
diese Schwestern nie gekannt, eine war eine Halbschwester und
gehörte in Wirklichkeit zu den zwei erwachsenen Halbbrüdern,
Eric und Alfred. Auch ihre Mutter lag dort. Wir beschäftigten uns
weiter mit der Lilien-Phantasie. Der alte Mann, sagte er, war
offensichtlich Gott.

Die Lilie war die Lilie von Mariä Verkündigung. Ich sagte, daß
es der Elfenbein-Wischnu war, der mir den Anstoß zur Erzählung
der Geschichte gegeben hatte. Er fragte mich, welche Rolle früher
die Religion in meinem Leben gespielt habe. Ich erwiderte, man habe
uns zwar nicht streng behandelt, wir wurden nicht oft bestraft.
Jedoch erinnerte ich mich an schreckliche Zwangsideen oder Vorge-
fühle von Strafen. Die Hölle aus den biblischen Geschichten schien
ein durchaus realer Ort. Doch darüber sprach ich nicht. Ich erzählte ihm nun von unseren Weihnachtskerzen.

»Eine Atmosphäre . . .«, sagte er.

Er sagte: »Es gibt kein bedeutsameres Symbol als eine brennende Kerze. Sie sagen, Sie erinnern sich an die Heilig-Abend-
Gottesdienste Ihres Großvaters? Hatten die Mädchen ihre Kerzen
genauso wie die Jungen?« Es kam mir komisch vor, daß er ausgerechnet das fragte.

Sigmund Freud erhob sich von seinem Stuhl hinter der Couch,
trat heran und stand neben mir. Er sagte: »Wenn durch die Gnade
Gottes jedes Kind eine brennende Kerze zum Geschenk erhielte,
wie sie nach Ihrer Erzählung beim Heilig-Abend-Gottesdienst
Ihres Großvaters verteilt wurden, dann hätten wir keine Probleme
mehr . . . Das ist der wahre Kern aller Religion.«

Später zu Hause, im Bett, war ich niedergeschlagen und voll
Angst und dachte an all die Dinge, die ich ihm erzählen wollte
oder vielmehr, wie ich fühlte, erzählen mußte. In meinem Denken
verbindet sich Sigmund Freud mit diesem kleinen Papa, Papalie,

dem Großvater. Wie ich im Halbschlaf mit mir selbst rede, oder vielmehr mit dem Professor, merke ich auf einmal, daß ich den Tonfall oder die Sprache verwende, die ich nur Katzen und Kindern gegenüber verwende. Meine Tochter hat eine Katze, Peter; sie erzählt mir: »Ich habe sie dir in meinem Testament vermacht.«

»Es ist eine sehr, sehr alte Katze«, sage ich, an den Professor gerichtet, und dann kommt mir der Gedanke, daß der Ellbogenruck, mit dem er mich aus seinem Wartezimmer ins Sprechzimmer bittet oder beordert, dem eckigen Schlag eines Vogelflügels gleicht. Vor kurzem habe ich hier diese großen Krähen oder Dohlen in den Gärten an der Ringstraße beobachtet.

Ja, seine geringfügigste Bemerkung, seine belangloseste Geste hat einen einzigartigen Zug von Endgültigkeit. Da ist die Pallas Athene auf seinem Schreibtisch, hinter der Doppeltür, die vom Sprechzimmer in sein Allerheiligstes führt. *Just above my chamber door** — da stand in Poe's »Raven« eine Pallas-Büste, wenn ich mich nicht irre. Ein *Quoth-the-Raven*-Mysterium umgibt jede seiner Äußerungen, obwohl er freilich in seiner Ecke hinter der Couch eher zu kauern als zu thronen scheint und mehr einer alten Eule gleicht, »hibou sacré«.

Ich erinnere mich an ein bestimmtes Geschenk von meinem Vater; diesmal kommt das Geschenk nicht vom kleinen Papa, Papalie. Das elende und faszinierende Geschöpf starrte und starrte mich an von seinem Platz hoch oben auf dem Bücherregal. Das Bücherregal bedeckte die ganze Wand gegenüber seinem Tisch, oder vielmehr an allen Wänden, die nicht von Fenstern durchbrochen waren, standen Bücherschränke. Ich muß in der Tat ein Heldenkind und ein Held aus der »Geburt des Helden« gewesen sein, denn ich fragte ihn: »Darf ich die weiße Eule dort haben?«

Es war eine äußerst imposante Eule. Sie war sehr weiß. Sie lebte unter einer Glasglocke und hatte große gold- oder bernsteinfarbene Augen, die niemals blinzelten. Ich fühlte mich plötzlich an das goldene Fell der kleinen Löwin Jofi erinnert. Wenn mein Großvater mir eine brennende Kerze schenkte, so schenkte mir mein Vater eine Schnee-Eule.

Allerdings war dieses Wunder an eine Bedingung geknüpft, wie so oft in einem echten Märchen. Ja, die Eule gehörte mir; sie ge-

---

* *Anm. d. Übers.:* Das Zitat stammt wie das folgende aus Poe's Gedicht »The Raven«. Auf Deutsch: »Gerade über meiner Zimmertür« und »Sprach der Rabe«.

hörte mir für immer, er würde sie nicht von mir zurückverlangen. Er hatte einmal einen von uns getadelt, weil er ein »Indianergeschenk« gemacht hatte. Jemand verschenkte vorschnell ein Säckchen Murmeln, eine Kikeriki-Trompete (ein Hahn aus Pappmaché, dessen Kopf einer Halloween-Maske glich) oder Joey aus dem Punch-und-Judy-Kasperlespiel. Obwohl die einzelnen Puppen unter uns verteilt waren, gehörte das »Theater« allen gemeinsam. Manche Geschenke hatten einen Haken. »Was ist ein Indianergeschenk?« »Es ist ein Geschenk, das wieder zurückverlangt wird.« Doch er machte kein Indianergeschenk. Geschenkt ist geschenkt, ich konnte die Schnee-Eule behalten.

Es gab jedoch diese eine Einschränkung. Ich hatte dem Professor von der Schnee-Eule erzählt. Ich erzählte ihm, daß es eine Bedingung gab, und machte eine Pause, als wollte ich die Dramatik steigern.

Doch vielleicht ist es ein alter Trick.

Der Professor sagte, bevor ich Zeit hatte, es ihm zu erzählen: »Ah — ja — er schenkte Ihnen die Eule unter der Bedingung, daß sie blieb, wo sie war.«

Doch wie ich hier so liege in meinem bequemen Bett im Hotel Regina, setze ich meine Träumerei fort. Ich bereite mich nicht auf die morgige Sitzung vor, ich setze einfach die heutige fort. Irgendeine seltsame Laune des Schicksals wollte es, daß mir ein Gärtner eine Kaktusspitze brachte; ich sollte sie in einen Blumentopf einpflanzen, in Kiesel und Sand. »Du darfst sie nicht gießen, sie wächst am besten, wenn sie direkt draußen in der Sonne steht; ich habe einen riesigen Kaktus, einen richtigen Baum«, sagte er mir. Der Gärtner erklärte, daß sein Kaktusbaum am Anfang genauso ein Stückchen gewesen sei wie das, das er mir gebracht hatte. Ich war stolz auf meinen Kaktus und rückte ihn in der Sonne hin und her. Er würde sich zu einem riesigen Baum entwickeln.

Es war wirklich nicht fair.

Mein fingerlanges Kaktusfetzelchen wurde nicht riesig, sondern rosig, es brach einfach auf und wurde eine große Blume. Sie glich einer roten Seerose. Ihre Blütenblätter waren glatt und kalt, obwohl sie hätten glühen müssen. Nun, vielleicht taten sie's. Ich dachte, der Gärtner würde sich sehr darüber freuen. Er sagte: »Jahrelang habe ich jetzt meine Pflanze schon, und noch nie die Spur einer Blüte!«

Es war nicht fair.

Es gab keine Konkurrenz um den Schmetterling, aber das war auch nicht fair. Aus irgendeinem Grund hatte dieser Riesenwurm sich ausgerechnet auf einem ziemlich zerbrechlichen Stengel in meinem Gartenbeet eingenistet. Es kann sein, daß unsere Päckchen »billiger Samen« schlecht gesiebt oder zusammengestellt waren und daß sich irgendein exotischer Fremdling hineinverirrt hatte. Doch wie kam der Wurm hierher? Es gab im Garten nur ein einziges Nicotiana-Exemplar. Ich brach den Stiel ab und legte ihn zu den übriggebliebenen Blättern der Tabaksblume und deponierte den Kokon dort, wo ich ihn am sichersten glaubte, auf dem Bücherschrank meines Vaters. Die Eule bildete das eine Ende, das andere Ende bildete der Indianerschädel, jedenfalls nannten wir ihn »Indianerschädel«. Er war von ihm oder von seinem Vater ausgegraben oder -gepflügt worden, als unser Vater ein Junge in Indiana war.

Ich weiß, daß ich im Bett bin, im Regina-Hotel, Wien, Freiheitsplatz. Ich weiß, daß heute der 4. März 1933 ist. Ich bin mir nicht sicher, aber ich glaube, daß heute der Geburtstag meines Vaters ist. Er wollte bei uns zu Hause nie einen »Geburtstag« feiern, wo doch anscheinend für jede zweite Woche irgendein Fest in Mamas oder Mamalies Geburtstags- oder Losungsbüchlein notiert war. Ich glaube, heute ist der Geburtstag meines Vaters. Er war jünger als der Professor, als er starb, daher ist es alles in allem vielleicht natürlich, daß ich dem Professor die Rolle des großen oder Großvaters zuweise, mag er auch nur der kleine Vater oder Papalie sein.

Wenn ich dem Professor von dem Kaktus *und* dem Schmetterling erzähle, wird er glauben, ich habe den einen oder den anderen oder beide erfunden.

Wie gesagt, es war nicht ganz fair, denn ich hatte mich ein wenig mit Amateurexperten herumgestritten, obwohl ich selbst nicht von einem einzigen Schmetterling auch nur den Namen wußte. Das Ding, das ausschlüpfte, war ein Nachtfalter. Er war exotisch und ein Koloß. Er hatte buchstäblich die Größe eines gar nicht einmal so kleinen Vogels. Er kroch oder flatterte das oberste Regal entlang und ließ sich auf dem Indianerschädel nieder, den mein Vater oder mein Großvater ausgegraben oder -gepflügt hatte, als mein Vater ein Junge in Indiana war.

Mein Vater und ich waren einer Meinung: da war nichts zu machen, man konnte nur das Fenster öffnen und hoffen, daß er hinausfliegen würde.

Eine Leselampe steht in Reichweite auf meinem Nachttisch. Ihr Lampenschirm ist, wie ich mich erinnere, von einem einschmeichelnden Hellrosa. Wenn ich das Licht anknipse, werde ich alles sehen: die langen grünen Vorhänge, den bequemen grün bezogenen Polstersessel, den Toilettentisch mit der Glasplatte obenauf und den gewöhnlichen Tisch mit meinen Büchern und Papieren.

Ich werde das Licht bald anknipsen müssen, denn meine Augen starren in die Dunkelheit und fragen sich, ob ich wieder die Schwelle überschritten habe. Nein, ich bin mir sicher bei dem Kaktus. Ich bin mir nicht ganz sicher bei dem Schmetterling.

Ich habe mich bei dem Schmetterling geirrt. Ich brach nicht einen schweren Kokon ab, sondern ich pflückte die kolossale grüne Raupe zusammen mit dem Stengel der Tabaksblume und legte Stengel und Wurm in einen Pappkarton. Schnitt ich Löcher in den Karton? Irgendwo war eine Lüftung. Dieser Wurm gehörte mir.

In der Schachtel, eingebettet in die frischen grünen Tabaksblätter und die alten braunen Tabaksblätter, wob er seinen riesigen Kokon.

Wie kam er aus der Schachtel heraus? Hörte ich ihn kratzen?

Flatterte er und schlug mit den Flügeln gegen die Schachtel?

Wie bekam ich den Pappkarton auf den hohen Bücherschrank hinauf? Kletterte ich mit einem Stuhl hinauf? Ich war nicht groß genug, um das oberste Regal zu erreichen, auch nicht mit einem Stuhl.

Habe ich das alles erfunden? Habe ich es geträumt? Und wenn ich es geträumt habe, war das dann vor 40 Jahren, oder habe ich es letzte Nacht geträumt?

Es war die riesige grüne Raupe, die ich zusammen mit der blühenden Nicotiana pflückte.

Ich habe mich geirrt mit dem Geburtstag meines Vaters. Der Geburtstag meines Vaters ist im November.

Warum sagte ich, daß heute, am 4. März, der Geburtstag meines Vaters sei?

4

»Hibou sacré«! Ich fragte ihn, wie es ihm gehe, und er lächelte ein bezauberndes, faltiges Lächeln, das mich an D. H. Lawrence erinnerte. Er erzählte mir (auf Französisch), was die Mutter Napoleons, noch auf der Höhe seines Ruhms, zu sagen pflegte: »Alles

ganz schön, solange es hält.« Ich sprach vom letzten Kriegsjahr.
Er sagte, er habe allen Grund, sich an die Epidemie zu erinnern,
da er seine Lieblingstochter damals verlor. »Hier ist sie«, sagte
er, und er zeigte mir ein winziges Medaillon, das er an seiner
Uhrkette trug. Sie war in Hamburg an der Epidemie gestorben;
das Baby freilich, das sie gerade geboren hatte, überlebte. Ich erinnerte mich, wie Dr. Sachs von dem Mädchen sprach, von der
»schönen Sophie«.*

Die schöne Sophie starb also, sie, die ungefähr um dieselbe Zeit
wie ich ihr Kind bekam, im Vorfrühling 1919. Ich hatte dieselbe
Spanische Grippe, und obwohl es für ausgemacht galt, daß niemals beide, Mutter und Kind, die Erschöpfung nach einer Lungenentzündung überleben könnten, war ich doch die wunderbare
Ausnahme. Es war weder das Kind noch meine kritische körper-
liche Verfassung, was meinen schließlichen Zusammenbruch her-
beiführte.

Doch es gab so viel zu erzählen. Ich umging die eigentlichen
Details meines trostlosen Zustands und erzählte dem Professor,
wie freundlich Havelock Ellis zu mir war, als ich ihn jene paar
Mal vor der Geburt meines Kindes in seiner Wohnung in Brixton
besuchte. Ich hatte Dr. Ellis geschrieben, obwohl Daphne Bax,
die es eingerichtet hatte, daß ich den Winter 1919 über in einem
Landhaus in ihrer Nähe in Buckinghamshire wohnen konnte, mir
alle Pläne für eine Begegnung mit Havelock Ellis, den ich so über-
aus bewunderte, auszureden versucht hatte. Mrs. Ellis hatte früher
einmal ein Haus in Buckinghamshire, in der Nähe von Daphne,
gehabt. Daphne sagte: »Oh, Havelock — niemand schafft es, an
Havelock heranzukommen. Er ist unzugänglich, abgeschieden, ein
Einsiedler, ein Riese, ein Titan.« Vielleicht spornte mich Daphnes
Art, die Dinge einfach so hinzunehmen, dazu an, mich diesem
Titan nun gerade zu nähern. Ich erhielt eine höfliche Karte als
Antwort auf meinen Brief an ihn, und als ich das nächste Mal die
Reise von Princes Risboro nach London machte, ging ich diesen
Titan besuchen. Er servierte chinesischen Tee zu einer Schale ge-
salzener Pekan- und Erdnüsse. In seiner Art, sich zum Künstler
zu stilisieren, lag eine unerwartete Anmut und Glaubwürdigkeit.
Er trug einen braunsamtenen Hausrock und zeigte mir einige sei-

---

* *Anm. d. Übers.:* Freuds Tochter Sophie starb am 20. 1. 1920. Sie hinterließ
zwei Söhne, 6 Jahre und 13 Monate alt. Der jüngere Sohn, Heinele, starb am
19. 6. 1923.

ner Schätze, einen Buddha, den sein Vater, der Kapitän eines
Seeschiffes, aus China mitgebracht hatte, den Abguß einer berühmten Büste seiner selbst von — ich habe vergessen, von wem. Er
hatte verschiedene handsignierte Photographien von Leuten, die
ich nicht persönlich, wohl aber vom Hörensagen kannte; unter anderen schaute Walt Whitman von der Wand herab. Es gab russi-
sche Zigaretten, und Dr. Ellis servierte im Stil der Russen oder
Amerikaner Zitrone zum Tee. Ich erzählte dem Professor weiter
von der Wirkung, die Dr. Ellis auf mich gehabt hatte; ich hatte erwartet, den ziemlich unzugänglichen, distanzierten, vielgeschmäh-
ten Wissenschaftler zu treffen, und fand den Künstler. Sigmund
Freud sagte: »Ah, Sie erzählen das alles so schön.«

Dr. Ellis war in meiner Phantasie gegenwärtig, als ich im Juli
1919 mit Bryher auf die Scilly Inseln fuhr. Er kannte Cornwall und
hatte ab und zu dort gelebt, viele Jahre lang »zurückgezogen«, wie
Daphne gesagt hätte, mit der Arbeit an seinen berühmten Bänden
beschäftigt. Die Scilly Inseln, mitten im Golfstrom gelegen, gemahnten mich an das Mittelmeer. Es gab dort große Vögel; zu gewissen Jahreszeiten ließen sie sich dort nieder, wenn sie sich sowohl
aus den tropischen Zonen als auch aus der Arktis »zurückzogen«.
Hier und zu dieser Zeit hatte ich mein »Quallen«-Erlebnis, wie
Bryher es nannte. Es gab dort Palmen, Korallenbäume und Mittags-
blumen, die wie Seerosen die grauen Mauern entlang blühten;
die fasrigen, fast tangartigen Blätter und diese blühenden Wasser-
blumen gaben einem das Gefühl, man lebe unter Wasser.

Wir waren in dem kleinen Zimmer, das Bryher zu unserem Studierzimmer bestimmt hatte, als ich diesen Impuls verspürte, mich
»gehen zu lassen«, mich, wie bereits erklärt, in eine Art Ballon
oder Taucherglocke zu verflüchtigen, die über mir zu schweben
schien. Es stand dort ein altmodisches Buffet, und ich erinnere
mich, daß ich noch dachte: »Ich muß wirklich um einen anderen
Krug für diese Blumen bitten.« Sie hatten einen dicken Kalla-
Strauß eng zusammengepreßt in einen Marmeladentopf gezwängt.
Zwei oder drei einzelne Blumen, zusammen mit einigen von den
lanzenartigen Blättern, wären wirkungsvoller gewesen. Über dem
Kamin hing ein Stich von Landseers unvermeidlichem »Hirsch,
zum Stand gebracht«, jetzt abgedeckt durch eine Rüsche oder einen
Fächer aus rotem Papier. Als ich versuchte, Bryher den Vorfall zu
erklären, und ihr sagte, es könnte etwas Böses oder Gefährliches
sein, meinte sie: »Nein, nein, das ist doch wunderbar, etwas Schö-

neres habe ich noch nie gehört. Laß es kommen!«

Ich versuchte, einen groben Bericht dieses einzigartigen Abenteuers niederzuschreiben, meine »Aufzeichnungen über Denken und Schauen«. Es gab, erklärte ich Bryher, eine zweite Kugel oder Glasglocke, die sozusagen von meinen Füßen aus in die Höhe wuchs. Ich war eingeschlossen. Ich fühlte mich in Sicherheit, sah aber die Dinge wie durch Wasser. Ich fühlte die Doppelkugel kommen und gehen, und ich hätte sie jederzeit abstreifen können und hätte das wahrscheinlich auch getan, wenn ich allein gewesen wäre. Aber es wäre wohl nichts passiert, stelle ich mir vor, wenn ich allein gewesen wäre. Nur das Zusammensein mit Bryher konnte die Phantasie projizieren, und die ganze Zeit dachte ich daran, daß sich Dr. Havelock Ellis für dieses Stückchen psychologischer Empirie interessieren müßte.

Als ich nach London zurückkehrte, sandte ich meine »Aufzeichnungen« an Dr. Ellis. Ich dachte, er müßte stark daran interessiert sein. Aber er konnte offenbar nicht mit mir fühlen, oder aber er verstand mich nicht, oder er hielt den Vorfall gar für ein Gefahrensignal.

Dr. Ellis verstand nichts, aber der Professor verstand vollkommen.

Als ich gerade am Weggehen war, fragte mich der Professor: »Fühlen Sie sich einsam?« Ich sagte: »Oh — nein.«

Nein, ich fühlte mich nicht einsam. Es gab Museen, Galerien, die Spaziergänge im Stadtpark, die Besichtigungen alter Kirchen. Ich kritzelte in meinem Notizbuch herum und blätterte in Zeitschriften und Büchern, die ich aus London und Amerika geschickt bekam. Erst als ich wieder in meinem Bett lag, fiel mir ein, daß ich es versäumt hatte, dem Professor die Geschichte von der Raupe zu erzählen, die mir letzte Nacht vor dem Einschlafen so viel Sorgen gemacht hatte. Jetzt muß ich das Bild wieder neu zusammensetzen.

Wo war ich stehengeblieben? Irgendwo gab es einen Haken. Es gab, wie ich mich jetzt erinnerte, verschiedene Haken. Zunächst einmal hatte ich mich mit dem Geburtstag meines Vaters völlig geirrt. Warum die Verwechslung von März und November? — aber die Vier war richtig; ja, ich war mir sicher, der 4. November war der Geburtstag meines Vaters.

Jene Raupe? Nein, sie dürfte schwerlich in der Schachtel gekratzt und mit den Flügeln geschlagen haben, denn gewiß habe ich, sobald sie ihre Kapsel gewoben hatte, den Deckel der Schachtel ganz weggelassen. Warum die Schachtel mit ihrem Deckel? Im Wartezimmer des Professors hängt jener ziemlich schauerliche alte Druck, betitelt »Lebendig begraben«. Ich muß eines Tages frische Blätter gebracht und die fertiggesponnene Hülle entdeckt haben. Aber wie lange brauchte eine Raupe für das Weben ihres kunstvollen Gewandes? Warum vergaß ich die Raupe? Warum fiel sie mir wieder ein?

Dort steht er auf meinem Tisch, jener letzte Band, den ich so wenig mochte. Er war mir aus London geschickt worden, noch eine fanatische Frau, die ihre D. H. Lawrence-Geschichte schrieb. Lawrence? Er starb im März.

Dann habe ich also den Geburtstag meines Vaters mit dem Todestag von D. H. Lawrence verwechselt.*

5

5. März

Ich hatte am Anfang gesagt, daß ich einfach meine Geschichte erzählen wollte, wie im »Ancient Mariner«, aber er kannte das Gedicht nicht oder wollte es nicht kennen. Den »Ancient Mariner« hatte ich mit der Bibel in Verbindung gebracht; ein Onkel besaß nämlich eine Ausgabe mit den Doré-Illustrationen, die wir im Haus meiner Großmutter bäuchlings auf dem Boden anzuschauen pflegten, und dasselbe taten wir auch zu Hause, noch bevor wir lesen konnten, mit unserer illustrierten Bibel. Ich verbinde Poe und Coleridge in meiner Gedankenfolge, da sie beide angeblich drogensüchtig waren, Poe mit seinen Lenoren und verwunschenen Ushers und Coleridge mit seinem Xanadu und Kubla Khan. Mit 15 bekam ich in Miss Gordons Schule in West Philadelphia öffentlichen Tadel, weil ich fest behauptete, daß Edgar Allan Poe unter den Amerikanern mein Lieblingsschriftsteller sei. Von Miss Pitcher, die mich sonst, schon in jenem Alter, in meinen literarischen Bestrebungen ermutigt hatte, wurde ich belehrt, daß Poe eine verderbliche Lektüre sei, er sei »ungesund, morbid«.

Heute habe ich, wie ich auf der berühmten psychoanalytischen Couch liege, ein Gefühl, als habe man mir kaltes Menthol, eine

* *Anm. d. Übers.:* Die Lebensdaten des Vaters von H. D. sind: 12. 11. 1843 bis 3. 3. 1919.

Art Äther, auf meine »morbide« Braue gestrichen, das jetzt ver-
dunstet. Wohin mich auch jetzt meine Phantasien führen mögen,
ich habe ein Zentrum, Sicherheit, ein Ziel. Hier werde ich zentriert
oder neu ausgerichtet, in dieser geheimnisvollen Löwenhöhle oder
Schatzkammer Aladins.

Ich bin gerettet, geborgen; schiffbrüchig wie der »Mariner«,
habe ich die Glockentöne von der Kapelle des Eremiten vernom-
men. Baudelaire fällt mir noch ein und seine »Fleurs du Mal«,
aber nichts Böses ist in Sigmund Freud. »*Full fathom five thy
father lies, of his bones are coral made, those are pearls that were
his eyes, nothing of him that doth fade, but doth suffer a sea-
change into something rich and strange*«,* flüstere ich, kaum hör-
bar, in einer jener bedeutungsschwangeren Pausen, während die
Rauchschwaden der aromatischen Zigarre aus dem versteckten
Winkel hinter mir aufsteigen und über mir schweben.

Sind wir psychische Korallenpolypen? Bauen wir unsere Ge-
häuse einer auf den anderen? Streckte ich (unter Wasser) auf den
Scilly Inseln ein Tentakel aus? Starb ich in meiner Erscheinungsform als Polyp, und werde ich das Korallenskelett eines Polypen
hinterlassen, das mit dieser ganzen Korallenkette oder Korallen-
insel von vieltausend Seelen verschmelzen wird? Meine übersinn-
lichen Erlebnisse waren submarin.

Ich darf nicht vergessen, Sigmund Freud von Norman Douglas'** Bonmot über Havelock Ellis zu erzählen: »Er ist ein Ein-
äugiger im Land der Blinden.«

Ich will heute nicht reden. Ich treibe aufs Meer hinaus. Doch
ich weiß, ich bin sicher und kann jeden Moment zur terra firma
zurückkehren. Ja, da war ein Traum letzte Nacht, doch die Verästelungen sind zu kompliziert. Ich träumte, ich schickte mein
Buch »Hedylus« an Peter Van Eck, dem ich im Frühling 1920 auf
dem Schiff nach Athen begegnet bin. Ich werde ihm von dem Buch
erzählen müssen, von Hedylus, dem Alexandrinischen Dichter,
der im »Kranz des Meleager« erwähnt wird, und von Hedyle, seiner Mutter.

---

* *Anm. d. Übers.:* »Fünf Faden tief liegt Vater dein, sein Gebein wird zu
Korallen, Perlen sind die Augen sein, nichts an ihm, das soll verfallen, das
nicht wandelt Meeres-Hut in ein reich und seltnes Gut.« (Shakespeare, Der
Sturm, 1. Akt, 2. Szene)
** *Anm. d. Übers.:* Englischer Romancier und Essayist (1868—1952), ein Freund
von H. D. (und von Bryher, Richard Aldington und D. H. Lawrence).

Ich werde ihm erzählen müssen, daß Bryher in diesem Traum vorkam, verkleidet als schwarze Katze auf einer Halloween-Party, genau besehen als Peter, den meine Tochter mir, wie sie sagt, in ihrem Testament vermacht hat. Der gestiefelte Kater?

Nein, ich konnte ihm nicht von »Hedylus« erzählen. Was habe ich ihm erzählt? Ich habe ihm nicht von der Raupe erzählt, das ist gewiß.

Ich ärgerte mich über jenes letzte Buch über Lawrence, doch es lieferte mir das Datum. Es war der 2. März, nicht weit vom 4. entfernt, und 2 mal 2 ist 4, und werden wir je ein viereckiges Fundament legen?

Warum ein Fundament legen?

Es war nicht fair, aber ich konnte seine gewaltigen Romane kaum bewältigen. Sie klangen mir nicht echt. Das heißt, ich war nicht empfänglich für das Rasende in ihnen. In ihnen? Oder in dem Chor der Mänaden? Ich mag jenes letzte Buch nicht. Ich habe keines dieser Bücher gemocht, die seit seinem Tod herausgekommen sind. Was wissen sie von Lawrence?

Ich sollte mit dem Professor über Lawrence reden, doch gerade dessen süffisante Bemerkungen über die Psychoanalyse, und damit stillschweigend auch über den Professor selbst,* ärgerten mich besonders.

»Der Mann, der gestorben war«?

Ich erinnere mich nicht daran, ich denke nicht daran. Nur, es war eine Neuformulierung seiner Philosophie, aber sie kam zu spät.

Nein, das ist es nicht.

Ich habe es sorgfältig vermieden, mich auf Lawrence einzulassen, auf den Lawrence von »Liebende Frauen« und »Lady Chatterley«.

Doch da war dieser letzte Lawrence.

Er akzeptierte Sigmund Freud nicht, das mußte man jedenfalls aus seinem Essay schließen.

Ich will nicht an Lawrence denken.

»Ich hoffe, daß ich Dich nie wiedersehe«, schrieb er in jenem letzten Brief.

Dann, nach dem Tod von Lawrence, brachte mir Stephen Guest

---

* *Anm. d. Übers.:* S. oben, S. 10 f. — Der Kurzroman »The Man Who Died« erschien posthum 1931.

das Buch und sagte: »Lawrence schrieb das für dich.«

Lawrence war in seiner Gruft gefangen; wie der Druck, der im Wartezimmer hängt, war er »Lebendig begraben«.

Wir sind alle lebendig begraben.

Die Geschichte kehrt automatisch wieder, wenn ich die Nachttischlampe ausknipse.

Anscheinend bin ich nicht fähig, mich der Geschichte bei Tag zu stellen.

Ja, es war abscheulich. Ich konnte sehen, wie sie sich wand. »Es ist nur eine Raupe.« Vielleicht kann ich noch nicht wirklich darüber reden. Ich sitze auf der Veranda, wenige Schritte von einem Puppenstuhl entfernt, und schaue die breiten Holzstufen hinunter. Dort ist der Weinstock, wie wir ihn nannten, und Blätterschatten. Sie hocken unter der Weinlaube. Ich kann schreien, ich kann weinen. Es ist etwas, das man seelisch schlechterdings nicht verkraften kann. Sie streuen Salz auf die Raupe, und sie windet sich, riesig, wie ein Objekt unter einem Mikroskop, oder sie bäumt sich drohend auf und ist eine spätere Abstraktion aus einem Film.

Nein, wie kann ich über den gekreuzigten Wurm reden? Ich habe eben Zeitungen im Café durchgeblättert, es stehen frische Greuelgeschichten darin. Ich kann über das, was mir eigentlich Sorgen macht, nicht reden, ich kann mit Sigmund Freud in Wien, 1933, nicht über die Greuel an Juden in Berlin reden.

Montag, 6. März

Ich träume, Joan und Dorothy streiten sich. Joan bemächtigt sich einiger meiner Schachteln und Schmuckkästchen: sie behandelt meine Traumschätze als Gemeineigentum, breitet sie auf einem Tisch aus. Ich bin böse über die Gleichgültigkeit, mit der sie sich meine privaten Habseligkeiten angeeignet hat. Ich ergreife ein Kästchen mit rotem Samtfutter (das in Wirklichkeit Bryher in Florenz für mich aufgetrieben hat) und sage leidenschaftlich: »Kannst du denn *gar* nichts verstehen?« Joan ist ein hochgewachsenes Mädchen, wir stehen einander herausfordernd gegenüber, Auge in Auge. Ich sage: »Kannst du das nicht verstehen? Meine *Mutter* hat mir dieses Kästchen geschenkt.« Ich presse das rote Florentiner Lederkästchen mit dem roten Samtfutter an mein Herz. Mein Herz ist wirklich physisch überlastet und schlägt wie wild, in heftiger Leidenschaft.

Das Phönixsymbol von D. H. Lawrence kommt mir in den

Sinn und wie ich den Professor in meinen Gedanken einer Eule, einem Falken oder einem Sphinx-Falter gleichgesetzt habe. Stehen sie alle für die biblische Henne, die ihre Küchlein versammelt?

Meine Tochter wurde am letzten Märztag geboren, mit *Narzissen, die, eh die Schwalbe es wagt, erscheinen* aus dem »Wintermärchen«. Richard hat mir oft Narzissen gebracht, jene Blumen, die in England »Fastenlilien« heißen.

Ich habe eben James Jeans' »Die Wunderwelt der Sterne« gelesen und muß an meine bittere Enttäuschung denken, als ein wohlmeinender junger Onkel mich ans Kinderzimmerfenster rief. »Schau«, sagte er, »dort steht der Bär am Himmel.« Ich blinzelte durch die eisbeschlagenen Fenster. Man hatte mir im Kindergarten die Eisblumen gezeigt, die wie Sterne aussahen. Das hatte mir gefallen. Aber hier gab es noch ein Wunder. Ich starrte und blinzelte, aber kein Bär war zu sehen. Als ich das Dr. Sachs erzählte, sagte er: »Ein so kleines Kind würde schwerlich so eine Enttäuschung registrieren.« Vielleicht erklärte ich es schlecht. Ich war schockiert, daß mein Onkel mich so betrügen konnte. Bestimmt fühlt sich ein Kind in einem solchen Fall verletzt oder an der Nase herumgeführt, fühlt, daß ein Erwachsener ihm einen Bären aufgebunden hat. Ich weiß nicht, was für eine Art Bär ich dort zu finden erwartete, doch ein weißer Bär, ein Polarbär, ein Eisbär mochte nicht ausgeschlossen sein, da es ja (und das wußte ich) den Nikolaus mit seinen Rentieren gab, der am Heiligabend über die Dächer unserer Stadt huschte. Natürlich sahen wir ihn nicht, denn er gab uns unsere Geschenke lieber heimlich. Doch der Onkel versicherte mir, daß der Bär existierte, er werde mir ein Bild von ihm zeigen.

Der Professor hat mir jetzt eine dicke Decke für die Couch besorgt. Er hört immer gespannt zu, wenn ich ihm meine Märchenassoziationen und was ich über Tiere herausgefunden habe, mitteile. Wenigstens war es nicht mein Vater, der mich betrog. Der Professor sagte, ich hätte nicht die übliche Übertragung von der Mutter auf den Vater vorgenommen, die bei Mädchen in der Pubertät das Normale ist. Er sagte, er glaube, daß mein Vater ein kalter Mann war.

Doch unser Vater nahm uns eines Abends in den Schnee hinaus und kaufte uns eine Schachtel Tiere. Er verteilte sie hinterher, wie wir es auch mit den Punch-und-Judy-Puppen gemacht hatten. Wegen der Wahl der Puppen oder später der Tiere gab es anscheinend

keine Reibereien zwischen uns dreien. Mein älterer Bruder
nahm sich natürlich den Elefanten, ich bekam den Elch, der
kleine Junge bekam den Polarbär. Ich hätte gern den Bär gehabt,
doch wir hatten jeder dem Alter nach eine erste Wahl, dann eine
zweite Wahl. Ich habe vergessen, was meine zweite und dritte
Wahl war.

Der große Junge nahm sich natürlich Punch, ich bekam Judy, und
der kleine Junge freute sich über seinen Joey. Dagegen war nichts
zu sagen. Dann nahm sich Gilbert natürlich den Polizisten, ich
bekam den Büttel, der kleine Junge bekam — bestimmt war da
noch eine Puppe, ich weiß, es ging auf. Ich kann mich nicht an
eine sechste Puppe erinnern — oder machten wir einen Kompromiß und gaben ihm Toby, den Hund?

Der Professor hatte mir zuerst geschrieben, er sei bereit, mich
»nächstes Jahr, im Januar oder Februar« zu empfangen. Jetzt haben wir nächstes Jahr, doch wir beschlossen zu warten, da er
sagte, er fürchte, das »Eisbärwetter« könnte mich aus dem Gleich-
gewicht bringen. Ich erinnere mich, daß ich ihm schrieb, ich wolle,
gleichgültig wie das Wetter sei, auf jeden Fall im März kommen.
Ja, richtig — im März in London erhielt ich aus Amerika die
Nachricht vom Tod meines Vaters, obwohl er im Februar gestorben sein muß. Meine Mutter starb ebenfalls im März, aber acht
Jahre später. Die Mitteilung erreichte mich in Territet, Riant
Chateau, wo sie den ersten Frühlingstag 1927 bei uns verbracht
hatte.

Wieder fühle ich, auf der Couch liegend, wie meine Stirn eine
Art Leuchten ausdünstet, und ich kann dieses Narkotikum, diesen Äther, fast atmen.

Fühle ich mich an die glückliche Erlösung von meinen Schmerzen erinnert und an die günstigen Auspizien für meine Tochter,
die im Frühlings-Äquinoktium und als die Sonne am höchsten
stand, genau am Mittag, zur Welt kam?

Bestimmt brachte mir der günstige Stand ihrer Sterne Glück.

Einige dieser Dinge streifte ich mit dem Professor. Ich kann
den lebendigen Inhalt unserer Gespräche miteinander nicht klassi-
fizieren, indem ich sie in einer logischen oder Lehrbuch-Ordnung
wiedergebe. Es war, wie er von meinem Großvater gesagt hatte,
»eine Atmosphäre . . .«

Ich weiß nicht, warum ich Joan und Dorothy aussuche, zwei

mir zugetane Freundinnen in London. Das heißt, sie sind einander zugetan; ich bin eigentlich nur eine Bekannte. Assoziiere ich sie mit meinen Tanten? Die arme Tante Laura war so glücklich, als sie uns in der Schweiz besuchte und meine Mutter ihr sagte, sie könne all ihre Kleider haben. Joan und Dorothy sind Ersatzfiguren, Rivalinnen um die Liebe meiner Mutter. Es kommt nicht darauf an, wer sie sind. Wir waren auch zusammen in Florenz. Mein bescheidener Schmuck ist mir kostbar wegen seiner Assoziationen, eine Kette von Rauchsaphiren oder Sternsaphiren und ein Armband (aus einem Laden, wo früher einmal Cellini Silberschmiedemeister gewesen ist), einige Lederrahmen und alte kartonierte Tauchnitz-Ausgaben, nachgebunden in dem gemusterten Pergamentpapier mit den roten Lilien.

Als ich meine Nachttischlampe ausknipse, fällt mir ein, daß ich dort Lawrence gesehen haben könnte.

7. März

Ich träume von Havelock Ellis mit seinem weißen Bart. Wir haben einmal von alten englischen Wirtshäusern oder Pubs, wie sie dort heißen, geredet. Diese Unterhaltung setzen wir fort. Ich weiß nicht mehr, worauf sie hinauslief, doch er redet über die »Türen«. Ich denke schließlich in meinem Traum: »Er hat vergessen, daß ich eine Frau bin und nicht in Pubs oder Kneipen gehe — so unterhalten sich offenbar Männer miteinander über verschiedene Pubs und ihre Türen.« Doch es ist Havelock Ellis, der im Bett liegt, durch Kissen abgestützt, und den Invaliden oder Analysanden spielt, während ich neben ihm sitze und der Analytiker bin.

Dann wird Havelock Ellis der Analytiker anstelle des Professors, doch ich denke, mich auf der Couch zurücklehnend: »Havelock Ellis wird sich langweilen, er macht sich nicht wirklich etwas aus der Psychoanalyse und weiß über sie eigentlich nicht viel; wie kann ich von ihm Interesse oder Verständnis für mich erwarten?« Wir scheinen dann die Unterhaltung ganz normal fortzusetzen, er sucht ein französisches Mädchen »mit einem perfekten Akzent«. Ich sage: »Meine Tochter hat einen perfekten Akzent.« Ich wache auf und merke, daß jemand klopft — ein Brief wird unter meiner Tür durchgeschoben.

Ich habe Angst, ich will das Thema Blut gegenüber dem Professor nicht erwähnen. Ich öffnete die Vordertür, lief hinaus, um meinen Vater im Dunkeln zu begrüßen, und entdeckte Blut an seinem

Kopf; es tropfte ... Das war bald, nachdem wir von Bethlehem
ins Flower Observatory außerhalb von Philadelphia umgezogen
waren. Der Grund für den Unfall meines Vaters blieb immer
mysteriös. Er war vielleicht von der altmodischen Dampfstraßen-
bahn abgerutscht, oder die Lokomotive des Vorortzugs hatte eine
Fehlzündung. Wir durften unseren Vater einige Tage lang nicht
sehen. Wir hatten Angst, er könnte tot sein. Als wir schließlich in
sein Zimmer gingen, lag er da, durch Kissen abgestützt, wie ich
mir Havelock Ellis im Traum vorgestellt hatte, doch Haar und
Bart waren weiß geworden. Es war ein anderer Vater, wachsbleich,
ein Gespenst.

Ich denke, ich war damals zehn Jahre alt. Ich hatte das »vergessen«, bis ich meine Arbeit mit Miss Chadwick begann.

Ich hatte den Unfall meines Vaters 35 Jahre lang »vergessen«.

Ich versuche, ganz unbeteiligt einen Abriß der Geschichte von
den drei Kindern zu geben, die ihren Vater finden. Ich charakteri-
siere mein Entsetzen vor dem Tod mit den Worten: »Wir hörten
zufällig mit an, wie Mr. Evans, einer der Assistenten unseres Vaters am Observatorium, sagte, es sei eine Gehirnerschütterung.«
Der Professor wischte das beiseite. »Es kann keine Erschütterung
gewesen sein«, sagte er. Ich weiß nicht, ob er mir Kummer zu ersparen versuchte, oder ob er das Gefühl hatte, ich hätte irgendwie
die Schilderung forciert.

Sigmund Freud sagte bei unserer nächsten Sitzung, er ersehe
»aus Anzeichen«, daß ich nicht analysiert werden wolle.

Ich habe eine wunderschöne Radierung von ihm in einem Kunst-
laden am Ring gesehen.

Heute ging ich hin und bestellte einen Abzug.

Ich bin krank heute, erschüttert, entnervt, desorientiert.

Ich habe das Gefühl, ich sollte den Unfall meines Vaters und die
Entdeckung dieses untergetauchten, lange verzögerten Schocks besprechen.

Ja, es ist wahr, er muß meinen Konflikt »aus Anzeichen« er-
sehen.

Wie kann ich ihm von meinen ständigen Visionen einer künftigen Katastrophe erzählen?

Besser, meine Analyse bleibt erfolglos oder »verzögert« sich,
als daß ich mein eigentliches Entsetzen vor der lauernden Nazi-
gefahr bloßlege.

Ja, ich war »lebendig begraben«.

Kehren darum meine Gedanken zu Lawrence zurück?

Ich kann mich nur an jenes letzte Buch erinnern, das er schrieb. »Der Mann, der gestorben war«, war lebendig begraben.

Mittwoch, 8. März

Ich träumte von der Photographie eines Lawrence ohne Bart. Ich hatte eine solche Photographie von meinem Vater, aufgenommen, als er 16 oder 17 war, bevor er mit seinem Bruder in den Krieg zog. Es gab Daguerrotypien von diesen beiden Brüdern, aufgenommen, als sie ein bißchen jünger waren. Der ältere Bruder war bei weitem der attraktivere. Doch ich sah in die spiegelnde Oberfläche der Silberplatte von dem jüngeren, und ich sah mich selbst.

Ich traf Lawrence zum ersten Mal im August 1914, zur Zeit des eigentlichen Kriegsausbruchs; er sah im Abendanzug größer aus. Es war das einzige Mal, daß ich diese bartlose Erscheinungsform von Lawrence sah. Richard Aldington sagte hinterher, daß Lawrence aussah wie ein Soldat in Zivil.

In meinem Traum kommt neben Lawrence eine adrette, »gelernte« Frau vor; und eine Gruppe von Kindern. Ist die »gelernte« Frau eine Art Sekretärin? Ich war eine kurze Zeitlang für meinen Vater als Sekretärin tätig.

Lawrence war früher einmal Lehrer, und ich hatte mir immer sehnsüchtig gewünscht, zu unterrichten. Die Kinder in dieser Traum-»Klasse« oder -Familie sind von gemischter Größe; sie stehen hinter Lawrence und der jungen Frau, um ein Klavier herum gruppiert.

Meine Mutter unterrichtete früher einmal am alten Seminar Musik und Malen.

Jetzt verschwimmen oder verschwinden die Kinder in ein Bild von mehreren Schiffsmodellen in voller Takelage.

Der Vater von Havelock Ellis war Kapitän, und eines der Lehrbücher meines Vaters hieß »Angewandte Astronomie für die Praxis der Navigation«.

Ich denke: »Natürlich, in England hätten diese Kinder es besser, bei all den Schiffen.«

Doch in meinem Traum greife ich einen Band aus einem Regal mit Lawrence-Romanen heraus. Ich öffne ihn; enttäuscht sage ich: »Aber seine Psychologie ist Unsinn.«

Ich beneidete diese Frauen, die Erinnerungen an D. H. Lawrence geschrieben haben, ich hatte das Gefühl, er muß ihnen irgendeine Art Führer oder Meister gewesen sein. Ich beneidete Bryher um ihre Heldenverehrung für den Psychoanalytiker Dr. Hanns Sachs. Es kann nicht sein, daß ich von Sigmund Freud enttäuscht bin, nur habe ich diese ständige Zwangsidee, daß die Analyse durch den Tod abgebrochen werden wird. Ich kann das mit dem Professor nicht besprechen. Als er mich zum ersten Mal begrüßte, erinnerte er mich an Lawrence.

Der Professor sagte heute zu mir, als ich das Sprechzimmer betrat: »Ich dachte über Ihre Bemerkung nach, daß es nicht der Mühe wert sei, einen alten Mann von 77 zu lieben.« Ich hatte nie etwas dergleichen bemerkt und sagte ihm das. Er lächelte sein ironisches, schiefes Lächeln. Ich sagte: »Ich habe nicht gesagt, daß es nicht der Mühe wert sei, sondern daß ich *Angst* davor hätte.«

Doch er verwirrte mich. Er sagte: »In der Analyse ist man tot, wenn die Analyse vorbei ist.« Wer? Er sagte: »Es würde keinen Unterschied machen, wenn ich statt 77 47 Jahre alt wäre.« Ich komme jetzt darauf, daß ich an meinem nächsten Geburtstag 47 werde. An meinem Geburtstag wäre auch Lawrence, für diesen einen Tag, 47.

Der Professor hatte gesagt: »In der Analyse ist man tot, wenn die Analyse vorbei ist — so tot wie Ihr Vater.«

Ich erinnere mich an den Ausspruch von Norman Douglas: »Gerade wo wir alle uns allmählich den Klotz Jesus Christus vom Hals schaffen, was passiert? Ein neuer Jude muß daherkommen und all unsere Kalkulationen über den Haufen werfen.«

Für einen Tag im Jahr waren H. D. und D. H. Lawrence Zwillinge. Doch habe ich das eigentlich erst nach seinem Tod gemerkt. Er wurde am 11. September 1885 geboren: ich wurde am 10. September 1886 geboren.

Stephen Guest brachte mir ein Exemplar von »Der Mann, der gestorben war«. Er sagte: »Wußtest du, daß du die Isispriesterin in diesem Buch bist?«

Vielleicht hätte ich das Buch nie gelesen, wenn Stephen es mir nicht gebracht hätte. Tatsächlich habe ich wohl zunächst ein leichtes Gefühl des Ärgers empfunden. Ich hatte Freunden von einem Buch erzählt, das ich schreiben wollte, das ich tatsächlich schrieb. Ich nannte es »Pilati Weib«. Es ist die Geschichte, wie Christus verwundet, aber noch am Leben, in der Felsengruft erwacht. Ich war mir sicher, daß meine Freunde Lawrence erzählt hatten, ich hätte gerade dieses Thema in Arbeit. Meine spontane erste Reaktion war: »Jetzt hat er mir meine Geschichte weggenommen.«

Es war nicht meine Geschichte. George Moore, unter anderen, hatte sie bereits geschrieben. Es gibt den alten Mythus oder die Tradition, daß Christus nicht am Kreuz starb.

8. März, 3 Uhr 15 nachmittags

Meine erste Woche bei dem Professor begann am Mittwoch, den 1. März, einem Feiertag, Aschermittwoch 1933.

Bryher hat Vorkehrungen für drei Monate, zwölf Wochen, getroffen. Also bin ich, nimmt man das Zifferblatt einer Uhr als Maßstab, von der XII zur I vorgerückt. Oder anders ausgedrückt, da ich doch wohl eher die Stunden als die Minuten zählen sollte, ich bin von der I zur II vorgerückt. Dies ist jetzt meine zweite Woche bei Sigmund Freud.

Ich konzentriere mich auf die Minuten, die minutiösen Details dieser Stunden.

Zur Zeit ist März, astrologisch das Haus der Bedrängnis. Traditionell ist es das Haus der Kreuzigung. Die astrologischen Monate sind jedoch nicht genauso eingeteilt wie die Kalendermonate. Die letzte Woche jedes Kalendermonats, grob gesagt, überlappt sich mit dem neuen astrologischen Monat oder leitet ihn ein. Also fällt das Märzende manchmal mit dem spirituellen Frühlings-Äquinoktium zusammen, der Auferstehung.

Mein Vater studierte oder beobachtete, wie sich die Umlaufbahn der Erde um die Sonne veränderte, »Breitenschwankung« nannte er das. Er verwandte 30 Jahre auf dieses Problem und erweiterte schließlich eine Karte, die Ptolemäus in Ägypten angefangen hat, um eine Kurve. Der Professor zieht eine Kurve weiter, die die Ahnen des Ptolemäus angefangen haben.

Einige nennen dieses Haus, »Pisces« oder »Fische«, das Haus der Geheimen Feinde, ich aber habe die Bezeichnung »Haus der Geheimnisse« gesehen.

Aber wir dürfen nicht über Astrologie reden. Darin zumindest sind mein Vater und Sigmund Freud einer Meinung. Und dennoch finde ich, trotz ihnen oder ihnen zum Trotz, hinreißende Parallelen im Widder, im Stier, in den Zwillingen. Wir haben Jofi, gewiß »Leo«.

Wir haben andere Details, die Bildwerke auf seinem Tisch, nicht

nur Osiris, den Sonnengott, in seinen zwölf Erscheinungsformen,
wie er über den Himmel zieht, sondern auch die bronzene Isis, die
er mir zeigte — seine Begleiterin.

In der alten Mär waren jene beiden Zwillinge.

Meine Entdeckungen sind mir wichtig und haben »eine Atmosphäre . . .«

Bevor ich richtig gehen konnte, konnte ich die Uhr lesen.

Lange bevor ich mein Alphabet lernte, kannte ich die drei Zif-
fern der Uhr.

Ich wurde regelmäßig von meinem Kindermädchen ausgesandt,
nachsehen, wieviel Uhr es war. Da gab es die Großvateruhr auf
dem Treppenabsatz. Aber ich konnte doch bestimmt dorthin gehen? Vielleicht war es einfacher oder lustiger, die flachen Stufen
hinunterzurutschen, denn ich scheine immer vom Boden zum
Zifferblatt hinaufzuschauen. Ja, ich konnte gehen. Ich kehrte mit
meinen Ergebnissen zum Kinderzimmer zurück. »Der kleine Zeiger ist bei der V.« Ich konnte mir nicht gleichzeitig beide Zeiger
merken, oder aber ich war gierig nach frischen Abenteuern.
Der große Zeiger hielt mich in Trab. »Er ist bei der I, er ist bei der
II«, oder viel später: »Er steht kurz vor der X.«

So bin ich doch wieder bei den Geheimnissen angelangt; die
Kindheit des Individuums ist die Kindheit der Gattung, schrieb
unser Professor.

6

Mein Halbbruder Eric und mein Vater sprachen von der Zeit in
verschiedenen Dimensionen, von einer mittleren Zeit oder einer
Sternzeit (was immer das war) und von einer anderen Zeit, deren
Namen ich vergessen habe. Mein Interesse an »Zahlen« wurde
zur Zeit des Unfalls meines Vaters gedrosselt, und wenn ich mich
auch an den Unfall nicht erinnerte, so erinnerte ich mich doch
daran, wie mich das Dividierenlernen blockiert oder eine Mauer
zwischen meinen glücklichen und meinen unglücklichen Schul-
tagen aufgerichtet hat. Es ist bedeutsam, daß um diese Zeit mein
Halbbruder zu uns kam, um bei uns zu wohnen. Er war allgemein
als der »junge Professor« bekannt. Es war Eric, der mich schließlich über meinen »Widerstand« gegen das Dividieren hinwegpäp-
pelte. Er brachte mir ein Exemplar von »Jane Eyre« und eine

Ausgabe von »Kleine Frauen«* mit den Originalillustrationen. Die kleinen Frauen trugen die Glockenröcke, die mich auf den alten Bildern vom Seminar so faszinierten.

Ich weiß nicht, wo oder wie ich eigentlich diese Übertragung vornahm. Doch die heutige Übertragung oder die von gestern wird an dem kleinen, grünen Riechsalzfläschchen sichtbar, das ich in meiner Handtasche trage und das ich »zufällig« auf den Teppich des Professors fallen oder unter dem Kissen der Couch liegen ließ. Ich frage den Professor nicht, wo er die kleine Flasche fand. Sein Gesicht zeigt eine spöttisch-triumphierende Miene, als er sie mir zurückgibt: »Ah — Sie vergaßen dies.« Er weiß, daß ich weiß, was der »verlorene« Regenschirm symbolisch bedeutet.

Und nun, da wir uns über diese Übertragung verständigt haben, rede ich weiter über Lawrence. Der Professor sagte, daß Lawrence ihn am Schluß eines Buches beeindruckt habe. Ich fragte ihn nicht, welches Buch er meinte. Er fügte hinzu, daß Lawrence ihn als ein Mann beeindrucke, der »unzufrieden ist, aber wirkliche Kraft besitzt«.

Freud sagt, es gibt immer mehrere Erklärungen für jede Entdeckung, zwei oder eine Vielzahl. Bei der Deutung meiner eigenen Träume, sagte er, zeige ich viel mehr Kenntnisse der Psychoanalyse, als er von mir erwartet habe. Vielleicht wollte er meinen Widerspruch herausfordern, als er behauptete, mein Blick auf die Uhr bedeute, daß ich mich langweile und das Ende der Sitzung herbeiwünsche. Er schien mir nicht wortwörtlich genommen werden zu wollen, als er sagte, ich hätte vielleicht zu wenig Geduld mit dem Leben, wünsche gar ihm den Tod, um der Analyse auszuweichen. Oder wollte er meinen Widerspruch herausfordern? Was sollte ich sagen?

Da waren jene Statuen in dem Landhaus in Cornwall. Sie standen in einer Reihe auf dem Kaminsims eines leeren Zimmers. Das Haus war nur teilweise eingerichtet. Im März 1918 ging ich dorthin. Es war D. H. Lawrence, der mir von dem alten Haus erzählt hatte, es hieß Rosignan. Lawrence sagte, es sei verwunschen. Hatte ich Angst vor Gespenstern? Ich sagte, ich sei noch nie einem begegnet.

Hier gibt es, in dem Halbkreis auf dem Tisch im anderen Zim-

---

* *Anm. d. Übers.:* »Little Women« von Louisa May Alcott; das Buch ist auf Deutsch unter dem Titel »Vier Schwestern« erschienen.

mer, das gleiche oder in etwa das gleiche Aufgebot von Bildwerken, Osiris, Isis. Vielleicht habe ich Angst vor Gespenstern. Doch als der Professor sagte: »Vielleicht sind Sie nicht glücklich«, hatte ich keine Worte der Erklärung. Es ist schwierig, es mir selbst zu erklären oder beim Herumkritzeln in meinem Notizbuch Worte zu finden. Es ist keine Frage des Glücks im gewöhnlichen Sinn des Wortes. Es geht um das Glück der Suche.

Ich stehe in der Randzone oder im Halbschatten des Lichts, das von der Wissenschaft meines Vaters und der Kunst meiner Mutter ausgeht — der Psychologie oder der Philosophie Sigmund Freuds.

Ich muß neue Worte finden, wie der Professor neue Worte fand oder prägte, um gewisse, bislang unverzeichnete Zustände der Seele oder des Seins zu erklären.

Er ist Faust, zweifellos.

Wir ziehen uns von der sogenannten Wissenschaft zurück und gehen rückwärts oder schreiten fort zur Alchimie. Er sagte, ich hätte zu wenig Geduld mit ihm. Dabei drehte er einen schweren Siegelring an seinem Finger.

Ich sagte, ich könne ihn nicht verlieren, ich hätte seine Bücher gehabt, bevor ich ihm begegnet sei, und würde sie wieder haben, wenn ich Wien verließ. Es gibt eine Formel für die Zeit, die noch nicht berechnet ist.

7

9. März

Ich träume von einer Kathedrale. Ich gehe fast täglich durch den Stephansdom, und außerdem hatte ich mit Interesse einige Bilder von Chartres in einer der Kaffeehaus-Illustrierten betrachtet. Zwei Jungen sind in diesem Traum bei mir; der ältere führte mich herum, und ich hatte das Gefühl, der kleine sei überzählig. Ich hatte aus irgendeinem Grund dem großen ein Trinkgeld gegeben, jetzt mußte ich dem kleinen auch etwas geben. Das ärgerte mich. (Am Tag vorher hatte ich mich mit der Frage herumgeschlagen, welches Trinkgeld genau ich den zwei Pagen im Hotel geben sollte.)

Der große Junge scheint mir irgendwo abgeblieben zu sein, also hänge ich mich voll Bedauern an den kleineren.

Meine zwei Brüder? Oder mein Vater und sein attraktiverer Bruder? Mein älterer Bruder und der ältere Bruder meines Vaters sind beide im Krieg geblieben.

Die beiden Jungen im Traum sind nicht erkennbar die Hotel-
pagen. Sie sind Gespenster. Das heißt, sie erscheinen stellvertretend für anderes oder andere; wenn die Gespenster die Gestalt
von Brüdern oder Onkel-Vater annehmen, wird man ohne Zweifel
finden, daß sie wieder Stellvertreter sind. Oder vielmehr würden
sich, wenn wir den Trauminhalt verfolgen, die vermittelnden Gespenster, sollten sie erscheinen, als eine Zwischenstufe zwischen
Brüdern oder Onkel-Vater herausstellen. Wir alle sind verwun-
schene Häuser.

Tatsächlich kommt alles auf die Kathedrale an. Im Innern der
Kathedrale finden wir Wiederherstellung oder Wiedergeburt. Dieses Zimmer ist die Kathedrale.

Der Professor sagte: »Sie sind aber sehr klug.« Nicht ich bin es,
die klug ist. Ich wende nur bestimmte Entdeckungen von ihm auf
meine persönliche Gleichung an. Das Haus ist das Zuhause, das
Haus ist die Kathedrale. Er sagte, er wolle, daß ich mich hier zu
Hause fühle.

Das Haus hängt auf irgendeine unbeschreibbare Weise von
Vater-Mutter ab. Wo es um Herstellung oder Wiedergeburt geht,
gibt es keinen Konflikt um rivalisierende Loyalitäten. Die Umgebung und die Interessen des Professors scheinen eher von meiner
Mutter als von meinem Vater herzurühren, und doch befriedigt
mich die Aussage, meine »Übertragung« richte sich auf Freud als
Mutter, nicht ganz. Er hatte gesagt: »*Und* — ich muß Ihnen sagen
(Sie waren offen mit mir, und ich will offen mit Ihnen sein), ich
bin *nicht* gern die Mutter in der Übertragung — es überrascht und
schockiert mich immer ein wenig. Ich fühle mich so sehr als Mann.«
Ich fragte ihn, ob dann andere das, was er Mutterübertragung
nannte, bei ihm hätten. Er sagte ironisch und, wie ich glaubte, ein
wenig nachdenklich: »Oh, *sehr* viele.«

Doch jetzt, sagte er, wolle er mir ein kleines neues Spielzeug
zeigen. Eine koptische Tonfigur, die ihm ein ehemaliger Schüler
geschickt hat, ist sein ganzes Entzücken. Das kleine Bildwerk
gleicht in verblüffendem Maße Jofi. Jofi sitzt wie gewöhnlich auf
dem Boden, ein Emblem, ein Wappensymbol. Der kleine Tonhund
sieht ganz wie Jofi aus, und ich kann auch nicht umhin, mich zu
fragen, ob der Geber der Figur auf dem Regal gegenüber der
Couch wohl bemerkt hatte, wie schlagend die Ähnlichkeit zwischen
diesem etruskischen Bildwerk mit dem spitzen Kopf und dem dünnen, gestochenen Lächeln und unserem Professor ist.

Heute stehen rote Tulpen auf dem berühmten Tisch mit der Reihe oder dem Halbkreis, Osiris, Isis, Athene und die anderen, und im Zentrum der Wischnu aus Elfenbein.

Der Professor ist in das andere Zimmer gegangen, noch einen Hund suchen, den er mir zeigen wollte. Er bringt einen zerbrochenen Holzhund zurück. Es ist ein Spielzeug aus einer ägyptischen Gruft.

Ich erzähle ihm, der einzige ägyptische Hund, an den ich mich erinnere, stehe im Louvre; war der Schakal auf dem Pfeiler ein Hund? Der einzige ägyptische Hund, an den ich mich erinnere, glich genau dem »Wolf« seiner Tochter Anna.

Ja, wiederholte ich, die Kathedrale in meinem Traum war Sigmund Freud. »Nein«, sagte er, »nicht ich — sondern die Analyse.«

Es ist, wie er von meinem Großvater gesagt hatte, »eine Atmosphäre . . .«. Die Kobolde oder fratzenhaften Wasserspeier, die gotischen Drachen, Vogel, Tier und Fisch der inneren und der äußeren Triebkräfte, die Standbilder von Heiligen und Helden — sie alle finden ihre Ebenbilder oder ihre gespenstischen Stellvertreter in diesem Zimmer oder in diesen zwei Zimmern.

10. März

Ich hatte von meiner Enttäuschung über Havelock Ellis gesprochen. Er hatte sich nicht für das Erlebnis interessiert, das ich auf den Scilly Inseln hatte, als Bryher mich im Juli 1919 dorthin mitnahm. Es war wirklich ein großer Schock für mich gewesen, da ich in Dr. Ellis während der Zeit, als ich meine »Aufzeichnungen über Denken und Schauen« schrieb, nicht nur einen Gelehrten, sondern auch einen Heiligen gesehen hatte. Der Professor sagte, er habe sich immer gewundert, wie ein Mann in einer solchen Lage und unabhängig von der Kritik der Außenwelt seine gewaltige Energie auf eine oberflächliche Dokumentierung der Sexualität verwenden konnte. Jetzt gäben ihm meine Reaktionen das Gefühl, daß seine eigene Meinung nicht unberechtigt sei. Er sagte, es sei ihm ein Rätsel gewesen: »Er verzeichnet so viele komische Dinge, die Menschen tun, scheint aber nie neugierig zu sein, *warum* sie sie tun. Sehen Sie, ich kann ihm nicht ganz folgen, doch dachte ich immer, daß seine ›Sexualpsychologie‹ etwas Unreifes habe.«

Ich hatte einen Traum von meinem kleinen Riechsalzfläschchen, dem vielsagenden Übertragungssymbol. In meinem Traum *salze* ich meine Schreibmaschine. So, vermute ich, wollte ich gern meine

fade Schriftstellerei mit dem Salz der Erde, Sigmund Freuds gering-
fügigster Äußerung, salzen.

Ich habe versucht, die Geschichte oder den Roman meines
Kriegserlebnisses zu schreiben, die Geschichte von meinem ersten,
totgeborenen Kind und meinem zweiten, das so glückverheißend
bei aufsteigendem »Löwen« im Frühlings-Äquinoktium, unter dem
Zeichen von »Aries« oder dem »Widder« geboren wurde. Ich habe
diese Geschichte und andere, die ihre gespenstischen Stellvertreter
waren, immer wieder neu geschrieben; so entstanden »Pilati Weib«
und »Hedylus«, beides historische oder klassische Rekonstruktio-
nen. »Hedylus« hatte nach der Veröffentlichung von »Heliodora«,
einem kurzen Gedichtband, und »Palimpsest«, einem ziemlich lok-
ker geschriebenen Band mit langen Kurzgeschichten, den üblichen
Achtungserfolg. Auch ich habe das Gefühl, daß der letzte Band,
»Red Roses for Bronze«, nicht voll befriedigt. Ich bin mit keinem
meiner Bücher, ob veröffentlicht oder unveröffentlicht, je ganz zufrieden gewesen.

Kleine Dinge, scheinbar unwichtig, gehen vor. Ich erinnere mich,
wie der Professor sagte, man wisse nie, bevor die Analyse vorbei
ist, was wichtig und was unwichtig ist. Zugleich mit meinen Erinnerungen an Chartres entsinne ich mich einer Illustration in derselben
Zeitschrift: ein Kind bei einer Geburtstagsfeier. Es war kein an-
ziehendes Bild, das Kind verschlang gerade eine Cremetorte, wobei
es seinen Rock oder seine Schürze mit Creme bekleckerte. Doch
Kinder tragen heutzutage keine Schürzen, oder? Geburtstagserinne-
rungen kehren wieder.

Meine Bücher sind nicht so sehr totgeboren, als vom distanzierten
Intellekt geboren. Jemand gebrauchte im Zusammenhang mit »Hedylus« den Ausdruck »halluziniertes Schreiben«.

Doch wenn ich »menschlicher« werde, scheine ich meinen Rich-
tungssinn zu verlieren oder meinen Prosastil. Mit der Lyrik ver-
hält es sich anders. Ja, die Gedichte sind befriedigend, doch im Unterschied zu den meisten Dichtern meiner Bekanntschaft (und ich
habe viele gekannt) bin ich an einem Gedicht nicht weiter interessiert, wenn es erst einmal geschrieben, projiziert oder materialisiert
ist. Da ist ein Gefühl, daß es nur als ein *Teil* von mir dasteht.

Vielleicht ist dafür teilweise die Tatsache verantwortlich, daß ich
die anfänglichen Gefährten meiner ersten Schreibperiode in London
verloren habe, man könnte sagen, meines »Erfolgs« — mag er auch
klein und ziemlich speziell gewesen sein. Ich ärgerte mich ziemlich

über den Professor in einem seiner Bände. Er sagte (soweit ich mich
erinnere), daß Frauen nur dann schöpferisch etwas erreichen oder
Beträchtliches erreichen, wenn sie ein männliches Gegenstück oder
einen männlichen Gefährten haben, der sie inspiriert. Vielleicht hat
er recht, und mein Traum, wie ich meine Schreibmaschine mit dem
vielsagenden Übertragungssymbol »salze«, ist ein weiterer Beweis
für seine Unfehlbarkeit.

Da gab es die zwei hauptsächlichen Gefährten, wie es sie in dem
Kathedralentraum gab. Richard Aldington und D. H. Lawrence
schienen beide meine Schriftstellerei geschätzt zu haben. Doch ich
wurde unter traurigen Umständen von Aldington getrennt, und es
war mir zur gleichen Zeit unmöglich, meine Freundschaft mit Lawrence fortzusetzen.

Doch Lawrence kehrt nach seinem Tod zurück, obwohl ich nicht
den Mut oder die Kraft hatte, das voll zu erkennen.

Lawrence kam zurück mit »Der Mann, der gestorben war«. Ob
er mich mit der Isispriesterin in jenem Buch meinte oder nicht, es
ändert nichts an der Tatsache, daß sein letztes Buch mich mit ihm
aussöhnte. Isis ist nur die Hälfte ohne Osiris, Judy ist sinnlos ohne
Punch.

Ich bin mir sicher, daß ich Lawrence in meinen drei Monaten
der Vorbereitungsarbeit bei Mary Chadwick am Tavistock Square
in Bloomsbury nie erwähnt habe. Ich hatte das Gefühl, daß Miss
Chadwick der Arbeit meines produktiven Geistes nicht folgen
konnte. Als ich das im Winter 1931 mit Dr. Hanns Sachs in Berlin
durchsprach, war er auch der Meinung, ich sollte, wenn möglich, lieber mit einem Mann weiterarbeiten, und zwar am besten mit einem,
der mir überlegen sei. »Mit dem Professor?« fragte er mich. Natürlich würde ich mit dem Professor arbeiten, wenn er mich nähme.

Merkwürdig, in meiner Phantasie denke ich an einen Tiger. Ich
als ein Tiger? Dieser Tiger könnte losschnellen. Was, wenn er den
zarten und zierlichen Professor angriffe? Fürchte ich, daß die gegenwärtige Situation, die mich selbst so ängstigt, daß dieses lauern-
de »Untier« ihn zerstören kann oder könnte? Ich erwähne diesen
Tiger als eine Kinderzimmerphantasie aus der Vergangenheit. Was,
wenn sie sich tatsächlich verwirklichen würde? Der Professor sagt:
»Ich habe meinen Beschützer.«

Er zeigt auf Jofi, die kleine Löwin, die zusammengerollt ihm
zu Füßen liegt.

Beschützer?

Ich erinnere mich an die Szene, wie der Mob am 4. August 1914 vor dem Buckingham-Palast tobte.

11. März, 9 Uhr 10 vormittags

Ich hatte einen Traum von einem alten Spiegel. Das Original war in Samt eingefaßt; Goldrutenzweige waren darauf gemalt. Ich hatte diese frühe Kreation meiner Mutter besonders bewundert, doch der Spiegel war, als wir von Bethlehem wegzogen, aus dem Erdgeschoß verbannt und in einem kleinen Zimmer im Obergeschoß des Flower-Observatory-Hauses außerhalb von Philadelphia aufgehängt worden. In meinem Traum erscheint der lang verschwundene Spiegel in unserer Wohnung in Territet, Riant Chateau, wieder, wo meine Mutter in den zwanziger Jahren bei uns gewohnt hat. Ich bin sehr glücklich über diesen Spiegel, und es rührt mich, daß meine Mutter ihn aus Amerika mitgebracht hat.

Ich überprüfe den Spiegel; er hat jetzt andere Blumen, doch fallen mir nur die Narzissen ein, möglicherweise irgendeine Assoziation mit dem Mythus von Narziß, der sich in sein Spiegelbild in einem Teich verliebte.

Vielleicht waren die Bücher, von denen ich zuletzt schrieb, zu selbstbezogen oder »narzißtisch«, um mich voll und ganz zufriedenzustellen. Ich wünsche mir eine Fusion oder eine Transfusion mit der Kunst meiner Mutter. Obwohl sie den Samt mit den realistischen Goldrutenzweigen und andere Schätze derselben Periode ausrangierte, kann noch heute nichts, kein da Vinci und kein Dürer, in meinem tiefsten Inneren eine so brennende Verehrung entzünden, wie es jene Apfelblüten, Gänseblümchen, Glockenblumen, Buschwindröschen auf ihrem »Hochzeitsgedeck« taten. Es gab allerdings noch eine Schale, bemalt mit Tulpen und anderen Blumen, die sie aus Dresden von ihren Flitterwochen mitgebracht hatte und die ich ebenso bewunderte.

Hier ist der Haken. Es ist leicht genug, überholte Moden abzulegen. Die Fähigkeit der Kritik kann uns führen und leiten, doch es ist nicht leicht, zur gleichen Zeit kritisch zu sein und das Feuer, das in rückhaltloser Hingabe glühte, wiederzuerlangen.

Die Glut kehrt in dem Traum wieder. Beim Rückblick auf meinen Traum und beim Niederschreiben dieser Notizen von ihm bin ich glücklich. In der Fortsetzung dieses Traums erscheint Frances Josepha; sie begleitete mich zusammen mit ihrer Mutter im Sommer 1911 auf meiner (und ihrer) ersten Schiffsreise nach Europa.

Sie war ein paar Jahre älter, und wir wurden damals für Schwestern gehalten. Frances fand neue Freunde, und die Umstände trennten uns. In meinem Traum kam sie und sagte: »Erinnerst du dich an . . . So-und-so . . . und an So-und-so . . .?« — als wolle sie mich verletzen und demütigen. Ich sage: »Meine Erinnerungen sind im Moment nur im Hinblick darauf interessant, ob ich sie Freud erzähle oder nicht erzähle.« In meinen Träumen scheint mir, es gebe kein Argument oder Gegenargument, das mir mein Entzücken an diesem Wort »Freud« verderben könnte. Der Professor selbst hat auf die Übereinstimmung seines Namens mit der deutschen »Freude« hingewiesen.

Ich hatte in Amerika zur selben Zeit Ezra Pound gekannt; jetzt kommt Ezra, als wolle er sich mit Frances verbünden. Er sagt ironisch: »Seit wann bist du *so* glücklich — seit gestern?«

Sie schienen sich gegen mich zusammengerottet zu haben; so viele Menschen hatten versucht, meinen Glauben zu brechen. Ich sagte zu Ezra: »Ich konnte es nicht glauben, daß Freud mich nehmen würde — und jetzt gehe ich jeden Tag hin.« Anscheinend taucht nun Bryher auf und tritt, wie sie es in meinem wirklichen Leben tat, an die Stelle von Frances. Wir diskutieren über jemand — wen? Vielleicht war es Ezra, oder es kann möglicherweise auch Lawrence gewesen sein, dessen flammende Diatriben mich manchmal an den frühen Ezra gemahnten. In meinem Traum stellt der Professor meinen Glauben wieder her. »Hätte ich Ezra gekannt, ich hätte ihn in Ordnung bringen können«, sagt er.

In meinem Traum assoziiere ich plötzlich des Professors Halbkreis von kleinen Bildwerken mit Flaschen. Ich erinnerte mich, wie er, als er mir mein Riechsalz zurückgab, sagte, er glaube, »dies gehört Ihnen — eine kleine, *grüne* Flasche?«.

Als ich dem Professor sagte, daß ich in Frances Josepha vernarrt gewesen sei und vielleicht mit ihr glücklich geworden wäre, sagte er: »Nein — aus biologischen Gründen, nein.« Obwohl ich bei dem Professor so glücklich gewesen war (Freud — Freude), tat mir aus irgendeinem Grund der Kopf weh, und ich fühlte mich entnervt. Vielleicht kam es daher, daß ich ihm am Ende von einem bestimmten Luftangriff zu erzählen versuchte, bei dem die Fenster unseres Zimmers am Mecklenburgh Square in Brüche gingen.

8

6 Uhr 30

Als ich ihm von Frances und Ezra und ihrem offenkundigen Mangel an Mitgefühl oder Verständnis für mein Entzücken an der Analyse erzählte, hatte der Professor gesagt, ich wiche unerwünschten Erinnerungen aus oder schöbe sie beiseite; er sagte, ich überließe die Lage oder die Lösung der Psychoanalyse.

Im Moment lasse ich meine Konflikte ruhen im Vertrauen darauf, daß sie sich im Traum lösen oder auflösen werden.

Im Traum wandern wir in Ägypten den Nil entlang oder in Pennsylvanien den Lehigh oder den Delaware, oder wir finden irgendein Stück des »verlorenen« Zuhauses oder der »verlorenen« Liebe am Ufer der Donau, der Themse oder des Tiber. In diesem Sinn ist der Traum selbst Osiris, die Welt jenseits des Todes oder die Welt hinter der Schwelle des Wachlebens, der Schlaf. Wir wissen es nicht immer, wenn wir träumen.

Ich versuchte, verschiedene Erlebnisse, die ich auf meiner ersten Griechenlandreise gehabt hatte, im Umriß zu skizzieren. Ich habe von diesen Erlebnissen zu schreiben versucht. Genau besehen ist es die Angst, sie zu verlieren, sie zu vergessen oder sie einfach als neurotische Phantasien abzutun, als Überbleibsel des Krieges, des Wochenbetts und der Epidemie, die mich dazu treibt, wieder und wieder eine frische Skizze des »Romans« zu beginnen. Offensichtlich ist es das Tuch der Penelope, an dem ich webe.

Ich kann entscheiden, daß meine Erlebnisse das logische Ergebnis der Krankheit, der Trennung von meinem Mann und des Verlustes der Freundschaft mit Lawrence waren; doch selbst dann habe ich kein Mittel, mit dem ich die Vision bewältigen könnte. Es war, als wäre ein Vorhang gefallen, der »Asbestvorhang« zwischen den zehn Jahren meines Lebens, die ich außerhalb von Amerika verbracht hatte, und der damaligen (Frühling 1920) Gegenwart, von dem Stephen Guest einmal sprach. Ich war, soweit ich mich erinnere, von New York im Sommer 1911 abgefahren, doch ich glaube, ich begegnete Frances im Jahr vorher, im Kometenjahr 1910.

Das erste Jahrzehnt meines Abenteuers begann mit der Argo »Floride«, einem kleinen Dampfer einer französischen Linie, der nach Havre fuhr. Das zweite Jahrzehnt meines Abenteuers mit der Argo »Borodino«, einem Boot, das zu »einer der Linien« gehörte,

Bryhers Wendung für die Schiffe ihres Vaters. Das dritte Jahrzehnt meiner Kreuzfahrt oder Suche fing, so könnte man sagen, in London mit meinem Entschluß an, mich ernsthaft einer psychoanalytischen Kur zu unterziehen, zu meinem unmittelbaren Wohl und auch um mich für die Zukunft zu wappnen.

Wir unternahmen Kreuzfahrten durch meine Kindheit. Miss Chadwick war mir eine überaus große Hilfe. Sie konnte den späteren Entwicklungen nicht folgen. Wir kreuzten durch die Lande, die Schweiz, ein kurzer Besuch in Berlin. Dr. Sachs war im Begriff, seine Familie in Wien zu besuchen, also reiste ich ihm über Prag voraus. Ich hatte in Wien nur ein paar Gespräche mit Dr. Sachs, doch entschied ich, daß es das beste sei, wenn möglich direkt mit dem Professor zu arbeiten. Als ich Bücher, Manuskripte, Notizbücher sortierte, hatte ich das Gefühl, ich bereitete mich tatsächlich auf eine letzte Abreise vor. Doch bei dem allgemeinen Großreinemachen kam ich mit dem »Roman« überhaupt nicht weiter; ich konnte mich freilich auch nicht dazu bringen, die letzten unkorrigierten Abschriften zu vernichten. Da hängt er über mir, jener »Roman«. Der Mann auf der »Borodino«, ein gewisser Mr. Van Eck (wie wir ihn der Bequemlichkeit halber nennen wollen), war ein Mann auf der »Borodino«, doch der *Mann* war nicht Mr. Van Eck.

Ich traf ihn nicht oft. Wir waren drei Wochen auf See, das heißt, wenn man die Aufenthalte in Malta und Gibraltar mitzählt. Als wir jenes erste Mal den Atlantik überquerten, hatte es einen schrecklichen Sturm gegeben, es war fast ein Orkan, ja schlimmer noch wenn man Größe und Zustand der »Floride« bedenkt, die damals ihre letzte Überfahrt machte. Die »Borodino« war mehr als seetüchtig, sie war mit Metall beschlagen und während des Krieges in der Marine als Postschiff benutzt worden. Bryhers Vater hatte sie deswegen für uns ausgesucht. Es gab überall noch Treibminen.

Ich erzähle dem Professor ausführlich, wie ich dem *Mann* begegnete, der nicht Mr. Van Eck war. Ich hielt ihn freilich für Mr. Van Eck, doch war ein Haken dabei. Ich wußte das von Anfang an. Mr. Van Eck hatte eine tiefe, auffällige Narbe über seiner linken Augenbraue; sie war unter »Besondere Kennzeichen« in seinem Paß vermerkt. Der Kapitän erwähnte es, wie ich mich erinnere. Der *Mann* auf dem Boot hatte keine Narbe über seiner linken Augenbraue.

So weit, so gut.

Ich habe oft über mein Erlebnis mit dem *Mann* auf dem Boot

geschrieben oder versucht zu schreiben, daß es nicht schwierig ist, dem Professor die Geschichte zu erzählen. Die Hauptbegegnung war im Februar, ein paar Tage nachdem wir vom Londoner Hafen ausgelaufen waren. Wir hatten rauhes Wetter gehabt, und man hatte mir gesagt, der »Golf« (ich hatte nie zuvor den Golf von Biscaya einfach den »Golf« nennen hören) sei eigentlich immer rauh. Ich war mit Bryher und Dr. Ellis, der bei uns war, auf dem Deck herumgestapft. Ich trug eine alte blaue Jacke, eine Baskenmütze, wie heute unser altes Schottenbarett heißt, und flache Segeltuchschuhe. Die Kluft ist schlicht, doch den Umständen angemessen, und wie ich so auf meinen ungewöhnlich seetüchtigen Beinen dahinrutsche und -schlittere, bin ich tatsächlich in einem neuen Element — oder auch in einem alten Element; ich bin ein junges Mädchen, und schon in diesen paar Tagen, seit wir von London ausgelaufen sind, habe ich frische Kraft gewonnen.

Ich hätte keine Kluft erfinden können, die passender gewesen wäre, die meinen Zustand erneuerter Mädchenzeit oder Jugend besser ausgedrückt hätte. Ich war überrascht, daß das Deck völlig leer war und der Wind nachgelassen hatte. Es muß die Tageszeit vor dem Dinner gewesen sein, denn ich war in meine Einzelkabine gegangen, um mich wie gewöhnlich umzuziehen. Vielleicht hatte ich mich in der Kabine auf meine Koje geworfen, um ein paar Minuten zu ruhen, bevor ich mich an die mühsame Arbeit machte, frische Kleider aus dem Koffer hervorzukramen. Es war eine kleine Kajüte, doch die beste auf dem Schiff. Man hatte allem Anschein nach einer Doppelreihe separater Kojen eingezogen, zur Bequemlichkeit der paar privilegierten Passagiere, die man ausnahmsweise an Bord nahm (damals mußten Schiffsplätze Monate oder gar Jahre im voraus gebucht werden). An der Tür gab es, soweit ich mich erinnere, höchstens einen Haken. Jedenfalls war es sehr primitiv. Vielleicht hatte ich mich auf die Koje geworfen, um mich vor dem Umziehen für ein paar Minuten auszuruhen.

Vielleicht lag ich dort in der Koje und ruhte mich ganz normal aus, als ich die jetzt waagrechte Stiege zum Oberdeck hinaufkletterte. Also — dort war alles ruhig. Doch die frische Luft war anregend, eine frische Würze, ein frischer Geschmack, obwohl wir sie von Anfang an als eine Art Auferstehungshauch empfunden hatten, seit wir an jenem Spätnachmittag Anfang Februar 1920 den Fluß hinuntergefahren waren.

Freilich war das Deck alles in allem ganz ungewöhnlich leerge-

fegt, könnte man sagen, und schmuck. Keine vereinzelten Liege-
stühle standen herum, kein Junge, der sich nach verlorenen Kissen
oder vergessenen Decken bückte. Es waren allerdings auch nicht
viele Menschen an Deck gewesen, als wir uns, bloß vor ein paar Minuten, von Dr. Ellis getrennt hatten.

Vielleicht war es vor mehr als nur ein paar Minuten, aber jedenfalls überquerten wir etwas — »die Linie«? Welche Linie? Wir fuhren an der Küste des Golfs entlang, an der Küste Europas, doch
Europa war außer Sicht — links von uns, wenn man in Richtung
Bug blickte. Ich hatte mich über Dr. Ellis und seine ererbte Schiffs-
kapitänssprache — Steuerbord, Backbord — lustig gemacht, obwohl ich es als Schulmädchen selbst nur zu genau genommen hatte
und mich mit Luv und Lee, Steuerbord voraus und was noch alles,
bestens auskannte. All das war mir entfallen. Ich war mit links
und rechts, vorn und hinten zufrieden. »Gehen wir weiter nach
vorn?« pflegte Bryher zu sagen. Also — gehen wir weiter?

Der Wind mußte sehr plötzlich nachgelassen haben. Gut möglich auch, daß hier, wo wir uns Portugal näherten, die Nacht mit
jenem unnordischen Balsam, jener Süße heraufzog, die ich manchmal an dem bedeckten Himmel des winterlichen England vermißte.
Jedenfalls lag über dem Meer ein violettes Licht.

Ich muß Bryher holen, dachte ich, Bryher darf das nicht verpas-
sen; doch wie ich mich eben umdrehen will, sehe ich Mr. Van Eck
an der Reling stehen, *rechts* von mir, die ich oben an der Schiffs-
treppe stehe.

Also — er sieht mich. Ich muß zumindest Guten Abend sagen.
Ich bemerke zu meiner Überraschung, daß er etwas größer ist als
ich; ich hatte ihn nicht für ganz so groß gehalten, obwohl er gutes
Gardemaß war, mit breiten Schultern, ziemlich vierschrötig gebaut,
doch nicht übermäßig schwer. Er ist größer, als ich dachte. Ich
darf Mr. Van Eck nicht anstarren. Ich habe die ganze Zeit Angst,
er würde mich dabei ertappen, wie mein Blick sich in einer Art un-
kontrollierbarer Faszination auf jene merkwürdige Narbe über seiner linken Augenbraue heftet. Und dennoch, man kann nach den
Regeln der Höflichkeit nicht einem Menschen, den man begrüßt,
nicht in die Augen sehen. Seine Augen sind unbedeckt; Mr. Van
Eck trug sonst eine Brille mit dickem Rand.

Seine Augen sind blauer, als ich gedacht hatte, es ist ein Nebel-
blau, Meerblau.

Sein Haar ist an den Schläfen nicht so gelichtet, wie ich mir vorgestellt hatte. Mr. Van Eck hatte mir erzählt, er sei 44 oder würde es am 10. März werden. Mein Geburtstag ist am 10. September, also standen wir, wie die astrologischen Tafeln zeigen, in Opposition*; die »Fische« stehen ja in Opposition zu »Virgo«. Doch liegen wir direkt auf der Linie der Affinität. Ich nannte ihm mein Geburtsdatum nicht, aber ich rechnete ein bißchen herum; ich war 33, und wenn Peter Van Eck im März 44 wurde, blieb ich immer noch 33 bis zum kommenden September.

Er ist größer. Er ist älter — nein, er muß jünger sein. Es ist bald Abend, es ist dieses seltsame Licht. Doch das Licht ist nicht seltsam.

Man darf nicht starren. Doch es ist keine Narbe da, bestimmt nicht.

Rechts von ihm, so wie er jetzt dasteht, mir zugewandt, liegt die Küste von Europa — Portugal? Rechts von ihm, so wie er dort steht, liegt eine zerklüftete Küste. »Land«, sagte ich. Ich machte mir dabei nicht klar, daß das Land, wäre Land zu sehen, auf der anderen Seite des Schiffes läge. Oder war das Schiff umgekehrt? Oder waren das einige abgelegene Inseln, von denen ich in meiner Ahnungslosigkeit nichts wußte? Dann gab es da Delphine.

Ja, es gab Delphine. Aber von Delphinen war die Rede gewesen, »Meerschweine« nannte sie jemand, vielleicht der Ingenieur, der auf dem Weg nach Euböa war und am Tisch neben Dr. Ellis saß. Wir vier saßen rechts und links: Bryher und ich hatten an dem langen Tisch die Plätze neben dem Kapitän; Dr. Ellis war Bryhers Nachbar; mein linker Nachbar war Mr. Van Eck.

Zu den Delphinen stoßen weitere Delphine, sie bilden ein seltsam wenig überzeugendes Muster, springen in rhythmischer Folge wie Mondsicheln oder Halbmonde aus dem Wasser, fliegende oder tanzende Delphine. Doch es sind Delphine. Sagte nicht der Ingenieur, der auf dem Weg nach Euböa war, er habe nach einem Meerschwein ausgeschaut?

Wir haben März, »Pisces«, die »Fische«, doch ich denke nicht, daß ich damals daran dachte.

Ich weiß nicht, was ich dachte. Ich dachte, Mr. Van Eck »macht« sich aus irgendeinem Grund (vielleicht ist er ein Geheimagent) »zu-

---

* *Anm. d. Übers.:* Im englischen Text steht irrtümlich »not in opposition«: »nicht in Opposition«.

recht«. Konnte er jene Narbe einreiben oder auflegen? Nun, vielleicht war es nicht Mr. Van Eck, der sich als Geheimagent »zurechtmachte«; vielleicht machte sich der Geheimagent als Mr. Van Eck zurecht.

Nein, damals, in exakt jenem Moment im Februar, wußte, bedachte ich das alles nicht so genau. Ja, es war Februar. Es war noch nicht März; Februar ist »Aquarius«, das Haus der Freunde ...

13. März

Der Professor sagte, er sei neugierig darauf, wie die Geschichte weitergehe, nachdem wir nun den Rahmen hätten.

Auch ich war neugierig. Wenn der Professor mein Problem nicht lösen konnte, konnte es keiner. Ich erzählte ihm, wie verstört ich am ersten Abend auf See war, als links neben mir eine taube alte Dame aus Kanada saß, die auf dem Weg nach Athen war, eine Nichte besuchen, die einen griechischen Rechtsanwalt geheiratet hatte. Ich fühle mich besonders unwohl, wenn ich meine Stimme beim Sprechen heben muß, und ich malte mir aus, wie ich die ganze Reise über ein höfliches Tischgespräch in dieser gezwungenen und unnatürlichen Art führen müßte. Und auch das hätte noch nicht so viel ausgemacht, hätte es nicht den Anschein gehabt, als verebbe jedesmal rund um den Tisch das Summen der Konversation, wenn ich meine Stimme zu einer nichtigen Bemerkung erhob oder aus Höflichkeit der alten Dame möglichst unverfänglich ihre Fragen nach meinen Plänen, und warum ich auf dem Boot sei, und wie ich es geschafft hätte, daraufzukommen, beantwortete.

Damals hatte ich noch nicht die Familie aus Alexandria wahrgenommen, oder ich wußte nicht, daß sie auf dem Weg nach Alexandria waren — »Alex« sagte der große Junge dazu. Auch bei dem Ingenieur und einem Missionar (wie ich mir später zusammenreimte), die sozusagen in Rufweite saßen, hieß es »Alex« und »Gib«. Doch weder der Missionar noch der Alexandrinische Tabakhändler (daß das sein Beruf war, entdeckte ich hinterher) oder der Ingenieur auf dem Weg nach Euböa machten auch nur Anstalten, mir in meiner Bedrängnis zu helfen.

Es kam mir wie ein Wunder vor, als ich nach zwei Abenden solcher Qual auf einmal einen anderen Reisegefährten neben mir fand.

Es war Mr. Van Eck. Ich weiß nicht, wie er auf diesen Platz kam. Freilich, die alte Dame hatte sich für den Rest der Reise in ihre Kabine zurückgezogen. Ich vermute, ausgepichte Reisende, was all die anderen zu sein schienen, wissen, wie man diese Dinge arrangiert. Für mich war es kaum weniger als ein Wunder, als ich am dritten Tag auf See anstelle der tauben alten Dame einen sympathischen, leicht angegrauten Weltmann neben mir fand, ungezwungen und umgänglich, voller halblauter witziger Bemerkungen über unsere Mitpassagiere steckend.

Ich war fasziniert von Peter Van Eck. Er war weitgereist, hatte einige Zeit in Griechenland gelebt, hatte auf Kreta Ausgrabungen gemacht, war ein Architekt seinem Beruf und, wie er sagte, ein Künstler seiner Neigung nach; doch habe nach seiner Neigung in dieser Angelegenheit niemand gefragt. Er war auch einmal in Ägypten gewesen und hatte mitgeholfen, das Grab oder die Gruft irgendeines Kalifen oder Khediven zu restaurieren. Diese Wörter waren mir neu. Er sagte über den Tisch hinweg zu Bryher, irgend etwas gehöre dem »Khediven«; ich erinnere mich nicht, was. Ich erinnere mich nur, daß ich das Wort zum erstenmal hörte.

Doch ich hatte meine Vorbehalte. Ein Asbestvorhang war gefallen zwischen mir und meiner Vergangenheit, meiner gar nicht so lange vergangenen, bitteren Trennung von Liebe und Freundschaft.

Ich wiederholte: »Wir waren drei Wochen unterwegs.« Der Professor sagte: »*So* langsam?«

Wir liefen Dr. Ellis in Algeciras davon und gingen mit Mr. Van Eck in einem Korkeichenwald spazieren; der Boden war übersät mit den Sternen der Februarnarzissen. Diesmal war es Mr. Van Eck, nicht der *Mann* auf dem Boot, doch hatte ich damals weder die Geistesgegenwart noch die Verwegenheit noch den Mut, all das durchzuarbeiten. Wenn Mr. Van Eck der *Mann* auf dem Boot war, verlor ich etwas. Wenn Mr. Van Eck nicht der *Mann* auf dem Boot war, verlor ich etwas. Ich weiß nicht warum, aber in Malta sagte ich Bryher, ich wolle nicht, daß wir vier hinaus zu der alten Stadt fuhren, wie Mr. Van Eck vorschlug. Ich denke, ich wollte mit Bryher allein sein, um etwas zu durchdenken, das ich nicht in Frage stellte oder das ich nicht als Frage stellte. Die Frage beantworten hieß, den einen oder den anderen verlieren, Mr. Van Eck oder den *Mann* auf dem Boot.

Manchmal war Mr. Van Eck der *Mann* auf dem Boot, doch er war nicht der *Mann* auf dem Boot, dem ich zum erstenmal im Golf begegnet war. Ich hätte es wissen sollen. Ich wußte in der Tat, auch wenn ich es noch nicht zugeben konnte, daß nicht nur die Delphine nicht überzeugten, sondern daß das Meer selbst unmöglich war. Das heißt, es war zwar damals alles in Ordnung, aber es gibt das einfach nicht: ein ruhiges Meer und ein Schiff, das sich ohne Beben, ohne daß der Motor zittert oder stampft, vorwärts bewegt auf einem Meer, das eben daliegt und sich doch in tausend winzigen Wellen bricht, alle mit vollkommenen Spitzen wie die Wellen auf dem Hintergrund eines Botticelli. Nein, es war alles falsch.

Und doch war es so ungemein natürlich, daß ich mich bei Tisch an Mr. Van Eck wandte. »Es war wunderschön, den Delphinen zuzuschauen«, sagte ich. »Wenn nur Bryher bei uns gewesen wäre.« Bryher fragte, wie ich glaubte etwas mürrisch: »Wo warst du überhaupt?« Ich antwortete: »Auf Deck. Ich stürzte nach oben, weil ich Luft brauchte und den Sonnenuntergang sehen wollte. Ich war auf Deck und schaute mit Mr. Van Eck den Delphinen zu.« Bestätigung heischend, wandte ich mich an Mr. Van Eck.

Er lächelte über den Tisch hinweg Bryher zu. Er hatte eine verbindliche Art. Der Kapitän sagte: »Delphine? Der Funker ist unser Delphinfachmann. Er meldete keine Delphine.« »Aber da waren Delphine«, ich wandte mich wieder, Bestätigung heischend, an Mr. Van Eck. »In welche Richtung schwammen sie?« fragte der Kapitän. Ich zeigte auf dem Tisch, wie das Fries der fliegenden Delphine verlaufen war. »Sie schwammen in *diese* Richtung«, sagte ich und gab eine Linie an, die an Mr. Van Eck vorbei, »nach vorn«, den Tisch hinunter lief. »Das ist richtig«, sagte der Kapitän, »so würden sie schwimmen. Sie schwimmen mit dem Wind. Ich muß den Funker fragen.«

Doch jetzt sagte ich zum Professor: »Wo war ich, wenn Bryher mich nicht finden konnte?«

Vielleicht ist das eine alte Rätselfrage. Vielleicht gibt es keine Antwort darauf, oder es mag gefährlich sein, sie zu stellen, weil die falsche Antwort (wie bei der Sphinx in Ägypten) den Tod bringen könnte. Aber ich konnte immerhin die Einzelheiten meines Erlebnisses registrieren, konnte sie aufzeichnen, konnte auf diesem Rahmen die Fäden, den Teppich weben und wieder weben. Es kam nicht wirklich darauf an, wo ich war. Vielleicht war es eine Geschichte wie der Erlkönig. Vielleicht — und das ist wahrscheinlicher — war es eine Geschichte wie Algernoon Blackwoods »Zentaur.«

Ich hatte den »Zentaur« mehrere Male gelesen, zuerst in Amerika. Es gab darin jenes gleiche Motiv, jene gleiche absolute und

exakte Minute, wo sich auf einem kleinen Passagierboot (soweit ich
mich erinnere) auf dem Weg nach Griechenland alles veränderte. In
einem exakten Moment glitt das Boot in die Verzauberung. So
gab es auch hier in einem exakten Moment, mit Uhrzeit, an einem
exakten Punkt der Landkarte, auf dem Weg zu den Säulen des
Herkules, auf einem Boot mit dem Bestimmungshafen Athen, ein
»Überschreiten der Linie«. Ich glaube, im »Zentaur« wußte der
Erzähler oder Held noch in der Minute, der Sekunde, daß die Linie
überschritten war. Ich, der Erzähler dieser Geschichte, wußte nicht,
daß ich die Linie überschritten hatte.

Als ich es dann doch erkannte, war es zu spät, ich konnte Mr. Van
Eck nicht mehr erreichen. Er war auf dem Weg nach Delhi.

Delhi, Delphi?

Sie arrangieren die Dinge so, vermute ich. Hätte ich die Geschichte schon, als wir in Athen auseinandergingen, erkannt, hätte es
vielleicht kein Auseinandergehen gegeben. In welchem Fall ich die
Geschichte verloren hätte.

An jenem Tisch in dem langen Salon flogen Namen umher, hin
und her, auf und ab, wie altmodische Tischtennisbälle. London,
Gibraltar, Algeciras, Malta, Athen, Delhi, Alexandria, Kairo . . .
Ich sagte zu Mr. Van Eck an jenem letzten Morgen beim Früh-
stück: »Ich vermute, ich werde Ihnen in einer der Hauptstädte
Europas wieder über den Weg laufen.« Ich wollte kein bestimmtes
Arrangement für ein Wiedersehen in Athen treffen. »*Sie* werde ich
in den Propyläen wiedersehen«, sagte er.

Bryher und ich sahen ihn zusammen mit Dr. Ellis in den Propyläen wieder. Doch er ließ uns allein durch die Tore weitergehen,
zum Parthenon.

8 Uhr abends

Ich fühle mich schlapp und bedrückt. Ich ärgerte mich gegen
Ende meiner Sitzung, als Jofi herumzuwandern begann und ich das
Gefühl hatte, der Professor sei mehr an Jofi als an meiner Geschichte interessiert. Ich ärgerte mich, weil ich jemand vor der Tür
lachen hörte. Nur selten höre oder registriere ich, was im Wartezimmer oder im Flur vor sich geht. Der Professor sagte: »Die Erinnerungen sind also verblaßt?« Vielleicht fühlte er, daß ich mich wirklich zu sehr bemühte, eine dramatische Szene aus dieser Geschichte
zu machen, die nichts war als »eine Atmosphäre . . .«

Ich schnappte fast nach ihm: »Nein — *nicht* verblaßt.«

Der Professor fragte mich, ob ich diesen Mann wiedergesehen hätte. Ich sagte: »Zweimal in London.« Vielleicht vermittelte ihm der Ton meiner Stimme, was ich fühlte. Mr. Van Eck in London war nicht der *Mann* auf dem Boot.

14. März, 2 Uhr 40 nachmittags

Ein vertrauter Alptraum letzte Nacht. Ich war in einem Hotel oder einer Pension, Bryher und meine Mutter waren in einem anderen. Ich kehre in mein Zimmer zurück und stelle fest, daß eine wütende Wirtin alle meine Kleider und Habseligkeiten, ohne mich zu fragen, in ein anderes Zimmer geschafft hat. Ich ärgere mich, bin aber in meinem Traum zu eingeschüchtert, um anders als höflich zu reagieren. Verschiedene Kinder sind da, spielen herum. Die Kinder sind indifferent, doch offenbar nicht feindselig. Die Wirtin funkelt mich an: »Aber wir haben *keinen* Platz hier; Sie müssen schnurstracks verschwinden.«

Es gelingt mir irgendwie, meine Kleider zu bekommen, ich breche unter ihnen und einer Reihe unhandlicher Pakete fast zusammen, doch gelingt es mir endlich, Bryher und meine Mutter zu erreichen. Wir sind in Florenz, am Ufer des Arno, doch der Arno ist nur ein Flußbett mit ein paar Fußspuren. Meine Mutter sagt: »Nur auf *dieser* Seite des Flusses bist du sicher.«

Immer noch bin ich überschwer beladen und weiß nicht aus noch ein. Meine Mutter starb genau vor sechs Jahren, im März. Wir hatten in Florenz in einem Hotel gewohnt, »Lungano«, am Ufer des Arno. In Florenz war ich zum erstenmal 1912 mit meinen beiden Eltern. Um dieselbe Zeit erwartete ich auch vor vierzehn Jahren gerade mein Kind. Ich war von der Epidemie, wie der Professor sie nannte, angesteckt worden und wartete in einer Pension in Ealing auf meine Überführung in die Saint-Faith's-Privatklinik. Im Haus hatte es einen Todesfall gegeben. Hinterher erfuhr ich, wie schockiert Bryher gewesen war, als sie mich besuchen kam. Die Wirtin hatte gesagt: »Aber wer soll sich um das Begräbnis kümmern, wenn sie stirbt?«

Der Trauminhalt ist trivial. Doch ich erwache mit Herzweh — mit Herzweh, ja, im üblichen romantischen Sinn, und mit Herzweh oder wirklichem physischem Schmerz, der mich erschreckt.

Ich erhole mich über meinem Frühstückstablett, Wiener Kaffee und Semmeln, und ich gehe aus und hole die Sigmund-Freud-Radie-

rung ab, die ich vor ein paar Tagen in dem Laden an der Ringstraße
bestellt hatte.

9

7 Uhr abends

Ich erzählte dem Professor von dem Schock nach meinem Alptraum und nannte ihn einen Schlag für mein Herz. Er fragte
zuerst nach Van Eck — war es ein österreichischer Name? Er
sagte: »Ich habe eine Idee.« Er stürzte davon und brachte eine Le-
dermappe zurück und zeigte mir den Namen, der innen in den
Deckel eingeprägt war. Er hieß »Vaneck«.

Er hörte mit Interesse, daß Mr. Van Eck der Adoptivsohn des viktorianischen Malers war, und fragte nach der Nationalität. Ich er-
läuterte, daß ich den Namen für einen nom de guerre hielt; es war
eine holländische Familie, die sich in London niedergelassen hatte.
Ich sagte, Malen erinnere mich an meine Mutter. Ich erzählte ihm,
wie wir als Kinder ihre Malerei bewundert und vor Besuchern ge-
prahlt haben: »Meine Mutter hat das *gemalt*.« Meine Mutter hatte
eine krankhafte Neigung zur Selbstauslöschung.

Ich fuhr fort und sagte, wie schwierig es gewesen sei, die Geschichte von Peter Van Eck wieder zusammenzusetzen, wo es doch
weiter nichts als eine gewöhnliche Bekanntschaft oder Reiseaffaire
gewesen sei. Der Professor forderte mich auf, meinen Traum von
den zwei Zimmern in dem Hotel oder der Pension zu deuten. Ich
meinte es sei wohl die Angst, fortgeschafft zu werden, aus der
Zeit meiner Schwangerschaft; vielleicht sei es Todesangst. Er
fragte mich nach mehr »historischen Details«. Ich erzählte ihm
von diversen Vorfällen während der Kriegsjahre, als ich in kleinen
Zimmern gewohnt hatte, um in der Nähe meines Mannes zu sein,
der zu diversen Übungseinheiten abkommandiert war. Wie schwierig
es damals war, irgendwo unterzukommen, und wie ich einmal von
Buckinghamshire kam, um den Arzt aufzusuchen, und spät abends
vom Nebel überrascht wurde und ein Zimmer zum Übernachten
finden mußte. Wie ich so in Bloomsbury herumirrte, sprach mich
ein vollkommen fremder Mann an: »Ich habe ein Zimmer, das Sie
haben können«, sagte er. Es schien unmöglich, doch er öffnete
eine jener grünen Türen aus einer Reihe grüner Türen und stellte
mich der Wirtin vor. »Diese Dame nimmt mein Zimmer über
Nacht«, sagte er. Das passierte wirklich. Beim Erzählen scheint es

zu einem Traum zu gehören.

Der Professor sagte: »Aber ich weiß, wer die böse Wirtin ist.« Ich fragte unschuldig: »Wer?« Er sagte: »Ich selbst.« Ich wies das zurück und entsann mich dann, wie sehr es mich aus der Fassung gebracht hatte, als mir Mary Chadwick vom Tavistock Square in Bloomsbury am Ende unserer drei Sitzungsmonate sagte: »Sie reden *wirklich* gern, nicht wahr?« Ich erzählte das dem Professor, und er sagte: »Aber Miss Chadwick und Ihre Arbeit mit ihr ist nur ein Vorläufer von mir.« Ich widersprach. »Nein. Sie war eine tüchtige Krankenschwester, aber kein Arzt.«

Der Professor sagte, es müsse noch weitere »historische Daten« geben, die mit meiner Angst, hinausgeworfen zu werden, zu tun hätten. Ja, es gab viele tatsächliche Erlebnisse, die ich assoziierte. Ich entsann mich, wie ich einmal, als ich mit meinen Eltern in Rom wohnte, nach einem ermüdenden Tagesausflug in mein Zimmer hinaufrannte und feststellte, daß der Schrank leer und keine meiner Habseligkeiten auf dem Toilettentisch zu finden war. Man hatte mich in ein anderes Zimmer, einen Stock tiefer, verlegt. Es war nicht so sehr der Ärger, daß man mich nicht gefragt hatte, der mir zu schaffen machte, wie der Schock, die Treppe hinaufzustürzen und feststellen zu müssen, daß meine Kleider, Schuhe und so weiter geheimnisvoll verschwunden waren. Ich erzählte dem Professor, daß ich mir, wenn ich zurück auf mein Zimmer im »Regina« gehe, gleichsam einen Ruck geben muß, bevor ich die Tür aufschließe, aus lauter Angst, man könnte mich verlegt haben. Die Hotels in Florenz, Rom und Neapel, in denen wir gewohnt haben, kommen mir in den Sinn. Ich habe hier das Gefühl, in einer italienischen oder fast-italienischen Stadt zu sein.

3 Uhr 30 nachmittags

Jetzt, beim Nachmittagstee, erinnere ich mich, wie mich der Professor fragte, warum ich so glücklich darüber sei, daß meine Sitzungen gerade um Fünf beginnen. Ich erzählte ihm, wie meine glücklichsten Erinnerungen an die Londoner Frühzeit mit dem unvermeidlichen Vieruhr- oder Fünfuhrtee assoziiert seien, und daß ich hier über meinem Notizbuch träumen und mich auf das Glück, danach mit ihm zu reden, vorbereiten könne. Er sagte mir erneut, er wolle nicht, daß ich mich vorbereite. Ich fand nicht die richtigen Worte, um ihm klarzumachen, daß ich das nicht tat. Offenbar will er nicht, daß ich mir Notizen mache, doch ich muß das tun.

Ich erinnere mich, wie glücklich ich mit den Kindern von gegenüber war, wenn wir bei Tee-Partys miteinander spielten. Wir hatten für diese Gelegenheit unser Übergangs-Geschirr. Meine Mutter besorgte mir ein Gedeck, als ich über das »echte Teegeschirr«
von Williams' so aus dem Häuschen war. Es lag zwischen den
Erwachsenen und den Puppen.

Ich glaube, es war zu meinem siebten Geburtstag, daß mir meine
Mutter dieses Gedeck besorgte. Die Tassen und Untertassen und
Kuchenteller hatten einen Goldrand. Sie waren bemalt mit einem
Bund Veilchen.

10

6 Uhr 40 abends

Der Professor sah mich im Wartezimmer lesen und forderte
mich auf, jedes Buch von ihm auszuleihen, das ich haben wollte. Wir
sprachen wieder von Jofi. Ich fragte nach Jofis Vater. Jofi soll Mutter werden. Er erzählte mir, daß Jofis erster Mann ein schwarzer
Chow war und daß Jofi ein schwarzes Baby hätte, »so schwarz wie
der Teufel«. Es starb, als es ein Dreivierteljahr alt war. Jetzt ist der
neue Vater löwengelb, und der Professor hofft, daß diesmal Jofis
Kinder am Leben bleiben. Er sagte, wenn es zwei Junge sind, bekommen eins die Leute des Vaters, aber wenn es nur eines ist,
»bleibt es ein Freud«.

Der Professor fragte mich, ob ich »Kummer beim Spazierengehen«
gehabt hätte. Ich wußte nicht, was er meinte. Ich sagte, ich fühlte
mich wohl und genösse meine Streifzüge. Er fügte hinzu: »Ich
meine, auf den Straßen.« Auch danach war mir nicht ganz klar, was
er meinte; ich sagte, ich fühlte mich hier zu Hause und hätte niemals Angst. »Die Leute in den Läden sind so liebenswürdig.« Der
Professor sagte: »Ja — zu einer *Dame*.«

Der Professor fragte mich erneut nach »historischen Assoziationen« zum Thema Umziehen oder Fortgeschafftwerden. Ich erzählte ihm von einigen meiner Entdeckungen.

Ich sagte, es gebe zweifellos Kindheitsassoziationen, wie man
»das Zimmer verlassen« mußte oder aus dem Zimmer geschickt
wurde, weil man unartig war. Darauf er: »Ja, die Kindheitserinne-
rung oder -assoziation ist oft unglücklich.«

Doch man war nicht immer unglücklich, wenn man die Familie
verlassen mußte. Einmal wurde ich zu einer jungen, kinderlosen

Tante verschickt, und ich werde nie die riesige Stoffpuppe vergessen, ein Schatz aus ihrer Kindheit, die sie mir zum Spielen gab. Sie war es, die mir zum erstenmal ein kleines Gaze-Beutelchen mit einem Sortiment Perlen gab und mir beim Auffädeln half. Ich hatte bei Miss Chadwick einen Traum gehabt, in dem mein Onkel Vaneck hieß; in Wirklichkeit hieß er Frederick.

Wieder sprach ich von unseren Spielzeugtieren, und er erinnerte mich an meine Tigerphantasie. Gab es nicht eine Geschichte »Die Frau und der Tiger«, fragte er. Ich entsann mich einer »Die Dame oder der Tiger«*.

Heute fing ich meine dritte Woche an.

11

16. März, 7 Uhr abends

Ich sah einen Band von Arthur Waley auf dem Regal und fragte den Professor, ob er den Verfasser kenne. Er sagte, nein. Ich begann, dem Professor zu erzählen, wie ich Waley in den allerersten Tagen in London begegnet war, im Britischen Museum, wo ich gerade las, und wie er mich zum Tee in die Teestube des Museums eingeladen hatte. Wir sprachen über einen Schirm, den ich trug, »En-tous-cas« hatten sie ihn zu meinem Ergötzen im Laden genannt. Später, während des Kriegs, begegnete ich Arthur Waley in der Wohnung von Iseult Gonne in Chelsea. Ich sagte, meiner Meinung nach sei Waley ein Jude. Freud meinte das auch, »aber er hat seinen Namen frisiert«.

Ich erzählte Freud weiter, warum ich mich in London von der Psychoanalyse ferngehalten und bis vor wenigen Jahren praktisch

---

* *Anm. d. Übers.:* Der Autor der Kurzgeschichte »The Lady or the Tiger«, erschienen 1897, ist Frank Stockton. Freud schrieb am 25. 2. 1934 an Arnold Zweig: »Unser Stückchen Bürgerkrieg war gar nicht schön. [...] So kann es nicht bleiben, etwas muß geschehen. Ob die Nazis kommen oder unser heimgebackener Faschismus fertig wird, oder ob der Otto v. Habsburg naht, wie man jetzt vermutet. Mir schwebt eine undeutlich erinnerte Erzählung vor: ›The Lady and the Tiger‹, nach der ein armer Gefangener im Zirkus wartet, ob die Bestie auf ihn losgelassen wird oder ob die Dame eintritt, die ihn durch ihre Wahl zum Gatten straffrei macht. Die Pointe ist, daß die Geschichte zu Ende ist, ohne daß man erfahren hat, wen die Türe einläßt, ob die Lady oder den Tiger. Das kann nur bedeuten, daß es für den Gefangenen ziemlich gleichgültig und darum nicht mitteilenswert ist.« (Sigmund Freud — Arnold Zweig. Briefwechsel. Hrsg. v. Ernst L. Freud. Frankfurt a. M.: S. Fischer Verlag 1968, S. 76.)

nichts gelesen hatte, wie Waley um 1920 in unserer Wohnung in Buckingham Mansions in Kensington angedeutet hatte, ein Freund von ihm könne vielleicht Bryher helfen, wie Dr. Ellis abriet, wie jedoch schließlich Bryher ein paar Sitzungen nahm bei — — —

(In diesem Moment, ich schreibe gerade auf der Marmorplatte eines Kaffeehaustisches, wird ein winziges Bund Veilchen auf mein Notizbuch gelegt, ich möchte weinen. In meiner Verlegenheit gab ich nur 30 Groschen; doch der Bettler mit der Schuhschachtel schien sich zu freuen und verschwand. Auf dieselbe Weise bedeckten auf einmal Veilchen die Seiten eines kartonierten Exemplars von Euripides' »Ion«, das aufgeschlagen auf dem Tisch meines Zimmers in Korfu, im Hotel »Belle Venise«, lag. Es schien »mysteriös«, doch muß sie Bryher dort gelassen haben.)

Ich erzählte weiter, wie Van Eck und ich im Salon des Hotels »Grand Bretagne« in Athen auseinandergegangen waren. Ich sagte, ich sei frostig gewesen.

Dr. Ellis, der auf dem Schiff mit uns zusammen war, doch in Athen in einem anderen Hotel wohnte, kehrte ein paar Wochen später nach London zurück. Wie kalt es war — Wind aus Sibirien — in der Ecke unseres eleganten Salons stand ein Ofen, nichts als Talmi und vergoldete Spiegelrahmen — keine Scheite, keine Kohle. Die Spanische Grippe wütete dort gerade wieder.

Freud fragte, ob Bryher sie gehabt habe. Nicht gefährlich, erklärte ich. Einer der dortigen Geschäftspartner ihres Vaters schlug vor, wir sollten Athen verlassen. Auf den Rat dieses Mr. Crowe fuhren wir den Golf von Korinth hinauf. In der Nacht ankerten wir vor Itea, dem Anlegeplatz oder Hafen für Delphi.

Ich erzählte dem Professor, wie glücklich ich in Korfu war — Blumen, Frühling, Orangenbäume, Bleistift-Zypressen, Mouse Island oder Böcklins »Toteninsel«. Ich erzählte ihm von Bryhers Fürsorglichkeit, von unseren Spaziergängen und -fahrten und sagte, die Freundschaft schien mich wieder auf normale Lebensverhältnisse eingestellt zu haben. Freud berichtigte: »Nicht normale, sondern schon ideale.«

Er wollte etwas von den Bildern erfahren, die ich die *Schrift an der Wand* nannte, doch die Zeit war fast um, also stellte ich einfach fest, daß mir diese ganze Zeit über Van Eck durch den Sinn ging. Bryher wußte davon. Der Professor sagte, das Problem sei subtiler, verwickelter, als er sich zunächst vorgestellt habe.

Er sagte, er wolle nicht, daß ich mich für meine Sitzungen mit

ihm *vorbereite*. Ich sagte, das täte ich nicht. Ich sprach davon, wie
entzückt ich von der Idee sei, alte Probleme zu lösen.

Als ich ihm von dem Erlebnis auf den Scilly Inseln erzählte, von
dem überirdischen Gefühl, wie mich die zwei Kugeln oder die zwei
durchsichtigen Halbkugeln einschlossen, sagte ich, meine Vermutung sei, daß es irgendeine Art vorgeburtlicher Phantasie war.
Freud sagte: »Ja, offensichtlich; Sie haben die Antwort gefunden,
gut — gut.«

17. März, 2 Uhr 25 nachmittags

Hatte einen seltsamen Traum von riesigen Amseln (Mr. Crowe*
von gestern?). Sie picken oder hacken mit ihren großen Schnäbeln
nach meinen Knöcheln. Ich bin starr vor Angst. Irgendwie werde
ich von einem Jugendlichen oder jungen Mann gerettet, die glänzenden, schwarzen Schnäbel der Vögel verwandeln sich in Knö-
chelringe aus Ebenholz über meinen bloßen Füßen.

Eine Freundin meiner Schultage kommt. Sie sucht Zimmer.
Wieder *Zimmer*. Dann ist da eine konfuse Sequenz von einem Haus
oder einer Villa mit vielen Zimmern — das Haus meines Vaters?
Ich habe Matilda gern und bin froh, sie heute zu sehen — doch da
ist das alte Übel! Wird sie mir *mein Zimmer* oder *meine Zimmer*
streitig machen? Ist das eine Geburtsangst? Bryher schreibt davon,
daß sie später mit meiner Tochter hier zu mir stoßen will.

6 Uhr 40 abends

Der Professor forderte mich auf, den Traum von den Amseln zu
deuten.

Freud sagte, der Mann in dem Traum habe mir meine Weiblichkeit geschenkt, also verzauberte er die Vögel.

12

6 Uhr 40 abends

Heute erzählte ich dem Professor von der Bilderschrift oder der
Schrift an der Wand, wie ich sie nannte. Er wollte Einzelheiten wissen wie die exakte Größe der projizierten Bilder, die ich in dem
Zimmer des Hotels »Belle Venise« auf Korfu sah, die genaue Zeit,
die die Bilderfolge tatsächlich für ihre Materialisation brauchte,

---

* *Anm. d. Übers.:* Englisch »crow«: »Krähe«.

welche Tageszeit es war. Ich schaute mich im Zimmer um und fand, wonach ich ausschaute; auf einer griechischen Vase war ein Bild der Siegesgöttin, der Nike, wie ich sie nannte, aus meiner Sequenz. Ich sagte: »Ah, da ist sie.«

Der Professor und ich gingen zu dem Glasschrank hinüber. Einige der Bilder, wie ich sie sah und beschrieb, hätten griechische Vasensilhouetten sein können.

7 Uhr 40 abends

Ich hatte eine Fotografie von Bryher mitgenommen, die ich dem Professor zeigen wollte. Er sagte, es hätte ein Page aus einem italienischen Fresko sein können.

Der Professor sagte: »Sie ist *nur* ein Junge.« Und dann: »Es ist ganz klar.« Von einer anderen Fotografie sagte er: »Sie sieht wie ein Polarforscher aus.« Ein anderer Schnappschuß gefiel ihm: meine Tochter mit Bryher auf der Terrasse des Hauses in La Tour. Ich erzählte dem Professor, daß sie vielleicht beide später nach Wien kommen würden. Er sagte: »Ich würde sie so gern sehen.« Das machte mich sehr glücklich.

Er sagte, Bryhers Briefe seien »sehr freundlich, sehr geschmeidig«, obwohl sie selbst auf den Bildern »so entschlossen, so unnachgiebig« aussehe. Ich erzählte ihm, wie zuverlässig Bryher gewesen ist, wie loyal, und wie sie auf unseren zahlreichen Reisen alles arrangierte. Als ich ihm von der *Schrift an der Wand* erzählte, fragte er mich, ob ich Angst gehabt hätte. Ich sagte, das nicht, doch hätte ich befürchtet, Bryher könnte um mich Angst haben. Er fragte wieder nach der Beleuchtung des Zimmers, nach etwaigen Spiegelungen oder Schatten. Wieder beschrieb ich das Zimmer, die Verbindungstür, die Tür hinaus auf den Flur und das eine Fenster. Er fragte, ob es eine Glastür gewesen sei. Ich sagte: »Nein — es war ein Fenster wie das da«, und zeigte auf das eine Fenster in seinem Zimmer.

8 Uhr 10 abends

Ich sitze im Café Viktoria, auf einer gepolsterten Eckbank, unter einem ungeheuren Kronleuchter. Ich denke an Venedig, wenn ich die spiegelnden Glaskristalle anschaue.

18. März, 10 Uhr 40 vormittags

Ich träume von meiner jungen Mutter. Wir sind auf der Veranda unseres ersten Hauses in Bethlehem. Mein Bruder ist nur ein Jahr

jünger, doch fühle ich mich ihm ungeheuer überlegen, als ich ihn
beobachte, wie er über den Fußboden kriecht. Er schlängelt sich,
kriecht oder geht sehr schnell auf allen Vieren. Ich denke, er ist
sehr schlau, dieser »kleine Hund«. Ich versuche, meine Mutter
darauf hinzuweisen. Sie sagt: »Aber er wird sich die Arme schmut-
zig machen und sein Kleidchen ruinieren.« Das Baby verschwindet
durch die offene Flurtür. Ich sage zu meiner Mutter, sehr weise und
tolerant: »Aber was macht das schon? Das Herumkriechen ist gut
für ihn, es ist wichtig für sein ganzes späteres Leben, es wird seinen
Rücken, seine Arme und seine Beine stark machen.« Er kriecht
wieder aus dem Haus heraus, und ich stelle ihn auf die Füße und
schlinge in verzückter Hingabe meinen Arm um ihn.

Ich verbinde diesen Traum mit der Bemerkung des Professors
über Bryher: »Sie ist *nur* ein Junge«, und mit der Tatsache, daß
Bryher davon schreibt, sie wolle mich zusammen mit meinem Kind
hier besuchen kommen.

Ich hatte später noch einen Traum. Bryhers Spitzname für Dr.
Hanns Sachs ist »die Schildkröte«. Ein Freund, ein Amerikaner, der
sich in England niedergelassen hat, taucht plötzlich hier auf, warum,
ist unklar. Der Schildkrötenteich liegt hoch oben in den Bergen,
zweifellos die Schweiz. Ich selbst trete George Plank neben diesem
Schildkrötenteich entgegen, in der Hand stolz ein *Hühnerei*. Eine
Frau ist da, sie schreibt. Sie sagt: »Ihr Mädchen gebt aber an mit
euren Elisabethanischen Wämsen.« Ich habe ein Gefühl maßloser
Überlegenheit gegenüber George, der in Wirklichkeit ein Künstler
und ein sympathischer Freund ist. Ich habe gleichwohl ein Gefühl,
als sei er auf die Psychoanalyse nicht ansprechbar, wenn auch ohne
die Feindseligkeit, die ich bei Frances und Ezra in der früheren
Traumsequenz gefühlt habe.

4 Uhr nachmittags

Der Professor erzählte mir vor einigen Tagen, daß er, auch
wenn er noch 50 Jahre zu leben hätte, seine Faszination und Neugier angesichts der Extravaganzen und Wechselspiele der menschlichen Seele oder Psyche nicht verlieren würde.

13

7 Uhr abends

Ich kam fünf Minuten zu spät, da etwa um 4 Uhr 30 plötzlich

Alice Modern hereingeschneit kam. Der Professor kam mir sofort entgegen, sagte, meine Geschichte von der Bilderschrift oder der *Schrift an der Wand* habe ihm »sehr zu denken gegeben«.

Ich fragte ihn nach den Hunden; beide verlassen das Haus über das Wochenende. Er mag keine Katzen; Affen sind uns zu nahe, findet er. »Wir haben weder die Genugtuung, daß sie sind wie wir, noch die Genugtuung, daß sie Feinde sind.«

Ich erzählte ihm von den kleinen Statuen oder Bildwerken in dem Haus in Cornwall, das Lawrence als erster erwähnt hatte. Er fragte mich, was die Bildwerke dargestellt hätten. Ich sagte, auf einem Regal habe ein bemalter Osiris gestanden; am Ende saß eine bronzene Isis — es gab auch, glaube ich, eine eiförmige Eulenmumie.

Der Professor sagte: »Kommen Sie, und sehen Sie nach, ob wir sie finden können.«

Wir gingen in das andere Zimmer, er holte verschiedene Schätze aus den Glasschränken hervor. Wir sprachen über eine Sechmet, die er mir zeigte. Ich erzählte dem Professor von dem katzenköpfigen Standbild in dem kleinen Tempel, abseits von dem großen Tempel von Karnak. Es erheiterte ihn, als er von dem Türgitter hörte, mit dem sie den Tempeleingang vor hysterischen Mondscheinbesuchern hatten sichern müssen. Ich sagte, daß die Araber vor dem Bildwerk eine besondere Ehrfurcht empfinden, sie entsetzen sich bis auf den heutigen Tag vor der katzen- oder löwenköpfigen Göttin.

Wir durchmusterten die Bildwerke der anderen Schränke; da gab es eine geflügelte griechische Figur — Tanagra? Der Professor holte einen Osiris aus Holz hervor (oder ein Bildwerk, das wie ein Osiris aussah), schwarz geworden im Lauf der Zeit oder auch absichtlich bemalt wie mit einer Art Teer oder Pech. Dann stand da noch ein grün-blauer Osiris aus Stein. Der Professor sagte: »Sie heißen die *Antworter,* weil ihre Doppelgänger oder Ka's bei Anruf erscheinen.«

Wir gingen zur Couch zurück.

Ich erzählte ihm von den Szenen oder Bildern, die ich selbst an unserem letzten Abend im »Belle Venise« für Bryher beschworen oder agiert hatte. Bryher hatte einen unglücklichen oder unzugänglichen Eindruck gemacht; ihre Stimmung erschreckte und betrübte mich. Eigentlich um sie aufzuheitern, fing ich an, etwas zu agieren, was ich indianische Tanzbilder nannte. Es kam darin ein Mädchen in den Bergen vor, es kam ein Medizinmann vor, der in den Wäl-

dern nach Kräutern suchte, und dann noch einer, der lachte, sang
— unser alter Freund Minnehaha; es kamen auch noch andere Personen vor: eine Spanierin, Südseeinsulaner, ein japanisches Mädchen und ein junger Priester aus Tibet. Der Professor sagte: »Es
war ein Gedichtzyklus, der sich nicht materialisiert hatte — die
Stufe unmittelbar vor dem künstlerischen Schaffen.« Er sagte, das
Agieren sei ein Drama gewesen, halb dem Wunsch entsprungen,
Bryher zu trösten, und weder »Verzückung« noch »Zauberei«. Ich
hatte angedeutet, es sei vielleicht eine Form von Besessenheit gewesen.

Der Professor sagte: »Sehen Sie, Sie sind schließlich ein Dichter.«
Er verwarf kurzerhand meine Andeutung, es gebe da irgendwie
einen Zusammenhang zu den alten Mysterien, zu Zauberei oder
Zweitem Gesicht. Doch er kam auf die *Schrift an der Wand* zurück.
Das Drama, wie er es nannte, enthalte für ihn kein Geheimnis;
doch die projizierten Bilder, am hellichten Tag gesehen, gäben ihm
ein Rätsel auf.

Er fragte weiter: Konnte ich jetzt mit geschlossenen Augen die
Bilder immer noch sehen? Ich antwortete: »Ja, und mit offenen Augen.« Er meinte, das sei möglicherweise ein »Symptom von Bedeutung«. Ich sagte, ich wünschte mir, ich hätte einen künstlerisch begabten Freund um eine Skizze der Bilder gebeten, so daß ich sie ihm
direkt zeigen könnte. Das wäre nutzlos gewesen, erwiderte er: »Die
Bilder wären nur dann von Wert, wenn Sie sie selbst zeichneten.«

9 Uhr 10

Wir sprachen ein wenig über Gespenster. Ich wollte ihm von
den vielen seltsamen Sagen Cornwalls erzählen, und wie ich selbst
die berühmten »Klopfer« gehört hatte, als ich 1918 dort war. Die
Einheimischen glaubten, sie kämen aus stillgelegten Minenschächten. Zwar hatte ich nicht die Zeit, weiter darüber zu sprechen, doch
sind sie das genaue Gegenstück der Kobolde und Zwerge aus den
alten deutschen Sagen. Die »Klopfer« traten freilich nicht als Gespenster in Erscheinung, sie klopften nur nachdrücklich, fast ein
wenig heftig und oft.

Dagegen erzählte ich dem Professor wirklich von einer Urgroßmutter, die hörte, wie ihr Sohn ihr etwas zurief. Sie rannte in den
Garten hinaus, ihm entgegen (in Pennsylvanien). Ihr Sohn war auf
den Westindischen Inseln. Einige Zeit darauf erhielten sie die
Nachricht, daß der Sohn in eben dem Augenblick gestorben war, in

dem sie in den Garten gestürzt war, um ihn zu begrüßen.

Montag, 20. März

Ich verbrachte einen glücklichen Sonntag in den Galerien; ich fand dort Ticiano Vec., Jacopo de Strada (1477—1576) und Palma Gioime (1544—1628), von ihm Statuen ... und Giov. Batt. Moroni (1520—1578). Eines der Gemälde, ein edler Renaissance-Italiener mit klug-verwitterten Zügen, der neben einem Tisch mit kleinen Statuen stand, ließ mich an das Portrait von Sigmund Freud denken, wie er hinter seiner Reihe von kleinen Bildwerken am Tisch sitzt.

14

6 Uhr 40 abends

Ich ging um 4 Uhr 20 zu Mrs. Burlinghams Apartement hinauf. Sie war ruhig, schlank und schön in ihrem kunstgewerblich-einfachen Sprechzimmer oder Wohnzimmer, das Freuds Architektensohn für sie ausgestattet hat. Wie der Professor hatte sie ein paar griechische Schätze. Ihr kleiner, grauer Bedlingham huschte unter die Couch, kroch aber später wieder hervor, um sich mit mir anzufreunden. Ich lernte ihre Tochter kennen, so alt wie mein eigenes Kind, und einen siebzehnjährigen Jungen. Ein weiteres Kind hatte gerade eine Musikstunde im Nebenzimmer. Ich war ein wenig bestürzt über die reservierte, scheue Art von Mrs. Burlingham und darüber, wie sie mich an meinen Fünf-Uhr-Termin unten bei dem Professor erinnerte.

Dann hinunter zu Freud ... Ich erzählte ihm von dem Besuch. Dann fühlte ich mich ein wenig verloren. Vielleicht kam das teilweise von dem Traum, den ich in der letzten Nacht hatte. Ich versuchte verzweifelt, zurück in meine Londoner Wohnung in der Sloane Street zu gelangen. Die Wohnung liegt ganz oben im Haus. Wie ich den Flur im Erdgeschoß betrete, versperrten mir ein Mann und dann ein grober Junge den Weg zur Treppe und schienen mich zu bedrohen. Ich wagte es nicht, sie zur Rede zu stellen ... (Ich konnte dem Professor nicht erzählen, daß ich dieses Entsetzen bei mir selbst mit Nachrichten von frischen Nazigreueln assoziierte.) In meiner Bedrohung und Angst stehe ich da und rufe laut »Mutter«. Jetzt bin ich draußen auf dem Gehweg. Ich schaue zum Fenster meiner Wohnung hinauf. Es hat andere Vorhänge als in

Wirklichkeit, etwas so Ähnliches wie eine Jalousie. Eine Figur steht dort, in der Hand eine brennende Kerze. Es ist meine Mutter.

Ich war von Glück überwältigt, und jede Spur von Angst verschwand.

8 Uhr 20 abends

Wir sprachen von Kreta. Ich erzählte ihm, wie enttäuscht ich auf der Kreuzfahrt letzten Frühling war. Die See war zu rauh, um zu landen. Delphine waren da und umspielten das Boot, das vor der Felsenküste vor Anker lag; die zerstäubenden Meereswellen bildeten einen unaufhörlichen Regenbogen. Hoch oben am Hang sahen wir die Kapelle, wo Zeus geboren oder gesäugt worden sein soll. Wir sprachen von Sir Arthur Evans und seiner Arbeit dort. Der Professor sagte, daß wir zwei uns in unserer Liebe zum Altertum träfen. Er sagte, seine kleinen Statuen und Bildwerke helfen, die verfliegende Idee zu festigen oder vor dem gänzlichen Entschwinden zu bewahren. Ich fragte, ob er eine kretische Schlangengöttin habe. Als er verneinte, sagte ich, daß ich in London Leute kenne, die früher einmal einige Beziehungen zu Kreta gehabt hätten, und daß ich Himmel und Erde in Bewegung setzen wolle, um ihm eine Schlangengöttin zu beschaffen. Er sagte: »Ich fürchte, selbst *Sie* könnten das nicht.«

Der Professor spricht davon, daß die Schicht der Mutterfixierung bei Mädchen und Jungen dieselbe ist, daß jedoch das Mädchen gewöhnlich seine Zuneigung oder (im entsprechenden Fall) seine Fixierung auf den Vater überträgt. Nicht immer. Die kretische Muttergöttin ist assoziiert mit dem Knaben oder Jüngling auf dem Wandgemälde von der Krokuswiese. Wir sprechen auch von Ägina. Der Professor redete weiter über die Entwicklung der Psychoanalyse, und wie man am Anfang Fehler gemacht hatte, weil man nicht genügend verstand, daß das Mädchen nicht in jedem Fall seine Gefühle auf den Vater überträgt.

Er fragte: »War Ihr Vater ein wenig kalt, ein wenig steif?« Ich erklärte wieder, daß er der sprichwörtliche »typische Neu-Engländer« war, wenn auch nicht selbst in Neu-England geboren, weil sein Vater nach dem Westen gezogen war. Der Professor sagte, er glaube, meine Tanzdramen auf Korfu seien in Wirklichkeit eine Art Vorführung oder Unterhaltung für meine *Mutter* gewesen. Sang Ihre Mutter Ihnen vor? Ich sagte, sie habe eine schöne, klangvolle Stimme gehabt, habe aber, was das Singen betraf, an einer

Art Blockierung oder Verdrängung gelitten. Unsere Großmutter liebte es, wenn ich ihr vorsang, meistens altmodische Choräle. Mein älterer Bruder und ich sangen kleine Kinderlieder zur Begleitung unserer Mutter. Der Professor sagte, das passe zusammen: »Es wird sich sogar noch mehr vereinfachen.« Ich erzählte ihm erneut, daß meine Mutter im Frühling gestorben sei, genau um diese Zeit, und wieder entsinne ich mich, daß auch Lawrence im März gestorben ist.

15

Dienstag, 21. März

Der schöne Stich, den ich von dem Professor habe, ist auf meinem Toilettentisch aufgebaut. Er wird zum »Antworter«, wie der eine Osiris, den er mir zeigte.

6 Uhr 30 abends

Der Professor war gerührt über Bryhers Karte und ihre Schenkung an die »Gesellschaft«. Wir sprachen über die politische Situation.

Es gibt keine Grenzen des Geistes.

Doch werde ich von heftigen Gefühlen der Abneigung zerrissen.

Letzte Nacht hatte ich meinen alten Eisenbahnalptraum. Ich bin irgendwohin unterwegs, das Ziel ist vage und unbestimmt; meine Tochter und Alice, ihre einstige Gouvernante, begleiten mich. Ein uniformierter Beamter durchsucht unser Gepäck. Er findet meine Reiseflasche. Kognac? Ich bemühe mich gar nicht erst um eine Erklärung oder Entschuldigung. Der Beamte (»Zensor«, der Professor?) findet, unter dem Sitz versteckt, eine weitere Flasche. Es gibt noch mehr Flaschen. Er verstaut das Ganze in einem leeren Koffer und befiehlt uns, ihm zu folgen.

Meine Tochter und Alice und ich haben uns irgendwohin verirrt, auf irgendeinen gefährlichen Weg, irgendwelche Stufen *hinunter*.

Der Professor fragte mich nach meiner Assoziation; ich sagte, ich hätte keine präzise Assoziation, ich fürchtete einfach, entdeckt zu werden. Er sagte: »Vielleicht irgendwelche Skrupel.« Gewissen?

Es gibt so viele Assoziationen zu Eisenbahnen. Ich entsinne mich besonders einer, als ich kurz nach Einbruch der Nacht mit dem

Schiffszug in Paris anlangte. Mein französischer Kaffee mit Brötchen im Bahnhofsrestaurant war so unbeschreiblich »France«. Wieder einmal war ich davongekommen. Obwohl ich England liebte, hatte ich doch immer, wenn der Kanal erst einmal hinter mir lag, jenes fast hysterische Gefühl des Entronnenseins. Ich konnte mich sogar an die Wandgemälde des Gare — du Nord? erinnern. Die Normandie mit Apfelbäumen, ein Deich und blauer Himmel, unterbrochen durch einen Vordergrund von — Oliven? Orangenbäumen? Während ich meinen Kaffee in dem fast leeren Restaurant trank, kam ein Junge mit einem riesigen Marktkorb, übervoll von Rosen. Der Geschäftsführer oder Kellner wählte eine Handvoll Rosen aus und legte sie neben meinen Teller.

Dann erinnere ich mich an einen Vorfall, der dem Eisenbahntraum voranging. Ich probiere ein grünes Abendkleid an. Ich stehe vor einem Spiegel und strecke meinen Fuß vor. Ich trage eine wunderbar geschnittene griechische Sandale, klassisch, und doch immer noch modern genug.

Der Professor sagte: »Sie erzählen das so schön.«

Bevor ich weggehe, falte ich die silbergraue Decke zusammen. Ich bin Raupe, Wurm gewesen, warm eingewickelt in meinen Kokon.

Der Professor greift nach der kleinen Klingel, um dem Mädchen anzukündigen, daß sein letzter Analysand am Weggehen ist. Sein Ellbogen vollführt jene Vogelflügelgeste, die mich entläßt. Der Professor sagt: »Wir sind in tiefes Material eingedrungen.«

Sie nannten meinen Vater den »Professor« und meinen Halbbruder den »jungen Professor«. Unser Professor hatte recht, sie sind diesem Wiener Herrn Professor Sigmund Freud nicht ähnlich. Er steht näher bei dem Großvater und seiner Religion, »eine Atmosphäre . . .«

Sie stammten aus Nordengland. Wir Kinder waren die neunte Generation, die einen wunderlichen englischen Namen erbte. Sechs Generationen verwitterten und formten sich mit den Felsen und Kieselsteinen eines *neuen* England. Der Vater unseres Vaters, die siebte, wurde mit jener Planwagengeneration in den Westen gelockt. Seine junge Frau war nicht glücklich. Eigentlich wollten sie nach Kalifornien, doch dann siedelten sie sich in Indiana an. Sie begannen wieder ganz von vorn, da, wo die ersten Puritaner ihres

Namens angefangen hatten.

Im Bezirk gab es noch ein paar Indianer. Unser Großvater hatte seine Gesetzbücher. Unser Vater half auf den Feldern, doch fiel ihm das Pflügen schwer. Seine Vorstellung von einer geraden Linie war abstrakter; er bekam den Euklid seines Vaters.

Sie jagten noch entlaufene Sklaven. Unser junger Vater vermißte das »Wogen und Donnern« der Irrfahrt nach Neu-England. Er schaute gen Himmel; Seeleute steuern Schiffe nach den Sternen.

Er arbeitete mit Drehbank und Säge. Als Lehrling bei einem Schreiner lernte er sein Handwerk; seine dünnen Finger hatten ein »Gefühl« für Fichte, Tulpenbaum und Zeder. Seine Schwester Rosa nahm den Vergil an sich und übersetzte für ihn. Er wußte nicht, was er suchte, wenn er mit seinen weitsichtigen, grauen Augen die zehn Sterne des Wagens oder die acht von Orions Schwertgürtel ausmachte. Doch er wußte, daß es ihn befriedigte. Er fand Algol.

Sein Bruder Alvan war zwei Jahre älter. Alvan rief seinem Bruder etwas zu, der wie gewöhnlich im Dunkeln trödelte. Es gab einen neuen Aufruf von Lincoln. Alvan sagte: »Ich gehe.«

Charles ging mit ihm.

Der jüngere der beiden Jungen kam zurück. Er hatte keine Worte für jene letzten Szenen, als seine Mutter ihn um einen Bericht bat. Er hatte nie viel gelacht. Jetzt versuchte er, es wegzulachen, eine klägliche Imitation von Alvans ansteckendem Lachen.

Alvan war tot. Er war nicht von einer Kugel erschossen worden. Sie verfaulten — sie ver- — es war Typhus. »Es ging schnell«, erzählte er seiner Mutter. Er versuchte, sich an etwas aus Lincolns letzter Rede zu erinnern, er konnte sich nur an »ein großes Schlachtfeld dieses Krieges« erinnern, doch es war kein Schlachtfeld des Krieges, nicht dieses Krieges . . . er wußte, seine Mutter hatte jetzt das Gefühl, daß eine Million freier, emanzipierter Neger Alvan nicht aufwiegen konnten. Oder hatte sie es etwa nicht? Es war besser, man wußte nicht, was sie jetzt dachte. Er wußte, seine Mutter versuchte, ihn zu lieben, er hatte sich so angestrengt zurückzukommen, um ihr zu erzählen . . . was er ihr nie erzählte.

Er hatte nicht einen einzigen Südstaatler erwischt, erzählte er seinem Vater. Celia wollte, er würde dieses Lachen lassen, es glich Alvan so wenig, sie hatte das Gefühl, er würde gleich ersticken. Der ältere Charles spürte etwas davon. Er bat Celia, die Bibel zu holen. »Süßer denn Honig und Honigseim«, las er an der Stelle, die er zufällig aufgeschlagen hatte. Celia wollte, der Junge würde nicht so starren. Wie konnte er seiner Mutter von dem Behelfslazarett des Lagers erzählen . . . zum Schluß war keiner mehr übrig . . . Er kroch unter Bäumen entlang. Er erinnerte sich an Wacholder, Birke, Pappel und Nußbaum. Leise murmelte er diese reinen Worte, wie ein Gebet. Alvan war tot. Er mußte irgendwie nach Hause kommen und es ihnen erzählen . . . »Die Südstaatler zogen gerade ab, als wir hinkamen, das Lager . . .« Sein Vater las weiter: »Ja, denn viel feines Gold.«

Die Nachwirkungen der Malaria schüttelten ihn, und er konnte sich kaum auf den Füßen halten. Jedesmal wenn seine Augen denen Celias begegneten, sah er Alvan. Er wußte, auch Celia sah Alvan, warum war er zurückgekommen? Warum sind wir überhaupt in den Westen gekommen, dachte Celia. Was klopft da? Es war irgendein freundlicher Nachbar, sie waren nur allzu freundlich. Fast ließ sie die Maiskuchenpfanne fallen; es war das Pochen einer Haue, oder vielleicht hatte sich das Fohlen auf der Wiese wieder losgerissen. Es konnte auch die Küchenuhr sein, ihr Ticken war so laut, damals zu Hause hatte sie die Uhr niemals bemerkt. Dann langsam, wenn man nicht mehr horchte. Die Zeit kroch nun so langsam dahin. Sie hätte schreien mögen, wenn sie durch das offene Fenster sah, wie Charles sich auf der Verandatreppe räkelte. Er konnte seinen torkelnden Körper noch nicht hinter dem Pflug herschleppen.

Er hatte sich die alte Zwiebeluhr seines Großvaters geholt und legte sie auf die Bodenbretter. Was sollte das heißen, mit Kreide ein Zifferblatt rund um die Uhr zu zeichnen? Ein Stöckchen baumelte an einer Schnur. Sie war an einem Haken in der Decke befestigt, wo Mercy ihre Schaukel gehabt hatte. Rosa war fort, nach Norden gegangen, um sich zur Lehrerin auszubilden. Mercy war tot. Es war keiner hier, der ihr half. Was sollte das heißen, mit der Kreide am Schatten zu markieren, wohin die Sonne fiel? War er verrückt geworden?

Wie alt war Charles jetzt? Er war 17, als er mit Alvan wegging; er gab ein falsches Alter an, deshalb nahmen sie ihn. Mercy und er hatten ein Paar gebildet. Alvan und Rosa. Sie erinnerte sich, wie sie Mercy hatte rügen müssen, weil sie leierte, als sie beim Lesen an der Reihe war.

Die Bibel war ein Buch des Anstands.

16

Mittwoch, 22. März, 6 Uhr 30 abends

Ich gab dem Professor Bryhers Bücher. Er schien ziemlich professionell und zurückhaltend, nachdem er gestern meine halbe Sitzung verschwatzt hatte. Ich erzählte ihm den Traum der letzten Nacht: Hotel, ein Fremder in der Halle, ein junger Mann, dunkel (oder im Dunkeln), er geht an der offenen Tür vorüber und sieht mich. Ich trage ein rosafarbenes Modellkleid. Es gefällt mir, daß er mich sieht, und ich werfe mich in Positur oder wiege mich, wie zu einem Tänzchen bereit. Im Handumdrehen hat er mich gefaßt, ich bin verloren (gefunden?), wir wiegen uns zusammen wie Schmetterlinge. Er sagt: »*Sie* können aber tanzen.«

Jetzt gehen wir zusammen hinaus, doch ich bin in Abendkleidung, das heißt, ich bin gekleidet wie er. (Ich hatte in einer der Kaffeehaus-Illustrierten einige neue Bilder von Marlene Dietrich angesehen.) Ich fühle mich nicht ganz behaglich, nicht ganz wie ich selbst, der Hosenbund paßt mir nicht recht; ich merke, daß ich unter der Hose meine gewöhnliche Unterkleidung anhabe, oder vielmehr ich trug noch den langen Abend-Unterrock, der offensichtlich zu dem Ballkleid gehörte. Der Traum endet in einem Ton der Enttäuschung und Verwirrung.

Dieser Traum scheint irgendwie mit Ezra assoziiert zu sein; obwohl er so schlecht tanzte, ging ich doch mit ihm zu den Schulmädchenbällen. Der Professor kannte den Namen Ezra Pound. Er sagte, er habe einmal einen Essay von ihm gesehen, wolle aber nicht behaupten, daß er ihm folgen könne. Ich erzählte dem Professor, wie Ezra mehr oder weniger »Hausverbot« bekommen hat, und von dem damaligen Konflikt mit meinen Eltern.

8 Uhr 20 abends

Ich fühle mich alt. Als ich dem Professor von einem viel jüngeren Verehrer von mir erzählte, der mir Schmeicheleien gesagt und gelinde »den Hof gemacht« hatte, meinte der Professor: »Ist das *erst* zwei Jahre her?«, als sollte ich in meinem Alter (46) allmählich über Tändeleien dieser Art erhaben sein. Doch ich erinnerte mich an den Roman »Vagadu«*, den uns Dr. Sachs zum Lesen gebracht

---

* *Anm. d. Übers.*: Von Pierre-Jean Jouve, 1931 erschienen; der Autor war von der Psychoanalyse stark beeinflußt.

hatte. Soweit ich mich erinnere, fing die Frau in dem Buch ihre
Analyse mit 47 an ... und sie war gerade, Alter hin, Alter her,
gründlich in verschiedene Erfahrungen oder Experimente mit der
Liebe verstrickt. Doch das war in Frankreich. Auch in Wien verlaufen die Entwicklungen anders. Der Professor schien überrascht, als
ich ihm erzählte, daß ich meinen ersten ernsthaften Liebeskonflikt
oder -händel mit Ezra hatte, als ich 19 war; er sagte damals: »Mit
19 — nicht früher?« Vielleicht ist das irgendeine technische Spezia-
lität oder façon de parler.

Ezra und ich machten lange Spaziergänge; ich erinnere mich an
die Leberblümchen, der Frühling kommt spät in Amerika, zumindest verglichen mit England. Ich triumphierte, wenn ich am letzten
oder einem der letzten Tage im März mein erstes Büschel blauer
Blumen fand oder eine vereinzelte zarte Waldanemone oder ein
Buschwindröschen. Blumen im März zu finden, war für uns dort
ein großer Triumph.

Ich hatte nicht die Zeit, über meinen Traum von den zwei japa-
nisch aussehenden Zwergen zu sprechen. Ihr Nachname ist »Ane-
mone«. (Japanische Anemonen ... als ich vor der Geburt meines
Kindes in der Saint-Faith's-Privatklinik lag, brachte sie mir Bryher mehrmals in der Woche mit; sie sind mit jener Zeit besonders
eng assoziiert.) Ich unterhalte mich über die Zwerge mit meiner
Mutter, und wir ärgern uns beide, daß sie ausgerechnet diesen
Blumennamen haben.

17

23. März, 8 Uhr 45 abends

Ich begann damit, daß ich mich über Frazer und den »Goldenen
Zweig« ausließ. Der Professor winkte mich zur Couch: »Wieder
etwas zu beichten?« Ich sagte, nein, ich wolle nochmals ein Stück
altes Gelände abschreiten. »Ich will auf Van Eck zurückkommen,
erinnern Sie sich noch an Van Eck?« Er sagte: »Natürlich.« Ich erzählte ihm, daß ich nur mit großer Scheu und Zurückhaltung auf
dieses ganze Gebiet zu sprechen käme. Ich erzählte ihm von dem
Kristall, das in der State-Express-Zigarettenschachtel verpackt war,
und von einem Brief, den ich von Van Eck aus Alexandria erhielt.
Ich war damals mit Bryher in Mullion Cove in Cornwall. Die
Schachtel war in der neuen möblierten Wohnung angekommen,
die wir im vorhergehenden Sommer in Buckingham Mansions in

Kensington gefunden hatten. Im Sommer davor, im Juli 1919, waren wir zum erstenmal auf die Scilly Inseln gefahren. Das Kristall kam mir vor wie eine Erfüllung meiner Vision oder meines Zustands überirdischer Imagination, als ich mich von den beiden halben Glaskugeln gleichsam umschlossen gefühlt hatte.

Ich erzählte dem Professor, wie ich einige Jahre später der Cousine von Van Eck, oder vielmehr ihrer Schwester, begegnet war; er hatte ihr einen Brief geschrieben, der dieser Mitteilung an mich, die ich in Mullion Cove erhielt, beigelegt war. Ich überreichte Miss Van Eck diesen Brief oder sandte ihn ihr, zusammen mit einem kleinen Band meiner Gedichte, zu, doch bekam ich nie eine Antwort. Dann begegnete ich ihrer Schwester im Hotel Washington, Curzon Street, wo ich wohnte, wenn ich mich in London aufhielt.

Ich stand inzwischen unter dem Eindruck, daß Van Eck eine pure Illusion oder ein Gebilde meiner Phantasie gewesen sei, doch als ich ihn erwähnte und wie er Bryher auf dem Schiff bei ihrem Griechisch geholfen habe, sagte die jüngere Miss Van Eck: »Ja, er war immer sehr gut in Sprachen.« Also gab es wirklich einen Van Eck, und diese Dame und die ältere, der ich nie begegnet war, waren tatsächlich seine Cousinen.

So gibt es denn einen Van Eck. In meinem Zimmer im Hotel Washington greife ich nach dem Telefonbuch. Daß er wieder in England sein könnte, war mir vorher nicht eingefallen. Doch da stand der seltsame, bemerkenswerte und ungewöhnliche Name. Ich ließ mich verbinden, und schon antwortete eine Stimme. Es war eine Telefonnummer von Belsize Park. Die fremde Stimme sagte, für mein Gefühl ziemlich kurz angebunden: »Wünschen Sie Mr. oder *Mrs.* Van Eck?«

Das gab mir einen starken Schock. Ich sollte am nächsten Tag nach Paris abreisen. Irgendwie schaffte ich es, wegzukommen. Dort traf ich Bryher. Sie sagte, der Schock sei in Wirklichkeit ein abgeleiteter; sie hatte das Gefühl, ich hätte ihn jenem ersten Schock übergestülpt, den ich vor unserer ersten Griechenlandreise erlebte, als ich und Aldington auseinandergingen.

Doch das Van-Eck-Mysterium läßt mir noch immer keine Ruhe. Wieder bemühe ich in London, diesmal von meiner Wohnung in der Sloane Street aus, ein Telefonbuch; wieder gibt es Van Eck, diesmal mit einer anderen Nummer.

Es scheint eine Nummer in der City zu sein, ich schließe auf ein Büro. Ich werde jetzt auf jeden Schock gefaßt sein, doch eine angenehme junge Stimme antwortet; er wird Mr. Van Eck meine Nummer geben, wenn er ins Büro zurückkommt. Van Eck ruft mich an. Er kommt mich besuchen. Ich habe andere Leute bei mir, Kenneth und Bryher und ein fremdes Mädchen, das aus New York zu mir geschickt worden war, eine Schriftstellerin irgendwelcher Provenienz, hübsch, im Sommerkleidchen. Das mußte Van Eck sein, doch ich bezweifle, ob ich ihn erkannt hätte, wenn wir einander auf der Straße begegnet wären.

18

25. März

Dann setze ich die Van-Eck-Saga fort. Im Frühling 1931 erhalte ich eine Karte, als ich in der Nähe von Miss Chadwick wohne, in einem großen Zimmer am Tavistock Square. Wir finden die Verknüpfung mit dem Onkel mütterlicherseits, dem begabten jüngeren Musikerbruder meiner Mutter, Frederick ... Van Eck.

Die Karte ist eine Anzeige oder Einladung, an einem Gottesdienst teilzunehmen, in dem Mr. Van Eck — ich glaube, das ist das Wort: ordiniert — werden soll. Es schien eine seltsame Kehrtwendung.

Indessen, da war der Name, die Karte, die Angabe seiner neuen Berufswahl, die Worte »Betet für mich«.

Als ich wieder in meiner Wohnung in der Sloane Street bin, schreibe ich noch einmal. Mr. Van Eck kommt vorbei, eine Freundin ist bei mir, die Dorothy aus dem früheren Traum von Joan und Dorothy.

Jetzt verschwindet Mr. Van Eck, doch wenigstens weiß ich über seine Absichten Bescheid. Er will einige Zeit »zurückgezogen« in einer Stiftung der Hochkirche in Dorset leben, als eine Art anglokatholischer Franziskanermönch.

Der Professor sagte, diese Details bestätigen ihn nur in seinem Eindruck oder seiner Meinung, daß die Van-Eck-Episode oder -Fixierung sich eigentlich zurück auf meine Mutter bezog. Der Onkel mütterlicherseits, die Kirche, die Kunst.

Der Professor fragte mich, ob ich jemals zur Bühne gehen wollte. Er habe das Gefühl, ich erzählte diese Ereignisse so dramatisch, als hätte ich sie »ausagiert« oder »vorbereitet«, bevor ich zu ihm käme. Ich erzählte dem Professor, wie gern ich mich »verkleidet« habe, doch das gilt für die meisten Kinder. Es gab einige alte Bühnenrequisiten in meinem ersten Zuhause, die meiner Mutter von einer ehemaligen Primadonna hinterlassen worden waren (sie hatte nach ihrem Rückzug von der Bühne an der alten Schule, an der mein Großvater war, Gesang unterrichtet). Der Professor sagte, er fühle irgendeine Art Widerstand.

Ich fühlte mich erschöpft und ruhelos. Ich machte mir auf meinem Zimmer einen heißen Zitronensaft und nahm Cibalgin . . . ich schlief gut die Nacht. Es war schändlich kalt, doch als ich später am Morgen ins Freie ging, schien die Sonne.

19

Wieder fragte mich der Professor, ob ich mich für meine Sitzungen bei ihm »vorbereite«. Ich sagte, ich hätte bis eben Briefe geschrieben. Ich hatte einen Traum gehabt, das Meer, Angst . . . und das verbunden mit meinem jüngsten Bruder, der »das Baby« gewesen war.

Ja, wir hatten Schulveranstaltungen gehabt, wenn das »Agieren« war. Ein Festspiel oder eine Szenenfolge von Kate Greenaway wurde aufgeführt, und ich hatte ein Gedicht vorzutragen: »Mein Garten liegt unter dem Fenster.« Im nächsten Jahr gab es »Mutter Gans«, doch war ich von meiner Rolle als Miss Muffet, die Spinne, enttäuscht. Der jüngere Bruder trat in dem Kostüm des »Blauen Knaben« auf, das ich mir später aneignete. Der ältere war ein ziemlich großartiger Erfolg als King Cole*.

Ich erwähnte die »Dame« aus dem Zirkus, die ein Trikot als »Verkleidung« trug und die Löwen zähmte.

Als ich 15 war, knüpfte, wie mir jetzt scheint, eine meiner Schulkameradinnen, eine Halbfranzösin namens Moffat, noch einmal ziemlich genau an jene Enttäuschung mit Miss Muffet an. Doch bei Renée wurde ich in den meisten Spielen oder Charaden, die sie für uns arrangierte, in der Rolle des Helden groß herausgebracht. Renée hatte Sarah Bernhardt in »L'Aiglon« gesehen und liebte es, ganze Szenen nachzuspielen. Der Professor schlug vor, ich solle Schönbrunn besuchen und mir selbst die Gemächer des Duc de Reichstadt ansehen.

Der Professor wiederholte, er wolle, daß unsere Arbeit spontan

---

* *Anm. d. Übers.:* »Mother Goose« heißt eines der populärsten Kinderbücher in englischer Sprache. Die im folgenden erwähnten »Tanglewood-Tales« sind eine klassische Sammlung griechischer Sagen, nacherzählt für Kinder von Nathaniel Hawthorne.

sei. Er unterstützt meine Gewohnheit, mir Notizen zu machen,
nicht, sähe es tatsächlich lieber, wenn ich es sein ließe.

Ich erzählte weiter von Renée. Sie hieß Renée Athené, sie war
in Athen geboren, wo ihr Vater irgendwie zur britischen Botschaft
gehörte. Bei ihr zu Hause machte ich meine erste (und letzte) Erfahrung mit Tischklopfen. Ich muß sagen, es kam sehr wenig dabei
heraus. Doch diese Periode, die frühe Jugendzeit, war eine Rückkehr in die glückliche Kindheit. Meine Mutter kannte Halloween-
Spiele, Wahrsagen »zum Spaß«, wie man etwa mit Hilfe eines Ker-
zenstummels in einer Nußschale, den man in einer vollen Bade-
wanne schwimmen ließ, die Zukunft vorhersehen konnte. Diese
Spiele wurden nur an Halloween gespielt. Renée behauptete an
jenem Halloween — es war das Jahr meines Eintritts in die Schule
von Miss Gordon —, sie sähe ein Gespenst — vielleicht sah sie
wirklich eins. Natürlich faszinierte mich ihr Name; nur wenig später sah ich mein erstes echtes griechisches Theaterstück; es wurde
von Studenten der Universität gegeben. Noch später zeigte mir
meine Freundin Frances Josepha, mit der zusammen ich zum
erstenmal nach Europa kam, wunderschöne Fotografien von sich
selbst, auf denen sie ein griechisches Kostüm trug; sie hatte einen
Knaben oder Jüngling in irgendeinem Stück gespielt.

Jetzt erinnere ich mich an Anny Ahlers und wie ich sie in London, zusammen mit Dorothy (aus dem Traum), hatte singen hören.
Sie stürzte sich aus einem Fenster. Ich las das in meiner gewöhnlichen Kaffeehaus-Illustrierten. Sie spielte damals die du Barry. Sie
hätte auch in »L'Aiglon« auftreten können.

Mein einziges wirkliches Erlebnis mit »Gespenstern« hatte ich im
letzten Kriegsjahr in Cornwall. Doch diese Erscheinungen, diese
»Klopfer«, waren berühmt, jedermann hörte sie.

Aus irgendeinem Grund kommt mir der Wolf von Siena in den
Sinn. Remus war der sagenhafte Gründer von Siena. Vielleicht
denke ich gerade an den Gefährten, den ich verloren habe, die
Schwester am allerbesten, die Zwillingsschwester, die ich nie gehabt habe.

Wir unterhielten uns über griechische Namen, die allgemein
gebräuchlich sind; Helen, meine Mutter, Ida, unser Kindermädchen,
jetzt diese Renée Athené.

Renées Mutter unterrichtete die kleineren Kinder bei Miss Gordon in Französisch. Frances' Mutter war Inspektorin des Kinder-
gartenwesens in Philadelphia. Meine eigene Mutter unterrichtete

Musik und Zeichnen an dem alten Seminar in Bethlehem.

Die Griechen wurden für mich am lebendigsten, als ich Sieben war; es war eine Miss Helen, die uns Freitag nachmittags in der Schule die »Tanglewood-Geschichten« vorlas. Jene Erzählungen sind meine Grundlage oder Vorbildung, Pandora, Midas, das Medusenhaupt — jene sonderbare Geschichte von Perseus und der Beschützerin Athene.

Das Wunder des Märchens ist unbestreitbar; Sigmund Freud würde es verwerten, rationalisieren.

Mittwoch, 12. Juni 1933

Ich verlasse Wien am Samstag dieser Woche.

Ich unterbrach meine Notizen auf den Vorschlag des Professors hin.

Wir griffen weitere Details der ersten Griechenlandreise und meines Traums oder meiner Halluzination von den Delphinen und dem Van-Eck-»Doppelgänger« auf und arbeiteten sie durch.

Wir gingen auch die Ägyptenreise durch, die Öffnung der Gruft, Luxor und Philae.

Ich träume von zwei Büchern; ich habe sie geschrieben. »Dieses Buch von mir kommt gerade heraus«, sage ich; dann: »Ein zweites Buch von mir wird kurz danach erscheinen.«

Der Professor sagt, daß sich hinter Athene Isis verbirgt oder Neith, die Kriegsgöttin. Er suchte die kleine Athene-Statue heraus und gab sie mir in die Hand. Eine weitere Athene oder geflügelte Nike befindet sich auf der Vase, die wir betrachteten, als ich meine *Schrift an der Wand* beschrieb.

Ich erinnerte mich wieder an die löwenköpfige Sechmet und sprach von einem Katzenrelief, das wir auf der Akropolis entdeckten.

15. Juni

Ständige Gerüchte sind vielleicht für den Traum der letzten Nacht verantwortlich, einen Alptraum. Ein gewaltiger schwarzer Büffel, Bison oder Bulle verfolgt einen Karren oder eine Kutsche, in der wir alle zusammengedrängt sitzen.

Ist der Wagen eine Klippe hinabgestürzt? Saßen wir darin?

Einige von uns, eine Gruppe von sechs oder acht, sitzen jetzt auf dem Abhang eines Berges und fragen: *»Sind wir tot?«*

Anhang: Die Briefe Freuds an H. D.

Die Briefe Freuds an H. D. in einem Anhang der Buchausgabe von »Huldigung« abzudrucken, geht auf einen Vorschlag von Professor Pearson zurück, dem H. D. zustimmte. Von den insgesamt 23 Briefen und Karten, die sich im Nachlaß von H. D. befinden, sind in den bisherigen amerikanischen Ausgaben neun veröffentlicht worden (wozu noch ein zehnter kam, den H. D. in ihrem Text zitiert); sechs dieser Briefe waren im Original deutsch geschrieben und wurden in einer englischen Übersetzung geboten. Die vorliegende Ausgabe enthält erstmals alle Briefe Freuds an H. D., mit der einzigen Ausnahme von zwei ganz kurzen Karten vom 28. 10. 34 (eine Terminvereinbarung) und vom 1. 1. 37 (ein »Prosit Neujahr«). Sie gibt den Originaltext der Briefe in der Sprache, in der sie jeweils geschrieben wurden; auf die kursiv gedruckten englischsprachigen folgt unmittelbar die Übersetzung. Die Rechtschreibung wurde geringfügig modernisiert. Die Briefe drucken wir mit freundlicher Genehmigung der ›Sigmund Freud Copyrights Ltd‹ (London)*. — M. S.

Dec. 18th 1932
Wien IX., Berggasse 19

Dear Mrs. Aldington
I am not sure of your knowing German, so I beg to accept my bad English. It may be especially trying to a poet.
You will understand that I did not ask for your books in order to criticise or to appreciate your work, which I have been informed is highly praised by your readers. I am a bad judge on poetry especially in a foreign language. I wanted to get a glimpse of your personality as an introduction to making your personal acquaintance. Your books will be waiting with me for your arrival. (An American friend of mine brought me today »Palimpsest«.)
My relations to my patients (or pupils) are now especially complicated. I hope to arrange them in a few weeks and I will make an effort not to let you stay in waiting very long.

With kind regards
yours sincerely
Freud

Sehr geehrte Mrs. Aldington

Ich bin nicht sicher, ob Sie Deutsch können, so nehmen Sie bitte mit meinem schlechten Englisch vorlieb. Es mag für einen Dichter eine besondere Zumutung sein.

Sie werden verstehen, daß ich um Ihre Bücher nicht in der Absicht bat, ein Werk zu kritisieren oder zu würdigen, das von Ihren Lesern, wie ich höre, hoch gelobt wird. Mein Urteil über Poesie ist schlecht, besonders in einer fremden Sprache. Ich wollte einen Einblick in Ihre Persönlichkeit erhaschen, um mich auf Ihre persönliche Bekanntschaft vorzubereiten. Ihre Bücher werden mit mir auf Ihre Ankunft warten. (Ein amerikanischer Freund von mir brachte mir heute »Palimpsest«.)

Meine Beziehungen zu meinen Patienten (oder Schülern) sind gerade jetzt besonders verwickelt. Ich hoffe, sie in wenigen Wochen geordnet zu haben, und ich werde mich bemühen, Sie nicht sehr lange im Wartezustand zu halten.

Mit freundlichen Empfehlungen
Ihr Freud

26. 1. 1933
Wien IX., Berggasse 19

Sehr geehrte Frau

Ich habe Ihren reizenden Brief von Ende Dezember nicht sogleich beantwortet, weil ich damals hoffte, Sie sehr bald zu mir rufen zu können. Es ist anders gekommen, ich konnte die Zeit für Sie nicht frei machen, schob die Entscheidung immer wieder auf, bis jetzt Ihr zweiter Brief kam, gleichzeitig mit dem Buch über H. Ellis, das Sie bei mir erwarten soll. Ich habe verstanden, daß Ihnen eine gewisse Verzögerung nicht unlieb war. Über sehr lange möchte ich sie aber nicht ausdehnen, ich bin entschlossen, gewaltsam Raum für Sie zu schaffen. Nur, daß ich Ihnen nicht zumuten will, grade jetzt, in dieser Bärenkälte und während sich eine Grippe-Epidemie entwickelt, zu reisen und den Aufenthalt zu wechseln. Ich habe gehört, daß Sie von zarter Gesundheit sind. Wollen Sie überhaupt lieber zu Beginn des Frühlings, April-Mai kommen? Man beherrscht diese hygienischen Faktoren so schlecht, kann sich sehr mit ihnen verrechnen.

Sachs hat über Sie und Ihre Freunde von Boston geschrieben.

Von H. Ellis habe ich nichts gehört, das Buch zu seinem 70. Geburtstag besaß ich bereits, nehme zur Kenntnis, wer die lofty person der Revelation ist.*

Mit herzlichen Grüßen für Sie und die Freunde

Ihr
Freud

P. S. Glad you understand German.

4. 2. 1933
Wien IX., Berggasse 19

Sehr geehrte Frau

Können Sie Mittwoch 1. März bei mir eintreten? Wenn Sie Tags
vorher ankommen und mich telephonisch anrufen, wird man Ihnen
die Stunde angeben, um die ich Sie zuerst sehen kann. Regina ist
sehr gut und man kennt mich dort. Ich hoffe, daß diese Abmachung
nicht durch die jetzt hier herrschende Grippe umgeworfen werden
wird.

In angenehmer Erwartung Ihr
Freud

20. 2. 1933
Wien IX., Berggasse 19

Sehr geehrte Frau

Dank für Ihren Brief. Ich denke gern daran, daß ich Sie in wenigen Tagen hier sehen werde. Von Norman Douglas** habe ich eben
jetzt Southwind gelesen. Ich bitte Sie, lassen Sie vorläufig die
Tr[aum]deutung wie alles andere Analytische beiseite.

Meine besten Grüße an Mrs. M. (Bryher).

Herzlich Ihr
Freud

---

* *Anm. d. Übers.:* »A Revelation« (»Eine Offenbarung«) heißt eine Meditation
von H. Ellis, enthalten in seinen »Impressions and Comments« (3rd Series
London 1924, S. 55—64); die »hochfliegende Person«, die in ihrem Mittelpunkt steht (der Name wird nicht genannt), ist H. D.
** *Anm. d. Übers.:* S. Anmerkung auf S. 150.

[ohne Datum; vor dem 4. 7. 33]
Wien XIX., Strasserg 47

Dear H. D.
Your kind letter went again refreshing most pleasant memories
of your staying with me in Vienna.
If you can do something for me in London? I would be so glad
to hear that you have seen my son Ernest, who has settled as an
architect in the centre of the English world after leaving Berlin
(36 Clarges Street, W 1), and his wife, a nice girl. But perhaps they
will be in a summer resort just now or you may be shy of a new
acquaintance. So don't do it, if it does not mean pleasure to you.
We are enjoying ourselves in house and garden.
Yours affectionately
Freud

P. S. v. d. Leeuw, the »flying Dutchman« sent me a card from
Egypt. I hope he will safely arrive at the Cape.

Liebe H. D.
Ihr freundlicher Brief hat die angenehmsten Erinnerungen an
Ihren Aufenthalt bei mir in Wien wieder aufgefrischt.
Ob Sie in London etwas für mich tun können? Es würde mich
sehr freuen zu hören, daß Sie meinen Sohn Ernest gesehen haben,
der Berlin verlassen und sich im Mittelpunkt der englischen Welt
als Architekt niedergelassen hat (36 Clarges Street, W 1), sowie seine Frau, ein nettes Mädchen. Aber vielleicht sind sie auch jetzt gerade in der Sommerfrische, oder Sie mögen eine neue Bekanntschaft
scheuen. Tun Sie es also nicht, wenn es Ihnen kein Vergnügen be-
reitet. Wir lassen es uns gutgehen in Haus und Garten.
Herzlich
Ihr Fréud

P. S. v. d. Leeuw, der »fliegende Holländer«, schickte mir eine
Karte aus Ägypten. Ich hoffe, er wird das Kap sicher erreichen.

20. 7. 1993 [1933]
Wien IX., Berggasse 19

Dear H. D.
Dank für Ihren ausführlichen Brief unter so traurigen Umstän-

den!* Ich hatte auch schon Brief von Bryher aus London. Die Zukunft hängt wohl davon ab, wie sich Lady E. befinden wird. Ich habe Fo und Tattoun eine Rede gehalten: Ihr leichtsinniges Gesindel, ihr wißt nicht, daß Sir John gestorben ist und daß ihr vielleicht darum nicht Perdita zur Pflegemutter bekommt und Villa Kenwin nie sehen werdet. Da man sich von ihnen trennen muß, und es so schwer ist, möchte man sicher sein, daß sie es gut haben werden. Es gab viel Unruhe im Hundestaat. Wolf mußte nach Kagran geschickt werden, weil beide Damen in heat waren, und die elementare in der weiblichen Natur begründete Feindschaft zwischen JoFi und Lün führte dazu, daß die gute sanfte Lün von JoFi gebissen wurde. So ist jetzt auch Lün in Kagran und ihre Zukunft unsicher.** Von den menschlichen Bewohnern des Hauses ist nur zu sagen, daß sie viel krank waren und erst jetzt beginnen den Sommer zu genießen.

Gewiß erwartete ich zu hören, daß Sie schreiben, aber dazu darf man nicht drängen. Ich werde es später hören.

Das Abenteuer in Spanien, von dem Sie schreiben, ist schrecklich geheimnisvoll. Meine früher so große Sympathie für H. Ellis ist unter dem Eindruck Ihrer Mitteilungen sehr zurückgegangen.

Ich grüße Sie herzlich

Ihr Freud

Oct. 27th 1933
Wien IX., Berggasse 19

Dear H. D.
Excuse my writing you in English. My last illness did shake me in more than one way and so — my memory having been so faithful regarding trifles — now I cannot recover how far I might trust your German, nor in what language my former letters to you were written. However I am glad I can now write to you and can work even five hours a day. I cannot leave my rooms as my heart cannot afford to conquer the staircase.

---

* *Anm. d. Übers.*: Am 16. Juli 1933 war Sir John Ellermann, Bryhers Vater, gestorben.
**Anm. d. Übers.*: Die Hunde, von denen hier und in den nächsten Briefen die Rede ist, sind: »JoFi«, Freuds erste Chow-Hündin; »Lün«, eine zweite Chow-Hündin Freuds; »Fo« und »Tattoun«, Kinder von JoFi; »Wolf«, Anna Freuds Schäferhund.

I don't think I will come to London as your kind friends sur-
mise; there may be no provocations to leave Vienna. If you come
to Vienna I expect to see much of you whether you continue analysis
or not. I am deeply satisfied to hear that your are writing, creating;
that is why we dived into the depths of your unconscious mind I
remember.

I could not take Aiken and I am sorry you could not take the
»twins«. We had to separate them. Tattoun has found a new home
with Dr. Lampl's, analysts, friends of our refugees from Berlin
with two children and a garden. Fo is put up for sale, waiting at
Kagran what her fate may be. Life is not easy, not even for chows.
I am glad of your promise to write again.

Yours affectionately
Freud

Liebe H. D.

Entschuldigen Sie, daß ich Ihnen auf Englisch schreibe. Meine
letzte Krankheit hat mich in mehr als einer Hinsicht geschwächt,
daher kann ich mich — so verläßlich mein Gedächtnis für Kleinigkeiten immer war — im Augenblick weder darauf besinnen, wie
weit ich auf Ihr Verständnis des Deutschen rechnen kann, noch in
welcher Sprache meine früheren Briefe an Sie geschrieben waren.
Ich freue mich aber, daß ich Ihnen jetzt schreiben kann und sogar
imstande bin, fünf Stunden täglich zu arbeiten. Meine Räume kann
ich nicht verlassen, da mein Herz das Treppensteigen nicht verträgt.

Ich glaube nicht, daß ich nach London kommen werde, wie Ihre
liebenswürdigen Freunde mutmaßen; vielleicht gibt es keine Nöti-
gung, Wien zu verlassen. Wenn Sie nach Wien kommen, erwarte
ich, viel von Ihnen zu sehen, ob Sie die Analyse fortsetzen oder
nicht. Ich höre mit tiefer Genugtuung, daß Sie schreiben, schöpferisch tätig sind; das war doch, wie ich erinnere, der Grund, weshalb
wir in die Tiefen Ihres Unbewußten eingetaucht sind.

Ich konnte Aiken nicht nehmen, und ich bedaure, daß Sie die
»Zwillinge« nicht nehmen konnten. Wir mußten sie trennen. Tat-
toun hat ein neues Zuhause gefunden bei Dr. Lampl — Analytiker,
Freunde unserer Berliner Flüchtlinge, die zwei Kinder und einen
Garten haben. Fo steht zum Verkauf und erwartet in Kagran ihr

künftiges Geschick. Das Leben ist nicht leicht, nicht einmal für Chows.

Ich freue mich über Ihr Versprechen, wieder zu schreiben.

Herzlich
Ihr Freud

Dec. 20th 1933
Wien IX., Berggasse 19

Dear H. D.

Thanks for your kind letter! I am just now considering how I could answer Perdita's »Red hot greetings« which had reached me a few days ago. I found it so hard being kept at home by the unusual cold of this season and the aftereffects of my last illness and it [is] so difficult to get something done by proxy. So it is best to make her wait until I have recovered. Now as for your flowers, it is true I admire orchids, especially some queer and atrociously looking odorous ones like the Stanhopea, but I like no flower better than the frail and charming Gardenia. It may be impossible to find Gardenias in Vienna at this time of the year. So let me thank you for the exquisiteness of your intention, and as the secret is out I hope you will drop it.

Very glad to hear you are reading in my new lectures. I imagine you writing, creating, at what you had been hinting to me and in due time I am sure you will let me enjoy it too. Your handwriting was by no means distressing to me. I am not so sure about mine. I have not yet overcome the regretting that you could not accept Fo and Tattoun for Perdita. They seem to be well provided now with friends of ours.

My three grandsons who had to leave Berlin, have entered the school of Dartington Hall, Totnes, Devon, they pass the vacation with their parents in London. May England prove a better »father-land« to them!

With kindest wishes for Christmas and New Year to you, Bryher and your daughter

yours affectionately
Freud

Liebe H. D.

Dank für Ihren freundlichen Brief! Gerade eben überlege ich, wie ich Perditas »glühende Grüße« beantworten könnte, die mich vor wenigen Tagen erreicht haben. Ich fand es nicht leicht zu ertragen, daß ich ans Haus gefesselt war durch die ungewöhnliche Kälte dieser Jahreszeit und die Nachwirkungen meiner letzten Krankheit, und es ist so schwer, etwas durch Stellvertreter zu erledigen. So ist es am besten, sie warten zu lassen, bis ich wieder hergestellt bin. Nun zu Ihren Blumen: es ist wahr, ich bewundere Orchideen, besonders einige merkwürdige Arten von scheußlichem Aussehen und starkem Duft wie die Stanhopea, aber die liebste Blume von allen ist mir doch die zarte, bezaubernde Gardenie. Es mag um diese Zeit des Jahres unmöglich sein, in Wien Gardenien zu finden. So lassen Sie mich Ihnen für die Feinheit Ihrer Absicht danken, und da nun das Geheimnis heraus ist, hoffe ich, Sie werden es wieder vergessen.

Höre mit Freude, daß Sie in meinen neuen Vorlesungen lesen. Ich stelle mir vor, daß Sie schreiben, schöpferisch tätig sind, und bin sicher, Sie werden mich zu gegebener Zeit mitgenießen lassen, was Sie mir angedeutet haben. Mit Ihrer Handschrift hatte ich nicht die geringsten Schwierigkeiten. Ich bin nicht so sicher, was die meinige betrifft. Daß Sie Fo und Tattoun nicht für Perdita übernehmen können, tut mir immer noch leid. Sie scheinen nun bei Freunden von uns wohl versorgt zu sein.

Meine drei Enkelsöhne, die Berlin verlassen mußten, sind jetzt in der Schule von Dartington Hall, Totnes, Devon; sie verbringen die Ferien bei ihren Eltern in London. Möge sich England ihnen als ein besseres »Vaterland« erweisen!

Für Weihnachten und Neujahr wünsche ich Ihnen, Bryher und Ihrer Tochter das Beste.

Herzlich
Ihr Freud

Dec. 24th 1933
Wien IX., Berggasse 19

Dear H. D.

Ivory JoFi is absolutely charming. I prefer her to every bullock. Did you note that she is possessed of a movable tongue?

Happy Christmas to all of you!

Freud

Liebe H. D.

Elfenbein-JoFi ist absolut bezaubernd. Ich ziehe sie jedem Ochsen vor. Haben Sie bemerkt, daß sie im Besitz einer beweglichen Zunge ist?

Frohe Weihnachten Ihnen allen!

Freud

March 5th 1934
Wien IX., Berggasse 19

Dear H. D.!

Is it really a whole year since you first called on me? Yes, and the second half of this term I spent in suffering owing to the bad effects of another slight operation which was intended to relieve my habitual ailings. But after all it was not a tragic affair, only the inevitable expression of old age and the degeneration of tissues dependent on it. So I do not complain, I know I am overdue and whatever I still have is an unexpected gift.

Nor is it too painful a thought to leave this scene and set of phenomena for good. There ist not much left to be regretted, times are cruel and the future appears to be disastrous. For a while we were afraid we will not be able to stay in this town and country — it is unpleasant to go into exile at the age of 78 —, but now we think we have escaped at least this danger.

We passed through a week of civil war. Nut much personal suffering, just one day without electric light, but the »Stimmung« was awful and the feeling as of an earthquake. No doubt, the rebels belonged to the best portion of the population, but their success would have been very shortlived and brought about military invasion of the country. Besides they were Bolshevists and I expect no salvation from Communism. So we could no give our sympathy to either side of the combatants.

I am sorry to hear you do not yet work but according to your own account the forces are seething. From Perdita's trip I am getting postcards, the last came from Trinidad. Happy girl!

Give my love to Bryher and don't forget me

yours affectionately
Freud

Liebe H. D.!

Liegt es wirklich ein ganzes Jahr zurück, daß Sie mich zum ersten Mal aufgesucht haben? Ja, und die zweite Hälfte dieser Zeitspanne verbrachte ich leidend infolge der schlimmen Nachwirkungen einer weiteren kleinen Operation, die der Linderung meiner gewöhnlichen Unpäßlichkeit dienen sollte. Doch schließlich war es keine tragische Angelegenheit, nur der unvermeidliche Ausdruck des Alters und der Geweberückbildung, die damit einhergeht. Also beklage ich mich nicht. Ich weiß, ich bin überfällig, und was immer ich noch habe, ist ein unerwartetes Geschenk.

Auch ist es kein allzu schmerzlicher Gedanke, diesen Schauplatz der Erscheinungen auf immer zu verlassen. Es gibt nicht mehr viel, dem nachzutrauern wäre, die Zeiten sind grausam, und die Zukunft scheint verhängnisvoll. Für eine Weile fürchteten wir, nicht in dieser Stadt und diesem Land bleiben zu können — es ist unerfreulich, im Alter von 78 Jahren ins Exil gehen zu müssen —, doch jetzt glauben wir, daß wir wenigstens dieser Gefahr entronnen sind.

Wir durchlebten eine Woche des Bürgerkriegs. Nicht viel persönliche Unannehmlichkeiten, nur ein Tag ohne elektrisches Licht, aber die Stimmung war scheußlich und ein Gefühl wie bei einem Erdbeben. Zweifellos gehörten die Rebellen zum besten Teil der Bevölkerung, doch ihr Erfolg wäre sehr kurzlebig gewesen und hätte eine militärische Invasion des Landes mit sich gebracht. Außerdem waren es Bolschewisten, und ich erwarte kein Heil vom Kommunismus. So konnten wir in diesem Kampf unsere Sympathie keiner der beiden Seiten zuwenden.

Ich höre mit Bedauern, daß Sie nicht arbeiten, aber wie Sie selbst berichten, brodelt es in Ihnen. Von Perditas Reise erhalte ich Postkarten, die letzte kam aus Trinidad. Glückliches Mädchen!

Grüßen Sie mir Bryher und vergessen Sie mich nicht.

Herzlich
Ihr Freud

Wien XIX., Strasserg 47
July 4th 1934

Dearest H. D.
I got all your letters, saw Mr. Williams*, received three books

---

* *Anm. d. Übers.:* Nach Auskunft von Professor Pearson »mit größter Wahrscheinlichkeit der tatsächliche Name von Robert Herring, der zusammen mit Bryher *Life & Letters Today* herausgab«.

*(thanks to you and Bryher), am glad that you saw my son and
daughter and liked them as they did you, and will write more after
having read the books.*

*Affectionately yours
Freud*

Liebste H. D.

Ich erhielt all Ihre Briefe, sah Mr. Williams, empfing drei Bücher
(Dank Ihnen und Bryher), freue mich, daß Sie meinen Sohn und
meine Tochter gesehen haben und sie ebenso mochten wie diese Sie,
und werde mehr schreiben, wenn ich die Bücher gelesen habe.

Herzlich
Ihr Freud

*Wien XIX., Strasserg 47
Sept. 24th 1934*

Dear H. D.

*I had heard about your illness and am glad you have fully
recovered. It is a very pleasant chance to see you again and listen
to the working of your mind for some time. So come to Vienna
with Bryher if you can arrange it. I think I will find a way to let
you have an hour and not interfere with your enjoying the opera. As
regards the conditions I have to let you know that I have discarded
foreign currencies and fixed my fee uniformly to S100 an hour. You
are prepared for eventual disturbances of my health; I am not al-
ways solid in these days.*

*The catastrophe of v. d. Leeuw's I felt as a personal loss. Too
late I conceived the idea, I could have prevented him risking his
life in so dangerous a way having found out the intimate connec-
tion of his reckless flying with his intimate phantasies. But I missed
the opportunity to open it to him.*

*Thanks for the cutting of Hilton. I have since read several of
his books and I still admire him. One of them — The meadows of
the moon — is a complete failure. I am afraid he is to proliferous.*

I have got a letter from H. Ellis recommending a student of

psychology, who wants to be analysed. He is said to be very poor?
Can it be true?

Affectionately yours
Freud

Liebe H. D.

Ich hatte von Ihrer Krankheit gehört und freue mich, daß Sie wieder ganz hergestellt sind. Die Aussicht, Sie wiedersehen und eine Zeitlang zuhören zu können, wie es in Ihren Gedanken arbeitet, ist ohne Frage erfreulich. Kommen Sie also mit Bryher nach Wien, wenn Sie es einrichten können. Ich denke, ich werde einen Weg finden, wie Sie zu Ihrer Stunde kommen, ohne daß Ihrem Operngenuß Abbruch geschieht. Was die finanziellen Bedingungen betrifft, muß ich Sie wissen lassen, daß ich fremde Währungen aufgegeben und mein Honorar einheitlich auf 100 S festgesetzt habe. Sie sind auf etwaige Beeinträchtigungen meiner Gesundheit vorbereitet; ich bin dieser Tage nicht durchweg stabil.

Den tragischen Untergang v. d. Leeuws empfand ich als einen persönlichen Verlust. Zu spät kam ich auf den Gedanken, daß ich ihn hätte hindern können, sein Leben in so gefährlicher Weise aufs Spiel zu setzen, nämlich als ich die intime Verbindung seines verwegenen Fliegens mit seinen intimen Phantasien gefunden hatte. Aber ich versäumte die Gelegenheit, ihm die Augen dafür zu öffnen.

Dank für den Ausschnitt von Hilton. Ich habe seither mehrere seiner Bücher gelesen und bewundere ihn noch immer. Eines von ihnen — »The Meadows of the Moon« — ist völlig mißlungen. Ich fürchte, er schreibt zu viel.

Ich erhielt einen Empfehlungsbrief von H. Ellis für einen Studenten der Psychologie, der analysiert werden will. Er soll sehr arm sein? Kann das stimmen?

Herzlich
Ihr Freud

Febr. 17th 1935
Wien IX., Berggasse 19

Dear H. D.
I am sorry you feel upset by the experience you mention. Now

let me tell you my mind about your plan of working it off in a few informal talks with Schmideberg. As a rule I cannot favour these surrogates of analysis. I know you cannot make the trip to Vienna as often as you may like, and in any case you have to provide some substitute for my poor self, as I am not likely to hold out so much time longer. So my advice would be you should try to get over the emotional disturbance by your own powers, and if you find it too hard for you, you might approach him for reale, complete, honest analysis, until you feel allright again. But in fact I would not think it a big crime if you would not stick to my opinion and decide for yourself.

I am glad to hear you expect to see my children. I hear they are successful in making London their home. I have got no news from Boston about Bryher and Perdita. I hope they enjoy the trip.

With kindest regards and wishes

yours
Freud

Liebe H. D.

Es tut mir leid, daß das von Ihnen erwähnte Erlebnis Sie aus der Fassung gebracht hat. Nun will ich Ihnen sagen, was ich von Ihrem Plan halte, es in ein paar einfachen Gesprächen mit Schmideberg abzuarbeiten. In der Regel habe ich für diese Analysensurrogate nicht viel übrig. Ich weiß, Sie können die Reise nach Wien nicht so häufig machen, wie Sie es wohl möchten, und ohnedies müssen Sie sich irgendeinen Ersatz für meine arme Person besorgen, da ich kaum noch allzulange durchhalten dürfte. Mein Rat wäre daher der, daß Sie versuchen, aus eigenen Kräften über die Störung Ihrer Gemütsverfassung hinwegzukommen, und wenn Ihnen das zu schwer fällt, könnten Sie ihn um eine echte, vollständige, ehrliche Analyse angehen, bis Sie sich wieder in Ordnung fühlen. Freilich würde ich es auch nicht als ein großes Verbrechen betrachten, wenn Sie sich nicht an meine Meinung hielten und Ihre eigene Entscheidung träfen.

Ich freue mich zu hören, daß Sie demnächst meine Kinder sehen werden. Ich höre, daß es ihnen gelingt, in London heimisch zu werden. Ich erhielt keine Nachricht aus Boston über Bryher und Perdita. Ich hoffe, sie genießen ihre Reise.

Mit den freundlichsten Empfehlungen und Wünschen

Ihr Freud

19. 5. 1935
Wien XIX., Strasserg 47

Dearest H. D.
Unnecessary to say how much I enjoyed your kind birthday-let-
ter! Will you make it easy for me, giving my best love to Bryher
and Perdita and tell Br. of the use I am making of the cheque she
sent me as a present. You may have heard that Dr. Jones appeared
at Wien and gave us an interesting lecture at a meeting introducing
our people into the someway startling novelties of English psycho-
analysis. He asked for an exchange-lecturer to be sent over to Lon-
don from our side, to continue the discussion. We chose Dr. Wälder
to undertake this trip and Bryher's ten pounds will met part of
the expense.* So the money goes back to where it came from.

I am sorry you never saw our house and garden here in Grinzing.
It is the nicest place we ever had, quite a daydream and only a 12
minutes ride in the car from Berggasse.

The harsh weather yet had the advantage of letting spring de-
velop its splendour very slowly, while in other years most of the
flourishing was over when we came out.

To be sure I am getting old and my ailments are increasing, but
I try to enjoy as much as I can and do work for 5 hours daily.

---

* *Anm. d. Übers.:* Der Vortrag von *Ernest Jones:* Über die Frühstadien der
weiblichen Sexualentwicklung (veröffentlicht in: *Internationale Zeitschrift für
Psychoanalyse,* 21. Bd. (1935), S. 331—341), wurde am 24. 4. 1935 vor der Wiener
Psychoanalytischen Vereinigung gehalten. Die Einleitungssätze heißen: »Dieser
Vortrag soll der erste einer Reihe von Austauschvorträgen zwischen Wien und
London sein. Schon seit einigen Jahren war zu sehen, daß viele Londoner
Analytiker über eine Anzahl wichtiger Themen mit ihren Wiener Kollegen
nicht derselben Ansicht waren. Unter diesen Themen kann ich als Beispiel
die Frühstadien der Entwicklung der Sexualität, besonders beim Weibe, die
Genese des Über-Ichs und seine Beziehung zum Ödipuskomplex, die Technik
der Kinderanalyse und den Begriff des Todestriebs nennen.« — Die »Neuerungen« der englischen Analytiker sind besonders auf die Arbeiten von Melanie
Klein zurückzuführen.
Robert Wälder hielt seinen Gegenvortrag in London am 18. 11. 1935 über das
Thema »Problems of Ego-Psychology« (ungedruckt); er veröffentlichte seine
Kritik, die zugleich die »vielen Erörterungen«, die »diese Probleme in Kreisen
der Wiener Psychoanalytischen Vereinigung gefunden haben«, zusammen-
faßte, in dem Aufsatz: Zur Frage der Genese der psychischen Konflikte im
frühen Kindesalter. Bemerkungen zur gleichnamigen Arbeit von Joan Riviere.
In: *Internationale Zeitschrift für Psychoanalyse,* 22. Bd. (1936), S. 513—570.

*No more writing to be expected from me, but shouldn't I hear
of your work progressing?*
With affectionate regards for all of you

sincerely yours
Freud

*P. S. I got the jubilee number and did not recognize my portrait
as quickly as Perdita did.*

Liebste H. D.

Unnötig zu sagen, wie sehr ich mich über Ihren freundlichen
Geburtstagsbrief gefreut habe! Wollen Sie es mir leicht machen,
indem Sie Bryher und Perdita aufs herzlichste von mir grüßen und
Br. mitteilen, welchen Gebrauch ich von dem Scheck mache, den sie
mir als Geschenk sandte? Sie haben vielleicht gehört, daß Dr. Jones
in Wien erschienen ist und uns in einer Sitzung einen interessanten
Vortrag gehalten hat, um unsere Leute hier in die etwas erstaunlichen Neuerungen der englischen Psychoanalyse einzuführen. Im
Austausch möchte er, daß wir unsererseits einen Referenten nach
London schicken, um die Diskussion fortzusetzen. Wir wählten Dr.
Wälder für diese Reise, und Bryhers zehn Pfund werden einen Teil
der Ausgaben decken. So geht das Geld dorthin zurück, von wo es
kam.

Leider konnten Sie unser Haus und unseren Garten hier in Grinzing nie sehen. Es ist der schönste Platz, den wir je hatten, ein rech-
ter Tagtraum und mit dem Wagen in nur zwölf Minuten von der
Berggasse zu erreichen.

Das rauhe Wetter hatte doch den Vorteil, daß es den Frühling
seine Pracht sehr langsam entfalten ließ, während in anderen Jahren
die Blüte größtenteils vorüber war, wenn wir hinauskamen.

Gewiß, ich werde alt, und meine Beschwerden nehmen zu, aber
ich versuche zu genießen, was ich kann, und arbeite täglich fünf
Stunden.

Von mir ist nichts Geschriebenes mehr zu erwarten, aber sollte
ich nicht von Fortschritten Ihrer Arbeit hören?

Mit herzlichen Empfehlungen an Sie alle

Ihr ergebener Freud

P. S. Ich erhielt die Jubiläums-Nummer und erkannte mein Por-
trät nicht so schnell wie Perdita.

Nov. 3rd 1935
Wien IX., Berggasse 19

Dear H. D.
I am so glad to have got your news, knowing you worked with Schm. I felt tempted to answer you in German as the foreign language grows harder for me with advancing old age. But I trust you will excuse my mistakes.

I need not repeat you were right in starting analysis anew with Schm. who is so kind and sympathetic. I would have preferred to give you assistance myself, but I am so far away and have to be grateful for your having come twice to see me. The war which succeeded to upset you may not happen at all, we all hope so. Now let us expect you will attain the best possible peace conditions in your inner strife.

I am still doing some work, five hours daily, with pupils and patients. After a splendid summertime in the garden of Grinzing we are now back again at Berggasse, a very comfortable — prison.

One of our cleverest members, Dr. Robert Wälder, will come over to London next week for a discussion in the English association.

With best love to you and Perdita

ever yours
Freud

Liebe H. D.
Ich bin so froh, Ihre Nachricht erhalten zu haben, nachdem ich bereits wußte, daß Sie mit Schm[ideberg] arbeiten. Ich fühlte mich versucht, Ihnen auf Deutsch zu antworten, da die Fremdsprache mir mit fortschreitendem Alter immer schwerer wird. Aber ich vertraue darauf, daß Sie meine Fehler entschuldigen werden.

Ich brauche nicht zu wiederholen, daß Sie recht daran taten, bei dem so freundlichen und verständnisvollen Schm. von neuem mit der Analyse zu beginnen. Ich hätte Ihnen lieber selbst Hilfe geleistet, aber ich bin so weit weg und muß dankbar sein, daß Sie zweimal zu mir gekommen sind. Der Krieg, der Sie aus der Fassung bringen konnte, wird vielleicht gar nicht wahr, wir hoffen es alle. Erwarten wir also, daß Sie in Ihrem inneren Kampf die bestmöglichen Friedensbedingungen erlangen.

Ich arbeite immer noch etwas, fünf Stunden täglich, mit Schülern und Patienten. Nach einem prächtigen Sommer im Grinzinger Garten sind wir jetzt wieder zurück in der Berggasse, einem sehr komfortablen — Gefängnis.

Eines unserer klügsten Mitglieder, Dr. Robert Wälder, kommt nächste Woche hinüber nach London zu einer Diskussion in der englischen Vereinigung.

Mit den herzlichsten Grüßen an Sie und Perdita bin ich

stets Ihr Freud

Wien IX., Berggasse 19
28. Dezember 1935

Dear H. D. and Perdita

Ich denke ich werde lieber deutsch fortsetzen. Es ist auch bei uns dunkler und nebliger als sonst um die Weihnachtszeit, aber an meinem Fenster im zweiten Zimmer steht eine stolze süß duftende Pflanze, die ich nur zweimal im Garten blühend gesehen habe, am Lago di Garda und im Val Sugana und die mich an die lang zurückliegenden Zeiten erinnern kann als ich noch so beweglich war, daß ich den Sonnenschein und die Schönheit der südlichen Natur selbst aufsuchen durfte. Es ist eine Datura, eine edle Verwandte der Tabakpflanze, deren Blätter mir einst so viel geleistet haben und jetzt nur so wenig.

Es ist kaum ratsam, einem Achtzigjährigen etwas Schönes zu schenken, zuviel Wehmut mengt sich dem Genuß bei. Aber es ist gewiß, daß ich dies Geschenk nicht von Ihnen und Perdita verdient habe, ich habe nicht einmal Ihre lieben Briefe jedesmal beantwortet.

Ihre freundlichen Wünsche für ein gutes Jahr 1936 erwidere ich in herzlicher Rückwendung. Sie und besonders Perdita haben noch so viel zu erleben; es soll viel Gutes und Befreiendes darunter sein. Auch Bryher muß gestatten, daß ich ihr wenigstens in diesem Zusammenhange danke.

Ihr in warmer Freundschaft ergebener

Freud

Mai 1936

ICH DANKE HERZLICH FÜR IHRE TEILNAHME AN DER FEIER MEINES ACHTZIGSTEN GEBURTSTAGES
Ihr Freud

Können Sie diese barbarische Art der Reaktion auf so liebevolle Äußerungen entschuldigen? JoFi ist sicherlich sehr stolz auf Ihre Erwähnung. Werden Sie glauben, daß sie am 6. frühmorgens ins Schlafzimmer gekommen ist, um mir in ihrer Art ihre Zärtlichkeit zu bezeigen, was sie nie vorher getan hat und auch nicht seither? Nun woher weiß ein Tierchen, wann Geburtstag ist?

[Poststempel vom 24. 5. 36]
Wien XIX., Strasserg 47

Dear H. D.
All your white cattle safely arrived, lived and adorned the room up to yesterday.
I had imagined I had become insensitive to praise and blame. Reading your kind lines and getting aware of how I enjoyed them I first thought I had been mistaken about my firmness. Yet on second thoughts I concluded I was not. What you gave me, was not praise, was affection and I need not be ashamed of my satisfaction.
Life at my age is not easy, but spring is beautiful and so is love.
Yours affectionately
Freud

Liebe H. D.
Ihre ganze weiße Herde ist sicher angekommen und lebte und schmückte das Zimmer bis gestern.
Ich hatte mir eingebildet, ich sei unempfindlich geworden für Lob und Kritik. Als ich Ihre freundlichen Zeilen las und merkte, wie sehr ich mich über sie freute, dachte ich zunächst, ich hätte mich über meine Standhaftigkeit getäuscht. Doch bei nochmaligem Überlegen kam ich zu dem Schluß, daß es nicht so war. Was Sie mir gaben, war nicht Lob, sondern Zuneigung, und ich brauche mich meiner Genugtuung nicht zu schämen.

Das Leben in meinem Alter ist nicht leicht, aber der Frühling ist schön und ebenso die Liebe.

Herzlich
Ihr Freud

20. 9. 1936
Wien IX., Berggasse 19

Ein verspäteter aber herzlicher Glückwunsch zum 50. Geburtstag von einem 80jährigen Freund.

Fr.

26. 2. 1937
Wien IX., Berggasse 19

Dear H. D.
Ich habe eben Ihren »Ion«* beendigt. Tief ergriffen von dem Drama (das ich nicht gekannt hatte) und kaum weniger von Ihren Commentaren, besonders vom Schluß, wo Sie den Sieg der Vernunft über die Leidenschaften verherrlichen, drücke ich Ihnen meine Bewunderung aus und schicke Ihnen herzliche Grüße

Ihr
Freud

*20 Maresfield Gardens,
London, N. W. 3.
Nov. 28th 1938*

Dear H. D.
I got today some flowers. By chance or intention — they are my favourite flowers, those I most admire. Some words »to greet the return of the Gods« (other people read: Goods). No name, I

---

* *Anm. d. Übers.:* H. D.'s Versübersetzung mit eigenen Anmerkungen: »Euripides' Ion«.

suspect you to be responsible for the gift. If I have guessed right don't answer but accept my hearty thanks for so charming a gesture.
 In any case

affectionately yours
Sigm. Freud*

---

* Übersetzung oben, S. 42 f.

Smiley Blanton

Tagebuch meiner Analyse bei Sigmund Freud

Ullstein Buch 3205

Smiley Blanton, amerikanischer Psychiater und Psychoanalytiker, gibt detailliert seine Erinnerungen an eine Analyse bei Freud wieder. Die authentischen, bislang unbekannten Bemerkungen und Aussagen Freuds sind von verschiedenen Gesichtspunkten aus sehr bemerkenswert. Sie berühren wichtige Aspekte der Theorie und Praxis der Psychoanalyse und geben Aufschluß über die besondere Behandlungsweise Freuds gegen Ende seines Lebens.

ein Ullstein Buch

Daniel Paul Schreber

Denkwürdig-keiten eines Nervenkranken

Herausgegeben und
eingeleitet von
Samuel M. Weber

Ullstein Buch 2957

Der »Fall Schreber« ist für die
Psychoanalyse ein einmalig
interessanter Fall. Im Jahre
1903 erschien das Buch des
Senatspräsidenten Schreber
und wurde kurz darauf
auf Antrag der Familie wieder
eingestampft.
Schreber schilderte darin aus
eigener Sicht die Geschichte
seiner Krankheit Dementia
praecox. Neben dem
»subjektiv« geschilderten Fall
finden sich in dieser Ausgabe
auch die »objektiven«
Krankenberichte und Gut-
achten.

ein Ullstein Buch